KB039633

초4
지식책
읽기를
시작해야 합니다

아이의 지식 격차가 벌어지는 결정적 시기

초4 지식책 읽기를 시작해야 합니다

현직
초등교사
26명 강력
추천!

전병규(콩나물쌤) 지음

**'이야기책'만으로
절대 성적을 올릴 수 없다!**

22만 인플루언서 콩나물쌤의
지식을 씹어먹는 독서법

KNOWLEDGE

클랩북스

지식책 문해력을 갖춘다면
공부, 더 이상 두려울 게 없습니다

이야기책만 열심히 읽어주는 초등 부모라면 반드시 읽어보세요. 이 책은 이야기책에서 지식책으로 비중을 늘릴 수 있게 도와주는 가이드 역할을 합니다. 분야별 추천 지식책, 지식책 고르는 법, 지식책 공부법 등을 상세히 알려주어 내 아이의 지식책 문해력 성장을 확실히 도울 것입니다. 내 아이가 지식책 문해력을 갖춘다면 공부, 더 이상 두려울 게 없습니다.

_최윤정 선생님(강원 남부초등학교)

소리 내어 교과서 지문을 읽고도 내용이 이해되지 않아 문제를 풀지 못하거나 자신감을 잃은 아이들이 점점 많아지고 있습니다. 안타까운 우리 아이들을 위해 올바른 공부법을 알려주고 싶다면, 이 책 속의 '학습 읽기'를 반드시 시작해 보길 바랍니다.

_조성실 선생님(강원 남부초등학교)

보다 아이들을 잘 가르치고 싶었던 한 초등교사의 노력이 응집된 책. 향후 수능에서는 '비문학 독해력'을 끌어올리고, 인생에서는 큰 무기가 될 '지식 처리 능력'을 길러줄 것을 기대한다.

_박민정 선생님(서울 용원초등학교)

'초4'는 우리가 개입하고 지도하여 실력을 끌어올릴 수 있는 가장 적절한 학년이다. 이 시기가 지나기 전에 아이가 문학뿐만 아니라 비문학과도 친해질 수 있게 학부모, 교사가 합심하여 노력하면 좋겠다. 이 책이 있기에 충분히 가능하다.

_이윤희 선생님(경기 하랑초등학교)

스스로 공부하기 위한 필수 역량, '지식책 문해력'! 구체적이고 실천 가능한 공부의 시작이 궁금한 교육 가족들과 미래를 준비하는 어린이들에게 추천합니다. 교사, 학부모에게 지금 가장 필요한 책!
_ 이영은 선생님(충주 용산초등학교)

날마다 새로운 지식이 쏟아지는 시대이다. 세상의 모든 지식을 마음껏 향유하는 능력을 키우고 싶은 학생들을 향해 이 책은 "쉬운 지름길은 없다"고 단호하게 말한다. 대신 현명하고 체계적인 길잡이가 되어준다.
_ 이은재 선생님(서울 내발산초등학교)

초등 6학년인 큰딸아이는 두 돌이 될 때부터 책을 놀잇감처럼 손에서 놓지 않았다. 지금도 학교 공부보다는 책 읽기를 좋아하고, 여러 분야의 책을 가리지 않고 읽는다. 초등학교 기간제 교사를 하면서 연령도, 지역도 다양한 아이들을 만나봤지만 우리 딸 같은 아이는 좀처럼 드물었다. 주변에서는 "아이가 책을 많이 읽어서 좋겠다"라며 칭찬 일색이지만, 아이의 책 읽기가 과연 학교 공부와 잘 연결되고 있는지, 정말 사교육 없이 교과서를 읽는 것만으로 충분한지 늘 고민이 많았다. 기왕 책 읽기 좋아하는 아이가 좀 더 옳은 독서법을 가지고 향후 지식을 잘 습득하고 활용할 수 있게 제대로 지도하고 싶었던 나에게, 이 책은 크고 바른 길잡이가 되어주었다. 역시 콩나물쌤! 책 좋아하는 아이가 한 단계 올라서 더 크고 넓은 세상으로 도약할 수 있게 이끌어주셔서 진심으로 감사하다.
_ 정민정 선생님(초등학교 기간제 교사)

깊이 없는 담론과 보여주기식 교육이 일상화된 초등학교 현장에서 '공부의 본질'에 대해 깊이 천착하고 탐구한 어느 초등교사의 노력과 성찰이 오롯이 담긴 값진 책입니다. 비트겐슈타인은 "언어의 한계가 곧 세계의 한계"라고 했습니다. 언어의 한계는 교육의 한계이기도 합니다. 이 책을 늘 가까이 두고 많은 선생님들과 함께 그 한계를 넘어서고 싶습니다.
_ 안상태 선생님(강원 금산초등학교)

미래 핵심 역량인 '문해력'이 중요한 건 누구나 알고 있지만, 무작정 책만 읽어서는 문해력을 기를 수 없습니다. 문해력에 대한 수많은 궁금증을 해소하고, '읽는 공부'의 중요성을 알려주는 명쾌한 책.
_ 김주희 선생님(인천 원당초등학교)

세상 모든 부모의 마음이 아마 같을 겁니다. 입맛에 맞는 음식만 먹일 수 없는 일, 자녀가 건강한 음식을 선택하고 자주 먹을 수 있게 '좋은 습관'을 만들어 주고 싶어 합니다. 싸우지 않고 지낼 수는 없는 일, 자녀가 관계를 망가뜨리지 않고 '잘 싸우는 기술'을 습득하길 바랍니다. 남들과 똑같이 보면서 살 수 없는 일, 자녀에게 세상을 '다르게 보는 힘'을 가르쳐주고 싶어 합니다. 어려운 공부와 담을 쌓게 할 수는 없는 일, 이 책은 지식책 문해력을 키우는 '구체적 방법과 기술'을 소개합니다. 부모님의 선(先) 배움으로 자녀를 성장시킬 수 있는 교육 지침서가 되어줄 책입니다.

_ 김영미 선생님(수원 신성초등학교)

매일 새로운 책들이 출간되고, 인터넷에 최신 정보가 쏟아지는 현대 사회에서 '문해력'은 많은 지식과 정보들을 활용하는 데 필수적인 요건입니다. 이 책은 문해력 중에서도 '지식책 문해력'에 대해 집중적으로 다루고 있는 책입니다. 지식책 문해력을 높이기 위한 세심한 방법과 문해 중심 교육의 중요성, 지식책을 활용한 어휘 습득 방법 등이 자세히 잘 정리되어 있습니다. 학생들의 문해력 지도 시 유익한 책으로 꼭 추천하고 싶습니다.

_ 조혜수 선생님(서울 시흥초등학교)

이 책은 혼자서 공부하는 능력을 키우기 위해 반드시 알아야 할 '읽는 공부'의 중요성을 강조합니다. '인강'에 익숙한 요즘 아이들은 '듣는 공부'에 의존하는 경우가 많은데요. 이 책은 그런 아이들에게 차분하게 읽고 생각하며 지식을 습득해야 하는 이유를 알려줍니다. 학부모와 학생 모두 꼭 읽어보며 지식책으로 생각하는 힘을 기를 수 있기를 바랍니다.

_ 구주영 선생님(서울 두산초등학교)

부모, 혹은 교사로서 아이들에게 어떤 책을 소개하고 함께 읽어야 할지 고민해 보았다면 이 책이 큰 도움이 될 것입니다. 지식책 독서가 왜 필요한지, 어떤 지식책을 읽어야 할지, 지식책 독서는 어떻게 지도해야 할지 궁금했다면 꼭 읽어보길 추천합니다.

_ 조가람 선생님(강원 호반초등학교)

우리 아이가 이야기책을 술술 읽는 것 같은데도 학교 공부가 어려운 이유가 뭘까요? 이제는 이야기책 문해력뿐 아니라 지식책 문해력을 키워야 할 때입니다. 학교 공부를 넘어 더 큰 공부를 위한 기초가 되는 지식책 문해력! 분야별 추천 지식책뿐 아니라 지식책을 효과적으로 읽는 방법까지 자세히 소개되어 있어서 학생들에게 더 넓고 튼튼한 문해력을 길러주고 싶은 분들에게 좋은 길잡이가 되어줄 것이라 생각합니다.

_ 서지혜 선생님(서울 송원초등학교)

요즘 아이들을 가르치다 보면 풍부한 상상력과 세심한 감성의 깊이가 부족한 것이 아닌가 하고 염려될 때가 있다. 결론적으로 그 원인은 바로 문해력 부족에서 찾을 수 있다. 문해력은 수업 내용을 이해하는 데에 그치지 않고, 지식을 습득하며 단어와 단어를 연결하고, 문장과 문장 사이를 유영하며 사회, 문화, 정치, 역사 전 범위의 깊은 지식을 이해하는 힘을 길러준다. 이렇게 얻은 정보와 지식은 아이들이 장차 미래에 어떤 직업과 꿈을 찾는 데 가장 중요하고도 긴밀한 연결 고리를 만드는 매개체가 되어준다. 또한 풍부한 상상력을 키워주고, 세심한 감성을 더해주며 비로소 진정한 인격체를 형성하는 데에도 큰 도움이 될 것이라 믿는다.

_ 이홍우 선생님(서울 장곡초등학교)

갈수록 현대인의 문해력 문제가 이슈가 되고 있는 상황에서 문해력 부족을 극복하기 위한 탁월한 솔루션을 제시한 책! '초4'뿐만 아니라 초등 3학년쯤부터 고학년까지, 더불어 중고등학생의 자녀를 둔 학부모님들께 추천합니다.

_ 김민수 선생님(서울 원묵초등학교)

보다 폭 넓고 깊게 책을 읽고 싶은 독자에게, 우리 아이에게 양질의 지식책을 권하고 싶은 부모에게, 그냥 재미있기만 한 활동보다 '지식 + 문해력'을 챙겨 수업의 내실을 단단히 하고 싶은 교사에게 도움이 될 만한 책이다. 지식책을 읽는 구체적인 방법, 좋은 지식책 고르는 법 등을 소개하는 '지식책에 관한 지식책'!

_ 김민지 선생님(서울 장월초등학교)

최근 부모들의 관심사는 바로 문해력이다. 아이들이 읽고 쓰고 이해하는 능력을 갖춰야만 문제 해결 능력이 생기고, 성적도 따라오기 때문이다. 이 가장 기본이고 간단한 학습을 바로 잡아주지 못한다면 그 아이는 가장 중요한 시기에 초등학교 생활을 제대로 할 수 없을 것이다. 문해력은 아이가 배워가는 모든 일련의 과정에서 꼭 필요한 영역이 되었다. 이 책은 그런 문해력을 어떻게 하면 키워나갈 수 있는지에 대한 근본적인 해결책을 제시한다. **_설진주 선생님(서울 공연초등학교)**

어떻게 하면 스스로 글을 읽고 고민하며 공부하는 사람이 될까? 문해력 부족이 큰 고민거리가 되면서 독서는 더욱 중요해졌지만 '어떻게 스스로' 읽을 것인가는 여전히 어렵다. 이 책에서는 만화책, 이야기책을 넘어 지식책을 수월히 읽어낼 수 있는 수준의 문해력을 갖출 방법을 제시한다. 스스로 독서하고 혼자서 공부하는 힘을 가지고 싶은 이들에게 이 책을 추천한다. **_박다현 선생님(인천 완정초등학교)**

지식책을 읽는 방법, 지식책으로 문해력을 기르는 방법을 체계적으로 알려주는 책이다. 지식책을 이야기책보다 딱딱하고 무겁다고 생각하지 않고 효과적으로 활용하는 데 이 책이 도움이 되면 좋겠다. **_박선영 선생님(광주 빛여울초등학교)**

모든 학습의 기본이 되는 문해력, 중요하다는 것은 알지만 우리 아이를 어떻게 도와주어야 할지 모르겠다고요? 해답은 바로 이 책입니다. 지식책 문해력을 높이는 방법의 A to Z가 모두 담겨 있습니다. **_김시원 선생님(서울 역촌초등학교)**

이 책은 지식을 인식, 이해, 습득하는 능력을 기르기 위해 지식책을 어떻게 읽어야 하는지 친절하게 소개하는 책이다. 교사들이 지식책 문해력 수업을 구상하는 데에도 많은 도움이 될 것이다. **_박지수 선생님(서울 언남초등학교)**

자녀의 문해력이 고민되는 학부모님께, 지식책 문해력이 무엇인지 궁금한 학생에게, 이 책 한 권으로 고민과 궁금증이 모두 해결될 것이다.

_ 한인지 선생님(수원 잠원초등학교)

정보의 홍수 시대, 수많은 정보를 명확하게 인식하고 이해하여 나만의 지식으로 만들기 위해서 문해력은 반드시 필요합니다. 유아기부터 우리는 다양한 종류의 책을 읽고, 특히 지식책을 통해 모르는 것을 알아가며 새로운 지식을 습득하게 되는데요. 이 책은 어떤 지식책을 왜 선택해야 하는지, 지식책을 통해 문해력을 어떻게 기르는지 등을 세심하게 알려주고 있습니다. 누구라도 이 책을 통해 지식책 문해력을 키우고, 세상 모든 지식을 나만의 지식으로 만들 수 있기를!

_ 윤도경 선생님(수원 태장초등학교)

미래 사회는 지금보다 방대한 지식이 소용돌이치는 시대일 것입니다. 지식은 과거나 현재나 삶의 방향과 위치를 정해줄 수 있는 중요한 요소이고, 많은 양의 지식이 삶의 순간순간 파도처럼 밀려오며 우리의 판단력을 요구하고 있습니다. 이 책의 작가는 앞으로 지식의 소유보다 지식 처리 능력이 중요하다고 말하며, 이를 위해 '지식책 문해력'을 키워야 한다고 강조합니다. 이 책을 통해 학생들이 올바른 방식으로 지식을 쌓고 처리하며 미래 사회를 대비할 수 있는 역량을 기를 수 있습니다.

_ 김동년 선생님(의령 부림초등학교)

이 책은 단순히 지식책 문해력을 높이는 책이 아니다. 시시각각 변하는 미디어 환경, 범람하는 지식 사이에서 방향을 잃지 않고 어떻게 지식을 취하고 다루며 활용할지를 정확히 알려준다. 앞으로 아이가 반드시 가져야 할 무기를 손에 쥐여주는 셈이다.

_ 안영애 선생님(서울 한천초등학교)

듣는 공부로는 답이 없습니다

공부 방법에는 크게 두 가지가 있습니다. 바로 '듣는 공부'와 '읽는 공부'입니다. 학교나 학원, 인터넷 강의 등에서 선생님의 설명을 듣는 것이 듣는 공부입니다. 반면 집이나 스터디 카페 등에서 혼자서 교과서를 읽고 정리하고 노트를 쓰고 문제집을 푸는 공부는 모두 읽는 공부입니다.

여러분은 어떤 공부가 더 중요하다고 생각하시나요? '이런들 어떠하리, 저런들 어떠하리' 이방원의 하여가처럼 어떤 방식이든 공부만 하면 된다고 생각하시나요? 그렇게 생각하는 분도 계시겠지만 사실 전혀 그렇지 않습니다. 두 공부 사이에는 결정적 차이가 있어서 듣는 공부만으로는 절대 상위권이 될 수 없습니다. 상위권이 되려면 반드시 읽는 공부를 모든 공부의 중심에 두어야 합니다. 왜 그럴까요?

듣는 공부는 '시간'에 기반합니다. 모든 지식이 시간 위에 올라섭니다. 한 차시의 지식은 50분이라는 시간 위에 한 줄로 나열되지요. 시간 위에 나열된 지식에는 결정적 한계가 있습니다. 바로 되돌아보기 어렵다는 겁니다. 선생님의 강의는 시간에 따라 흘러갑니다. 흘러서 지나가 버리면 되돌릴 수 없습니다. 13분 47초에 말한 내용을 15분 33초에 다시 들을 수는 없습니다. 물론 질문할 수도 있겠지요. 하지만 여러 번 반복하기 어렵습니다. 다른 학생들에게 방해가 되니까요.

인터넷 강의, 즉 '인강'이라면 이 문제가 해결될까요? 물론 학교나 학원 수업과는 다르게 제한 없이 여러 번 반복해서 들을 수 있습니다. 하지만 여전히 한계는 존재합니다. 내용과 내용 사이의 전환에 소모되는 시간 비용이 매우 큽니다. 인강을 듣던 중 어떤 내용이 수업 초반에 했던 이야기와 연결성이 보입니다. 두 이야기를 비교해서 생각해 봐야 할 것 같습니다. 하지만 몇 분, 몇 초에 그 이야기를 했는지는 기억할 수 없습니다. 방법은 두 가지입니다. 번거롭게 타임 바를 계속 옮겨가며 찾거나 그냥 포기하거나! 이 과정이 번거롭기 때문에 포기해 버리기 쉽습니다.

반면 읽는 공부는 '공간'에 기반합니다. 모든 지식은 공간 위에 올라섭니다. 한 차시의 지식은 종이라는 공간 위에서 사방으로 펼쳐집니다. 공간 위에 나열된 지식은 되돌아보기 아주 쉽습니다. 이전에 공부했던 내용을 찾기가 쉽기 때문입니다. 내가 찾는 지식은 왼쪽 페이지 상단 3분의 1 지점에 있거나 약 2~3페이지 앞에 있습니다. 이를 찾는 것은 크게 어렵지 않습니다. 우리 뇌 속의 장소 세포가 대략 기억하기 때문입니다. 잘 기억나지 않아도 손으로 뒤적이면 금세 찾아낼 수 있습니다.

그래서 읽는 공부는 지식과 지식 사이의 전환에 시간 및 에너지 소모가 크지 않습니다. 안구를 좌우로 움직이거나 손으로 종이 한두 장을 넘기기만 하면 됩니다. 우리가 일상에서 늘 하는 동작들이죠. 이런 특징은 학습에서 매우 중대한 이점을 만들어 냅니다. 학습자가 자신의 필요에 따라 수많은 지식을 종횡무진할 수 있게 됩니다. 책 위에서는 홍길동처럼 동에 번쩍, 서에 번쩍할 수 있습니다. 아는 부분은 빨리 건너뛰고 모르는 부분에 집중하며 전체를 파악하고 큰 그림을 그리기가 수월합니다. 듣는 공부에서는 절대 불가능한 부분이지요.

읽는 공부가 늘지 않으면 그 어떤 경우에도 공부를 잘할 수 없습니다. 아무리 고액 과외를 받고 일타 강사의 강의를 들어도 성적이 잘 오르지 않습니다. 남의 도움을 받아야 하는 듣는 공부로는 하위권에서 중위권은 될 수 있어도, 중위권에서 상위권이 될 수는 없습니다. 절대로요. 높은 성적은 결국 스스로 하는 읽는 공부에서 나오기 때문입니다.

공부를 잘하는 아이들은 하나같이 읽는 공부에 힘을 줍니다. 물론 강의를 듣기도 하지만 이는 부족한 부분, 이해되지 않는 부분을 보충하기 위해서입니다. 공부를 잘하는 아이들은 절대로 읽는 공부 없이 듣는 공부로 하루를 보내지 않습니다. 학교 수업만으로는 이해하지 못했던 부분을 학원 강의로 보충한 후 반드시 혼자서 읽는 공부로 학습을 완성합니다. 학교, 학원, 인강에서 듣는 공부는 좋은 성적이라는 집을 짓기 위해 필요한 벽돌을 구하는 활동입니다. 하지만 좋은 벽돌을 구한다고 좋은 집이 저절로 지어지지는 않습니다. 벽돌로 내 머릿속 지식의 집을 짓는 일은 반드시 스스로 해야 합니다.

그런데 대부분의 아이들은 듣는 공부를 선호합니다. 듣는 공부와 읽는 공부 중 하나를 고르라고 하면 대부분 듣는 공부를 선택합니다. 이유는 간단합니다. 듣는 공부가 쉽고 편하기 때문입니다. 듣는 공부는 가만히 앉아서 설명을 들으면 됩니다. 교과서를 읽고 이해하려고 애쓸 필요가 없습니다. 강의하는 사람을 바라보기만 하면 됩니다. 결석하지 않고 떠들지 않고 소란을 일으키지 않는다면 아무 문제가 없습니다. 그냥 숨어서 묻어가며 시간을 때우기에도 좋습니다. 또 다른 중대한 이유는 지식이 담긴 책을 혼자서 읽고 이해할 힘이 부족한 것입니다. 읽어도 잘 이해하지 못하니 지식과 씨름하지 않고 선생님이 씨름한 결과를 거저 받으려고 하는 거죠. 하지만 거저 얻어진 것은 자기 것이 아닙니다. 이렇게 배우면 아는 것 같지만 실제로는 아는 것이 아니라 아는 것 같은 느낌을 받을 뿐입니다. 결국에는 혼자 해야 합니다.

그렇다면 읽는 공부는 언제부터 본격적으로 시작하면 좋을까요? 일찍 시작하면 좋겠지만 늦어도 '초4'에는 시작해야 합니다. 초등 4학년이 아이의 학습에 있어 정말 중요한 의미가 있는 학년이기 때문입니다.

같은 초등학생이라고 하지만 1, 2, 3학년의 저학년과 4, 5, 6학년의 고학년에는 전혀 다른 의미가 있습니다. 저학년은 공부할 수 있도록 준비하고 기초를 배우는 시기입니다. 저학년 때 아이들은 학교 가는 법을 배우고, 의자에 앉아 인내하며 수업을 듣는 법을 배웁니다. 또 읽는 법, 쓰는 법을 비롯해 덧셈, 뺄셈, 곱셈, 나눗셈의 사칙연산도 배웁니다. 이 모든 것들은 사실 공부라기보다는 공부하기 위한 준비에 가깝습니다. 초등은 물론이고 중·고등까지 내내 학교에 가서 의자에 앉아 수업을 듣고 읽고 쓰고 사칙연산을 해야 하니 이를 잘 수행할 수 있도록 미리 준비하는 것이죠.

반면 초등 4학년부터는 본격적으로 학습이 이루어지기 시작합니다. 읽기, 쓰기도 어느 정도 되었고 사칙연산 중 나눗셈까지 익혀 기본이 되는 것들은 모두 배운 상태입니다. 더 이상 연필 쥐는 법을 가르쳐 줄 필요도, 한글을 가르쳐 줄 필요도, 구구단을 가르쳐 줄 필요도 없죠. 이제까지 닦은 기본을 토대로 제대로 학습해 나가면 되는 겁니다. 이뿐만 아닙니다. 이제는 제법 대화가 통할 만큼 말귀를 잘 알아듣는데 아직 저학년의 순수함은 남아 있어, 부모님이나 선생님 말씀을 잘 따릅니다. 3학년 아이들은 여전히 말귀를 못 알아듣는 경우가 있고, 5학년 아이들은 어른들 말이라면 점차 안 듣기 시작하는데, 4학년은 그렇지 않은 거예요. 그러니 어느 때보다 본격적으로 학습을 시작하기에 좋은 학년인 거죠.

이건 비밀인데, 이런 이유로 초등학교 선생님이 가장 선호하는 학년도 바로 4학년입니다. 새 학년과 반을 결정할 때 지원하는 선생님이 많아 늘 경쟁이 가장 치열한 학년입니다. 바로 이 학습의 황금기에 읽는 공부를 익혀야 하는 겁니다. 이 시기에 읽는 공부를 제대로 익힌 아이와 익히지 못한 아이 사이에는 지식 격차가 벌어지기 시작합니다.

성적은 읽는 공부로 결정됩니다. 교과서를 포함한 지식이 담긴 책을 읽고 내 것으로 만들 수 있느냐가 성적을 결정하는 핵심 요소입니다. 그러니 성적을 올리려면 '지식책 문해력'부터 길러야 합니다.

지식책 문해력은 지식이 담긴 글을 이해하는 힘입니다. 지식책을 제대로 읽고 이해할 줄 알면 성적을 올리는 것은 어려운 일이 아닙니다. 읽으면 이해되고 내 것이 되니 그때부터는 시간을 들여 반복하면 됩니다. 지식책 문해력이 없으면 성적을 올리는 것은 매우 어렵습니다. 수업과 강의를 많이 들으면 뭔가 아는 것이 많아지는 느낌은 들지만 제대로 아는 내 것은 없습니다. 여러 번 들어서 친숙한 듯하지만 정리되지 않아 실제로 시험을 잘 볼 수는 없습니다. 학원에 많이 다니고 공부 열심히 해서 이번 시험은 자신 있다고 하지만, 막상 시험만 보면 70점밖에 안 나오는 아이들이 이런 경우입니다. 이런 아이들은 하루라도 빨리 공부 방법을 듣는 공부에서 읽는 공부로 바꾸어야 합니다.

이 책은 읽는 공부에 반드시 필요한 '지식책 문해력'에 대해 이야기합니다. 지식책 문해력을 키워서 지식책을 제대로 읽는 방법을 알려줍니다. 이 책을 통해서 교과서를 포함해 지식책을 완전히 정복하는 방법을 아이에게 알려주세요. 지식책 문해력이 길러지면 수업과 강의를 더 쉽게 이해할 것이고, 교과서를 비롯한 지식책을 더 깊게 이해할 수 있게 됩니다. 그러면 아이는 타인의 도움 없이 스스로 공부할 수 있는 힘이 길러지고, 성적은 자연스럽게 오를 수밖에 없습니다.

수락산 자락 서재에서
전병규

1부
지식책,
반드시 읽어야 합니다

지식책 문해력이
'왜' 중요한가요?

2부
지식책,
이렇게 읽어야 합니다

지식책으로
생각하고 정리합니다

5장

지식책으로
묻고 답하고 씁니다

6장

지식책으로
제대로 공부합니다

◆

1부

지식책,
반드시 읽어야 합니다

1장

지식책 문해력이 '왜' 중요한가요?

지식책이 무엇인가?

:: 이야기책과 지식책

　세상의 책은 크게 이야기책과 지식책으로 나뉩니다. 이야기책은 언어를 이용해 생각이나 감정을 표현한 예술품입니다. 미술이 이미지의 예술이고 음악이 소리의 예술이라면, 문학은 언어의 예술인 셈이지요. 이야기책은 인간의 삶에 대해 이야기합니다. 인간의 경험과 이를 통해 느낀 감정에 대해 말하지요. 한 인간의 경험과 감정에 대한 이야기에서 독자는 자신을 발견하게 됩니다. 이를 통해 우리는 인간이 된다는 것의 의미를 깨닫고, 더 나은 인간으로 성장하는 데 도움을 받습니다.

　반면 지식책은 지식과 정보를 알려주는 실용품입니다. 음식을 보관하려면 냉장고를 사용하고 뉴스를 보려면 TV를 사용하듯 지식을 알려면 지식책을 읽어야 합니다. 지식책은 사회와 자연 같은 세상에 대해 설명합니다. 우리는 지식책을 통해 대통령의 역할, 채권 투자 방법, 고조선의 법률에 대해 알 수 있습니다. 우주의 기원, 미생물의 생태, 카드뮴의 특성에 대해서도 알 수 있고요. 이 책 역시 지식책의 일종입니다. 여러분은 이 책을 읽어나가면서 지식책을 읽고 이해할 수 있는 방법을 알게 되실 겁니다. 여러분 자신과 자녀에게 적용할 수 있는 방법들입니다.

이야기책은 작가의 상상을 바탕으로 합니다. 일어날 법한 이야기를 허구로 지어내어 들려주는 것이 이야기책입니다. 물론 『칼의 노래』나 『임꺽정』처럼 사실을 바탕으로 하는 이야기도 있습니다. 하지만 그런 경우에도 사실 위에 작가가 상상을 입힙니다. 사실의 전달보다는 재미를 주는 것이 목적이기 때문입니다.

반면 지식책은 반드시 사실을 바탕으로 합니다. 일어날 법한 이야기가 아닌, 분명히 존재하는 이야기를 들려주는 것이 지식책입니다. 물론 『사피엔스』나 『이기적 유전자』처럼 사실 위에 작가의 견해가 담기기도 합니다. 하지만 작가의 견해는 탄탄한 사실을 기초로 합니다. 그렇지 않으면 좋은 지식책이 아닙니다. 물론 사실이라고 해서 과학적 사실만 칭하는 것은 아닙니다. 세상에는 과학적으로 검증 가능한 지식보다 그렇지 않은 지식이 훨씬 많으니까요.

『코스모스』나 『인체 완전판』 같은 자연과학 분야의 지식책은 철저히 과학적 사실을 중심으로 논리를 펼쳐 나갑니다. 자연과학이 아닌 경우 학계에서 인정받는 주요 이론을 바탕으로 설명합니다. 『자존감의 여섯 기둥』이나 『몸, 한의학으로 다시 태어나다』가 여기에 해당합니다. 개인의 경험과 통찰을 바탕으로 하는 『데일 카네기 인간관계론』이나 『부자 아빠 가난한 아빠』와 같은 책도 있습니다.

:: 지식책의 종류

교과서는 아이들이 매일 읽어야 하는 대표적인 지식책입니다. 국어, 수학, 사회, 과학 그리고 기타 모든 과목의 교과서는 각 교과의 핵심 지식을 담고 있습니다. 지식을 담고 있는 그림책도 있습니다. 동물의 겨울잠에 대해, 인체의 신비에 대해, 우리 전통문화에 대해 알려주는 그림책이 대표적입니다. 좋아하는 아이들은 너무 좋아하고, 걱정하는 부모님은 너무 걱정하는 학습만화 역시 지식책의 일종입니다. 학부모들의 어린 시절에 집에 한 질씩 가지고 있던 백과사전 역시 지식책에 해당합니다. 미용실에서 헤어 스타일링을 하며 읽게 되는 잡지도 지식책의 일종으로 볼 수 있습니다.

지식책이라는 단어를 조금 더 넓은 의미로 유연하게 해석한다면, 그 종류는 더욱 방대해집니다. 책을 물리적 형태가 아닌 '글을 담은 매체'로 이해하면 종이 신문과 인터넷 뉴스 기사 역시 모두 지식책이 됩니다. 수능 시험과 중간고사 때 읽는 시험 지문도 지식책이고요. 가전제품 사용 설명서와 이벤트를 소개하는 브로슈어 역시 지식책의 일종입니다. 직장에서 작성하는 보고서 역시 여기에 해당하겠군요. 이렇게 본다면 형태와 상관없이 언어를 이용해 지식을 전달하는 모든 것을 지식책이라고 부를 수 있습니다.

지식책이 출간되는 방식은 다양합니다. 먼저 단행본이 있습니다. 단행본은 지속적으로 발행되지 않고 딱 한 번, 한 권으로 출판이 완료되는 책입니다. 반면 시리즈는 하나의 큰 주제 아래 다양한 내용의 책들이 같은 형식으로 연달아 나오는 경우를 말합니다. 원래는 단행본으로 기획되었다가 시리즈로 변경되는 경우도 있습니다. 단행본이 예상 외의 큰 성공을 거둔 경우 이런 예가 생깁니다.

전집도 있습니다. 전집은 여러 권이 하나의 세트로 묶여 출간됩니다. 시리즈와 유사하지만 작은 차이가 있습니다. 시리즈는 보통 차례대로 계속해서 출간되며 언제 끝날지 정확히 알 수 없습니다. 반면 전집은 보통 전체가 한 번에 묶어서 출간됩니다. 단행본에 비해 내용이나 종이의 질에서 조금 떨어지는 경우가 있지만 권당 가격이 비교적 저렴합니다. 저렴한 가격으로 많은 책을 볼 수 있다는 것은 분명한 장점입니다.

지식책 문해력이 왜 중요한가?

:: 낮은 문해력과 범죄율

미국 로스앤젤레스에는 미래에 교도소에 입소하게 될 범죄자의 수를 예측하는 도구가 있습니다. 바로 초등 3학년을 대상으로 하는 읽기 테스트입니다. 초등 3학년 학생들의 읽기 점수가 높아지면 미래에 교도소에 입소하게 될 범죄자의 수가 줄어든다고 예측합니다. 반대로 초등 3학년 학생들의 읽기 점수가 낮아지면 미래에 교도소에 입소하게 될 범죄자의 수가 늘어난다고 예측합니다. 도대체 초등 3학년 아이들의 읽기 점수와 미래의 범죄자 수 사이에는 어떤 상관관계가 있을까요? 다음은 로스앤젤레스 타임즈 기사의 일부입니다.

"교도소는 글을 읽을 수 없는 남녀들로 가득 차 있습니다. 그들의 낮은 문해력은 석방된 후 그들의 가능성을 무력화시킵니다. 그들의 자녀들 또한 낮은 문해력에 머물 위험에 빠뜨립니다. 물론 문맹이라고 해서 평생 범죄를 저지르는 것은 아니지만 상관관계를 무시할 수는 없습니다. (중략) 최고의 범죄 예방 투자는 도서관입니다. 낮은 문해력은 비행 행동을 초래하는 좌절감과 분노를 일으키는 요인이라고 미국 법무부 소년사법실의 연구는 말합니다. 연구는 아이들의 문해력이 향상되면 재범률이 감소함을 보여줍니다."

낮은 문해력이 비행 행동을 일으키는 좌절감과 분노를 일으키는 요인이라고 합니다. 독서 논술 학원이나 국어 문제집 출판사에서 발표한 내용이 아닙니다. 미국 법무부 소년사법실에서 실시한 연구 결과입니다. 왜 낮은 문해력이 비행 행동의 원인이 될까요?

우선 문해력이 낮으면 공부를 못할 수밖에 없습니다. 문해력이 곧 이해력이기 때문입니다. 문해력이 낮으면 수업을 들어도, 교과서와 같은 지식책을 읽어도 제대로 이해할 수 없습니다. 문해력이 낮은 이에게 수업과 책은 알아들을 수 없는 말들의 잔치입니다. 이해가 안 되니 성적이 나올 리 없고, 결국 진학과 취업 모두에서 불리할 수밖에 없습니다.

문해력 부족으로 공부가 안되면 정서적으로도 불만족스러운 상태에 자주 빠지게 됩니다. 자신은 이해되지 않는 내용을 다른 이들은 이해하고 있을 때, 나를 빼놓고 속닥거리는 사람들을 볼 때 소외감과 불안감, 고립감과 열등감 등을 느끼기 쉽습니다. 문해력이 낮은 아이들은 학창 시절 내내 이런 상황에 놓이게 됩니다. 나는 무슨 말인지 전혀 모르겠는데 다른 아이들은 알아듣고 흥미로워합니다.

이해하지 못하는 자신과 이해하는 타인이 비교되다 보니 자존감도 낮아집니다. 공부하려 노력해 봐도 근본적으로 문해력과 이해력에서 차이가 나기 때문에 좋은 결과는 나오지 않습니다. 이런 상황이 지속되다 보면 스스로 무능하게 느끼면서 좌절감과 잘난 세상에 대한 분노가 쌓이게 됩니다.

전미 성인 문해력 조사에 따르면, 교도소 수감자 68%가 직업을 가질 만큼의 문해력을 갖추지 못하고 있다고 합니다. 이런 이유로 캘리포니아 교도소에서는 문맹 퇴치 프로그램과 수업을 제공합니다. 낮은 문해력으로는 취업이 어려워 출소 후에 다시 범죄를 일으킬 가능성이 높다는 것을 알기 때문입니다. 문해력을 높여 사회에서 새로운 가능성을 발견할 수 있게 도와주는 겁니다. 미국 법무부 역시 재소자에게 수업에 참석하고 고등학교 학위를 취득하도록 요구합니다. 이를 거부하면 징계를 받거나 환경이 더 나쁜 교도소로 이감시키기도 합니다. 다음은 미국 법무부의 입장입니다.

"문해력 교육이 범죄에 가담하는 것을 막지는 못합니다. 하지만 낮은 문해력은 법에 대한 지식 습득, 치료 프로그램 참여, 교육 수료, 취업을 방해합니다. 좋은 사회적 관계 구축도 막습니다."

물론 우리나라와 미국의 상황이 완전히 같지는 않습니다. 우리나라에는 미국처럼 완전히 글을 읽지 못하는 문맹이 드뭅니다. 총기도 없고 범죄율도 낮습니다. 그렇기 때문에 미국처럼 문해력이 낮다고 교도소에 갈 가능성이 높아진다고 말할 수는 없습니다. 하지만 범죄로 이어질 수 있는 중간 지점, 즉 삶에서 겪어야만 하는 어려움은 다르지 않습니다. 공부를 해도 잘 이해되지 않는 수업과 교과서들, 이해가 되지 않으니 공부해도 나아지지 않는 성적, 낮은 성적으로 원하는 대로 되지 않는 취직, 취업의 어려움으로 겪게 될 경제적 어려움, 이 모든 과정에서 점차 낮아지는 자존감…. 이러한 어려움들은 국적과 국가를 가리지 않습니다. 문해력은 단순히 글을 읽는 능력이 아닙니다. 있어도 되고 없어도 되는 것이 아니에요. 문해력은 공부를 넘어 사회생활과 관계의 기초가 됩니다.

:: 지식의 양이 폭증하는 시대

이 중에서도 '지식책 문해력'은 지식이 담긴 글을 이해하는 힘입니다. 이 능력은 현재도 중요하지만 앞으로 점점 더 중요해질 것입니다. 갈수록 지식의 소유보다 지식 처리 능력이 중요해지고 있기 때문입니다.

과거에는 지식을 많이 소유한 자가 강자인 시대였습니다. 책 몇 권 읽고 한자 몇천 개만 알아도 평생을 훈장으로 살아갈 수 있었습니다. 하지만 시대가 바뀌었습니다. 그 정도 양의 지식은 1시간 안에도 만들어지는 시대입니다.

미래학자 버크민스터 풀러$^{Buckminster\ Fuller}$는 '지식 2배 증가 곡선'을 발표했습니다. 그에 따르면 인류가 가진 지식이 2배가 되는 데 소요되는 시간이 점점 짧아지고 있습니다. 과거에는 인류의 지식이 2배가 되는 데 100년이 소요되었다고 합니다. 하지만 이 속도는 점차 빨라져 1990년에는 25년마다, 현재는 약 1년마다 지식이 2배 증가한다고 하고요. 향후에는 이 기간이 12시간까지 짧아진다고 합니다.

시간은 짧아지는데 늘어나는 절대 지식의 양은 폭증합니다. 지식이 100, 200, 300, 400으로 100씩 증가하는 것이 아닙니다. 100, 200, 400, 800, 1600으로 2배씩 증가하는 거예요. 증가하는 양은 2배로 늘어나는데, 증가하는 데 걸리는 시간은 점점 짧아지고 있습니다. 말 그대로 기하급수적으로 지식이 증가하고 있습니다. 그러다 보니 과거 수천 년간 쌓아온 인류의 지식 총량보다 몇 달 동안 새로 나오는 지식이 더 많은 실정입니다. 우리 아이들이 살아갈 시대는 자고 일어나면, 아니 눈을 깜빡이는 매 순간마다 새로운 지식이 쏟아지는 시대일 것입니다.

244년의 전통을 가진 전 세계에서 가장 유명한 백과사전인 브리태니커는 2010년 인쇄본 발매를 중단했습니다. 새로 쌓여가는 지식의 속도를 인쇄본으로 도저히 따라잡을 수 없기 때문입니다. 책을 제작하는 동안 새로운 지식이 계속 나와 책은 발간과 함께 구간이 되어버리는 실정입니다. 이는 지식의 소유가 더 이상 예전처럼 중요하지 않다는 것을 상징합니다. 가지고 있는 지식은 몇 달이면 이미 과거의 지식이 되어버립니다.

　이런 시대에 진정으로 필요한 것은 지식 처리 능력입니다. 지식을 접하고 이해하고 내 것으로 만드는 지식책 문해력 말입니다. 컴퓨터가 처음 나왔을 때 많은 사람들이 문해력은 더 이상 중요하지 않다고 말했습니다. 모든 것이 컴퓨터에 담길 테니까 책은 읽을 필요도 없고 복잡하게 생각할 필요도 없다고 말이지요. 하지만 실상은 정반대였습니다. 컴퓨터와 스마트폰으로 인해 문해력은 더욱 중요해졌습니다. 인터넷상의 정보도 결국 읽는 사람이 자신의 문해력으로 이해해야 합니다. 잘못된 정보와 거짓 정보도 많아 이를 구분할 수도 있어야 했고요. 이 많은 정보 중에서 내게 필요한 정보를 골라 읽고 이해하고 진위 여부를 판단하는 것은 순전히 각자의 몫입니다.

:: 무엇이든 가능하게 하는 '지식책 문해력'

　췌장암은 발견이 어려워 사망률이 상당히 높은 암입니다. 췌장암 환자의 85% 이상이 암 말기에 진단을 받는다고 합니다. 그런데 이런 문제를 해결할 수 있는 새로운 췌장암 진단 키트가 몇 년 전에 발명되었습니다. 새 진단 키트는 기존 키트보다 진단의 정확성은 3배 높고, 소요 시간은 98% 줄었으며, 비용은 99.7% 저렴하다고 합니다. 매우 비싼 가격에도 불구하고 낮은 성능을 보인 기존 진단 키트와 비교했을 때 새 진단 키트는 혁신이라고 불리기에 손색이 없습니다.

그런데 이런 대단한 기술을 만든 사람은 누구일까요? 아이비리그에서 학생들을 가르치는 의대 교수? 아니면 의학 박사 과정을 밟고 있는 천재 대학원생? 그것도 아니면 제품 개발에 수백억 원을 투자하는 제약회사 R&D 팀? 모두 아닙니다. 이 진단 키트를 발명한 사람은 잭 안드라카Jack Andraka라는 미국의 평범한 고등학생이었습니다. 잭 안드라카는 믿고 의지하던 삼촌이 췌장암으로 죽자 왜 췌장암 진단이 어려운지 궁금했습니다. 그래서 구글링으로 관련 자료를 모았습니다. 꾸준히 자료를 읽다 보니 췌장암 진단을 위한 아이디어가 생겼고 200여 개의 대학에 연락해 연구실을 빌려달라고 부탁했습니다. 그중 한 군데에서 답이 왔고, 그곳에서 7개월간의 연구 끝에 새 진단 키트를 탄생시켰습니다.

췌장암 진단 키트를 개발하는 데 잭 안드라카가 사용한 결정적 능력이 바로 '지식책 문해력'입니다. 그는 의학에 대해서는 아는 게 없는 평범한 학생이었습니다. 그에게 있었던 것은 효과적인 췌장암 진단 키트를 만들고 싶다는 마음과 지식책 문해력밖에 없었습니다. 그가 한 일은 '어떻게 하면 췌장암을 진단할 수 있을까?'라는 질문을 하고 이에 대한 답을 인터넷으로 찾아보는 것이었습니다. 인터넷에 새로운 췌장암 진단 키트를 만드는 방법이 버젓이 적혀 있었을까요? 그럴 리가요. 인터넷에는 췌장암과 관련된 수많은 지식들이 있었을 뿐입니다. 그 수많은 지식을 읽고 이해하고 질문하고 생각하여 진단 키트로 만들어 낸 것은 잭 안드라카였습니다. 그렇게 그는 지식책 문해력을 이용해 인류를 췌장암으로부터 한 걸음 멀어지게 하였습니다.

지식책 문해력만 갖추면 모든 것을 할 수 있는 시대입니다. 세상에 지식은 넘쳐납니다. 우리나라처럼 작은 나라에서도 매일매일 수십 권의 책이 출간되고, 구글과 네이버에는 이보다 더 많은 지식이 올라옵니다. 지식책 문해력만 있으면 이 모든 지식을 활용할 수 있습니다. 지식책 문해력을 갖춘 이에게 정보의 바다 인터넷은 모든 가능성을 품은 공간이 됩니다. 내가 하고 싶은 것, 알고 싶은 것이 있다면 언제든지 찾고 접근하고 활용할 수 있습니다. 지식책 문해력이 없다면 이 모든 것을 제대로 활용할 수 없습니다. 어렵게 지식을 하나 배우면 곧바로 새로운 지식이 나와 구닥다리가 되어버리는 시대입니다. 새로운 지식을 배워야 하지만 문해력이 부족하니 그마저도 여의치 않습니다. 지식 쌓기보다 지식을 쌓는 능력이 더 중요한 시대입니다. 우리 아이가 학위만 딴 채 시대에 뒤처지기를 원하지 않는다면 다른 무엇보다 지식책 문해력을 길러주어야 합니다.

:: 이야기책과 지식책의 균형

독서의 중요성에 대해서는 이미 귀가 아프도록 들으셨을 겁니다. 그래서 많은 부모가 아이의 어린 시절부터 독서 교육에 매진합니다. 매일 같이 그림책을 읽어주고 주말이면 도서관으로 함께 나들이를 가지요. 아주 좋은 현상입니다. 아이의 인생과 문해력 발달에 있어 이보다 더 좋은 교육은 없을 겁니다. 여기에 더해 좀 더 나은 독서 교육을 위해 하나의 조언을 드리고 싶습니다. 처음에는 쉽고 재미있는 이야기책으로 시작하되 아이가 독서에 적응하면 지식책의 비중을 조금씩 늘려가야 합니다. 그래서 결과적으로 이 둘 사이의 균형을 잡으시길 바랍니다.

이야기책이든 지식책이든 간에 책을 읽음으로써 얻을 수 있는 공통된 효과가 있습니다. 집중력, 이해력, 학습력, 사고력의 향상 등 말이지요. 하지만 이야기책, 지식책 각각을 통해서 얻을 수 있는 차별화된 효과도 있습니다. 이야기책에서 우리가 얻을 수 있는 것은 인간과 세상에 대한 인문학적 이해입니다. 이야기 속 인물의 말과 행동 그리고 그들이 겪는 일을 통해 우리는 삶의 의미와 지혜를 얻게 됩니다. 지식책에서 우리가 얻게 되는 것은 사회와 자연에 대한 과학적 이해입니다. 인간이 만들어낸 사회와 우주가 만들어낸 자연에 대해 다양한 사실을 알게 됩니다. 결국 이 둘을 합쳐 우리는 세상을 깊이 이해할 수 있게 됩니다. 그래서 이야기책과 지식책의 균형을 잡아가는 것이 중요합니다.

미국에는 공통 핵심 교육 표준Common Core State Standards(이하 CCSS)이 있습니다. CCSS는 저마다 교육 과정이 다른 미국의 50개 주에서 공통적으로 따라야 할 교육의 기준입니다. CCSS는 진학과 취업을 위해 12학년까지 시간 중 70%를 지식책 독서에 쓸 것을 권고합니다. 많은 교육 전문가 역시 독서 프로그램에 지식책의 포함을 강조합니다. 지식책을 정기적으로 진정성 있게 읽을 수 있는 방법을 포함하라고 조언합니다. 왜 지식책 읽기가 이토록 중요한 걸까요?

:: **지식책만의 효과**

지식책은 이야기책이 가지지 못하는 효과가 있습니다. 지식책을 통해서는 다양한 지식을 습득하고 호기심을 충족할 수 있습니다. 새로운 지적 호기심이 생기기도 하고 많은 학문 어휘를 습득할 수 있습니다. 이들은 모두 모여 결국 더 넓고 튼튼한 문해력이 됩니다.

① 다양한 지식 습득

지식책은 이름 그대로 지식을 담고 있는 책입니다. 아이들은 지식책을 읽음으로써 알지 못했던 수많은 지식을 알게 됩니다. 지식책은 사회와 자연이라는 세상 모든 것에 관한 정보를 담고 있습니다. 가장 거시적인 우주부터 가장 미시적인 양자까지 세상 모든 지식은 지식책에 들어 있지요. 인류가 지금껏 발견하고 알게 된 모든 것은 대부분 책으로 만들어져 있습니다. 지식책에 없는 지식은 아직 인류가 발견하지 못한 지식이라고 말할 수 있습니다. 그래서 만약 적절한 책을 찾을 수 있고, 읽을 수 있고, 이해할 수만 있다면 세상의 그 어떤 지식도 모두 배울 수 있습니다.

② 호기심 충족

어느 도서관에 가든 유독 닳고 닳아 너덜거리는 책이 있습니다. 바로 『Why? 와이 사춘기와 성』입니다. 책을 거의 읽지 않는 아이들도 이 책만큼은 읽습니다. 책을 대충 읽는 아이들 역시 이 책만큼은 한 글자도 놓치지 않으려고 눈에 불을 켜고 읽습니다. 저희 딸 역시 이 책을 10번 넘게 정독한 것 같습니다. 두 살 터울의 자매가 함께 이 책을 들고 앉아 두 달 가까이 열심히 읽더군요. 언제든 무엇이든 가르쳐주려는 부모들이 유독 입을 다무는 주제이다 보니 아이들의 궁금증이 더 큰 것 같습니다.

③ 새로운 지적 호기심의 발로

저는 딸아이에게 『Why? 와이』 시리즈를 50권 세트로 사주었습니다. 일반적으로 부모들은 학습만화에 대해 걱정이 많은 편입니다. 하지만 저의 전작 『문해력 수업』에서 언급한 것처럼 학습만화에는 여러 가지 교육적 효과가 있습니다. 많은 양의 배경지식을 습득할 수 있고, 그림책에서 줄글 책으로 넘어가는 가교 역할도 합니다.

그래서 저는 아이가 학습만화를 읽기를 기대하고 있었습니다. 하지만 기대와 달리 잘 읽지 않더군요. 그래서 어떻게 이 책을 스스로 들게 할 수 있을까 생각하고 있었습니다. 하지만 얼마 지나지 않아 문제가 저절로 해결되었으니 앞에서 말한 『Why? 와이 사춘기와 성』 덕분이었습니다. 두 달 가까이 이 책만 10번 넘게 읽던 아이는 성에 관한 호기심이 충족되었는지 드디어 그 책을 책장에 다시 꽂아두었습니다. 그것이 끝이었을까요? 아닙니다. 아이는 『Why? 와이』 시리즈의 여러 책 제목을 유심히 살펴보더니 다른 책 하나를 꺼냈습니다. 바로 『Why? 와이 외계인과 UFO』였습니다. 그렇게 한 권은 두 권이 되고 두 권은 세 권이 되어 시리즈를 독파해 나가기 시작했습니다. 한 분야에 대한 지적 호기심의 충족은 새로운 분야에 대한 지적 호기심을 불러옵니다. 무언가를 알아 간다는 지적인 즐거움을 깨닫게 되기 때문입니다.

④ 학문 어휘 습득

어휘력을 키우는 가장 좋은 방법은 독서입니다. 300페이지 정도되는 아동용 이야기책 한 권에만 약 4만 단어가 사용됩니다. 이런 이야기책을 읽기만 해도 상당수의 새로운 어휘를 습득할 수 있습니다. 하지만 이야기책만으로는 한계가 있습니다. 이야기책에서 알게 되는 어휘가 주로 일반 어휘General vocabulary이기 때문입니다. 일반 어휘는 일상생활에서 자주 사용되는 어휘입니다. '식사', '밥', '집', '보다', '받다', '뛰다', '아름다운', '뛰어난', '어두운', '서툴게' 같은 단어들이죠. 일반 어휘는 일상생활을 통해 습득되고 이야기책을 통해 점점 더 폭을 넓혀 갑니다. 그런데 학업에 있어 정말 중요한 어휘는 따로 있습니다.

공부를 잘하기 위해 필요한 것은 바로 학문 어휘Academic vocabulary입니다. 공부하는 데 사용되기에 학습도구어라고도 불립니다. 학문 어휘는 무언가를 배우고 익히는 학문적 상황에서 주로 사용됩니다. 일상생활에서는 잘 사용하지 않아 저빈도 어휘라고도 불리고요. '정의', '중재', '원천', '절차', '직무', '상표', '회로망', '사유지', '발췌', '계층', '모순' 등이 학문 어휘입니다. 높은 성적과 낮은 성적은 바로 이 학문 어휘에서 갈립니다. 공부를 잘한다는 것은 학문 어휘를 많이 알고 사용할 줄 안다는 뜻입니다. 반대로 학문 어휘를 잘 모르면 공부를 못한다는 뜻이며 앞으로도 잘하기 쉽지 않다는 말입니다.

학문 어휘를 얻을 수 있는 가장 좋은 소스는 바로 지식책입니다. 지식책이 이야기책보다 훨씬 많은 학문 어휘를 담고 있기 때문입니다. 이야기책에도 학문 어휘가 나오기는 하지만 그 양이 지식책에 비할 바는 아닙니다. 이야기책은 누구나 공감할 수 있는 일상에 관한 비전문적인 내용이기 때문입니다. 이야기책에서 '곧은뿌리', '생장점', '뿌리골무', '한대 침엽수림대'와 같은 어휘를 만날 가능성은 낮습니다. 만난다 해도 중요하게 다루어지지 않고 스치듯 그냥 지나가게 됩니다. 이런 어휘는 식물에 관한 지식책을 읽어야만 만날 수 있고 공부할 기회가 생깁니다.

⑤ 더 넓고 튼튼한 문해력

문해력은 '문해력의 뿌리', '소리 읽기', '의미 읽기', '해석 읽기'의 4단계로 성장하고 발달합니다. 책을 좋아하는 마음을 키운 후 책을 소리 내어 읽고 의미를 이해한 후 나만의 생각을 만드는 것이지요. 그런데 텍스트는 크게 두 가지로 나뉩니다. 바로 이야기책과 지식책이지요. 이 두 종류의 텍스트를 깊이 읽기 위해서는 앞에서 말한 일반적인 문해력에 더해 텍스트의 특성에 맞는 문해력이 필요합니다. 이야기책을 잘 읽기 위해서는 인물, 사건, 배경, 표현, 상상, 주제를 분석할 수 있는 이야기책 문해력이 필요합니다. 문해력에 대해 더 깊이 알고자 한다면『문해력 수업』을, 이야기책 문해력에 대해 더 자세히 알고 싶다

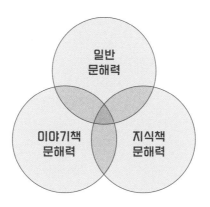

면『우리 아이 문해력 독서법』을 참고하시기 바랍니다.

지식책을 읽기 위해서는 이야기책 문해력과는 또 다른 종류의 문해력이 필요합니다. 지식책에는 인물도 사건도 배경도 없으니까요. 지식책을 잘 읽기 위해서는 시각 자료를 살펴보고 텍스트를 분석하고 구조화하고 노트를 작성하는 등의 능력이 필요합니다. 이렇게 일반 문해력에 더해 이야기책 문해력과 지식책 문해력을 모두 갖추었을 때 비로소 완전한 문해력을 갖추었다 할 수 있습니다.

미시간대 듀크$^{Nell K. Duke}$ 교수는 많은 학생들이 지식책 문해력을 갖추지 못해 이야기책을 읽듯 지식책을 읽는다고 지적합니다. 지식책 문해력을 갖추지 못해 엉뚱한 방식으로 책을 읽고 있는 겁니다. 또한 듀크 교수를 포함한 많은 문해력 학자들은 초급 수준의 읽기가 중급 수준의 읽기로 원활하게 넘어가기 위해서도 지식책을 읽어야 한다고 강조합니다. 일반적인 문해력과 이야기책 문해력에 지식책 문해력을 더할 때 진정으로 문해력이 완성된다는 뜻입니다.

교과서만으로 부족한 이유

　'수능 만점자'. 공부로는 날고 긴다는 수많은 학생 중에서도 단연 최고만이 가질 수 있는 호칭입니다. 이런 전국 최고의 공부 고수들이 인터뷰에서 공통적으로 하는 말이 있습니다. 바로 "교과서 위주로 예습, 복습을 철저히 했다"인데요. 한 번쯤은 들어보지 않으셨나요? 워낙에 많은 공부 천재들이 같은 말을 오랜 기간 반복했기에 경험 법칙으로 의심의 여지가 없어 보입니다. 그럴 만도 한 것이 시험은 범위가 정해져 있습니다. 그 범위는 교과서를 기준으로 하지요. 그러니 교과서를 위주로 공부하지 않고 좋은 성적을 거둔다면 사실 그게 더 이상한 겁니다. 교과서가 중요하다는 것은 상식이지만, 그 이유를 좀 더 자세히 살펴보겠습니다.

:: 교과서의 중요성

① 교육전문가가 합의한 내용

교과서에는 모든 학생이 반드시 배워야 한다고 교육전문가가 합의한 내용이 담겨 있습니다. 몇몇 사람의 소수 의견이거나 개인적 관심에 기반한 내용이 아닙니다. 그래서 한 분야를 공부한다면 반드시 알아야 하는 내용들로 이루어져 있습니다.

② 많은 지식의 체계적 집약

교과서에는 적은 분량 안에 많은 지식이 체계적으로 담겨 있습니다. 한 권으로 해당 교과의 처음부터 끝까지 짜임새 있게 정보를 제공합니다. 초등 1학년부터 고등 3학년까지 교과서만 잘 따라가도 해당 교과의 핵심 내용을 빠짐없이 배울 수 있습니다. 특정 내용이나 주제만을 담고 있는 상업용 책과 확실히 대비됩니다.

③ 요약 정보로 인한 시간 절약

적은 분량으로 많은 지식을 전달하기 위해 교과서는 요약 정보를 제공합니다. 그런 측면에서 백과사전과도 비슷합니다. 핵심 내용만을 압축적으로 담고 있기 때문에 정보를 얻는 시간을 절약하는 데도 도움이 됩니다.

④ 노력 대비 빠른 성과

교사는 교과서를 수업 가이드로 사용합니다. 덕분에 '어떻게 가르칠까'는 고민해도 '무엇을 가르칠까'는 별로 고민하지 않습니다. 교과서에 가르칠 내용이 모두 담겨 있고, 시험 문제도 당연히 교과서에서 출제됩니다. 학생들에게는 정확한 공부 지침을 제공합니다. 무엇을 공부해야 하는지, 어디에 집중해야 하는지 명확히 알려줍니다. 그래서 교과서에만 집중하면 노력 대비 빠른 성과를 얻을 수 있습니다.

:: 교과서만으로 충분할까?

교과서가 중요하다는 사실에는 의심의 여지가 없습니다. 공부를 잘하기 위해서 반드시 교과서를 열심히 공부해야 합니다. 그런데 여기서 꼭 필요한 질문이 있습니다. '교과서만으로 충분한가?'입니다. 영국과 캐나다에는 교과서가 없습니다. 교사가 적절한 지식책과 교재를 직접 선택해 수업합니다. 교과서가 있는 미국 역시 교과서 외 보조적인 텍스트 사용을 권장합니다. 그리고 실제로 이런 수업이 흔하고요. 왜 그럴까요?

모든 것에는 양면성이 있습니다. 마치 동전처럼 말이죠. 빛이 있으면 어둠이 있는 것은 당연한 세상의 이치입니다. 교과서의 장점은 그대로 교과서의 단점이 됩니다. 입시가 목전인 수험생이라면 당장의 시험을 위해 교과서의 한계를 무시해도 좋습니다. 하지만 초등학생은 아님니다. 초등학생은 내일모레 입시를 치를 게 아니니까요. 초등학생이 입시를 치르려면 최소 6년 이상 대략 10년 이상의 시간이 있습니다. 그래서 공부에 접근하는 방식이 고등학생과는 달라야 합니다. 입시에 최적화된 방식을 초등학생에게 지금 바로 적용한다고 10년 후에 좋은 결과를 얻는 것이 아닙니다. 교과서를 열심히 공부하되 교과서만 공부하지 말고 좀 더 다양한 지식책을 읽어야 합니다.

다음날 계체량을 앞둔 권투 선수는 극단적인 수분 다이어트를 합니다. 마지막 100g을 짜내기 위해 사우나에서 땀복을 입고 줄넘기를 수만 개씩 합니다. 하지만 이런 방법을 시합 6개월 전부터 쓰지는 않습니다. 계체량이 코앞일 때 쓰는 방법이지 평소에 쓰는 방법이 아니라는 뜻입니다. 교과서가 중요한 것은 사실이지만 다양한 독서를 외면하고 오직 교과서만 공부하면 된다는 생각은 매우 중대한 오류입니다. 이는 입시의 관점으로만 초등 교육을 바라볼 때 흔히 저지르는 실수이지요. 입시에 최적화된 고등 교육의 방식을 초등학생에게 그대로 적용하면 된다는 착각에서 벌어진 문제입니다.

독서를 외면하고 교과서만 파는 공부는 교과서의 한계로 인한 문제가 발생할 수밖에 없습니다. 그리고 그것이 10년 이상 누적되면 그 부족함은 예상보다 크게 드러날 수 있습니다. 특히나 수능 폐지가 계속해서 논의되며 IB International Baccalaureate 교육과정이 언급되는 이런 상황에서는 더욱 그렇습니다. 성적은 물론이고, 성적 이상의 더 크고 넓은 목적을 위해서도 좀 더 넓은 공부가 필요합니다.

:: 교과서의 한계

그렇다면 교과서는 어떤 한계를 가지고 있을까요? 앞에서 말한 교과서의 장점이 그대로 단점이 됩니다. 많은 지식을 적은 분량 안에 담다 보니 피상적 지식을 사실 위주로 전달하게 됩니다. 주제에 대한 요약 정보 위주이다 보니 배움의 폭이 좁을 수밖에 없고, 학습을 통해 재미를 느끼기 어렵습니다. 또 교육전문가가 모두 합의한 내용만 담기 때문에 단 한 가지 관점으로 시각이 고정되기 쉽고, 학습자가 스스로 생각할 기회가 사라지게 됩니다.

① 사실 전달 중심

교과서는 사실 전달에 지나치게 치중하고 있습니다. 적은 분량에 많은 지식을 담으려다 보니 어쩔 수 없는 현상입니다. 하지만 아이들은 사실뿐 아니라 이에 대한 견해를 함께 배워야 합니다. 그러면서 자신의 견해를 만들어 가야 하고요.

예를 들어 인권에 대해서 배운다면 인권의 정의와 사례만 배워서는 안 됩니다. 인권에 관련된 여러 견해를 접하고 이를 바탕으로 생각하고 토론하면서 스스로의 견해를 만들어 가야 합니다. 이런 지점까지 도착했을 때만 진정한 자신의 지식이 되어 쉽게 사라지지 않습니다. 그래서 교과서만 공부하다 보면 사고의 폭이 좁아지기 쉽습니다. 제대로 된 자기 생각은 없이 앵무새처럼 답만 반복하는 식으로 말입니다.

② 피상적 지식 습득

백미가 있고, 현미가 있습니다. 백미는 쌀의 씨눈과 겨를 완전히 벗겨낸 쌀입니다. 그래서 부드럽고 소화가 쉽습니다. 단맛도 더 강하고요. 현미는 씨눈과 겨를 일정 비율 이상 남겨놓은 쌀입니다. 그래서 백미에 비해 거칠고 소화에 시간이 걸리며 단맛도 약합니다. 이렇게만 보면 백미가 현미보다 훨씬 좋은 쌀인 것 같습니다. 실제로 사람들이 더 선호하기도 하고요. 그런데 백미는 복합 탄수화물인 현미와 달리, 단순 탄수화물입니다. 혈당이 빠르게 오르고 심하면 당뇨를 유발하기도 합니다. 씨눈과 겨를 모두 제거했기 때문입니다.

핵심 지식만 남겨놓고 주변부를 모두 제거했다는 점에서 교과서는 백미와 같습니다. 이런 특징은 짧은 시간에 효율적으로 공부할 수 있다는 장점을 끌어냅니다. 하지만 동시에 지식을 깊이 이해하고 지혜를 형성할 수 있는 기회를 박탈합니다. 지식에 대한 깊은 이해와 지혜는 지식의 핵심으로만 만들어지지 않습니다. 지식의 핵심은 물론 이와 관련된 주변부를 고루 이해했을 때 얻을 수 있습니다.

다른 모든 것을 포기하고 교과서만으로 지식의 핵심만 공부한 아이들은 '지식 당뇨병'에 걸리기 쉽습니다. 지나치게 높은 혈당을 조절하다 지쳐 결국 인슐린 분비를 포기하는 췌장처럼 지식을 소화하다 지쳐 이해를 포기하는 뇌가 되는 겁니다. 시험과 입시의 관점에서 볼 때는 불필요해 보이는 지식의 주변부가 실은 건강한 공부를 지속하는 데 꼭 필요하다는 얘기입니다.

③ 학습의 재미 상실

교과서는 건조하고 재미없는 책입니다. 중요한 내용을 중심으로 축약된 요약본이기 때문입니다. 재미는 디테일에서 옵니다. '두 남녀가 사랑했다'는 문장에는 아무 재미도 없습니다. 하지만 이를 자세히 묘사한 영화와 드라마는 대박이 납니다. 디테일이 있기 때문입니다. 교과서는 적은 분량에 많은 지식을 넣어야 하기에 디테일이 부족할 수밖에요. 정보와 사실 그리고 결론만 남기죠. 그러니 재미있을 수가 없습니다.

실제로 교과서만으로 역사를 공부한 아이들은 백이면 백, 예외 없이 역사를 싫어합니다. 심지어 혐오하기까지 합니다. 아무런 디테일 없이 외워야 하는 내용만 끝없이 나오기 때문입니다. 하지만 역사를 좋아하는 아이들은 예외 없이 역사책을 읽은 아이들입니다. 역사책을 통해 역사를 이야기로 받아들인 아이들은 이를 재미있게 생각합니다. 다른 모든 교과도 마찬가지입니다. 교과서로만 공부하면서 과학을 좋아하는 아이는 드뭅니다. 과학을 좋아하는 아이의 대부분은 재미있는 과학책과 과학 실험을 통해서 흥미를 가지게 된 것입니다.

④ 좁아지는 배움의 폭

교과서만 공부하다 보면 교과서를 성배시하게 됩니다. 어떤 교육을 하든 교과서를 다루면 공부한 것이고, 교과서를 다루지 않으면 공부하지 않았다고 생각하게 됩니다. 실제로 이렇게 생각하는 학부모가 적지 않습니다. 학교에 다녀왔는데 교과서에 아무것도 써 있지 않으면 공부하지 않았다고 생각하는 겁니다. 또 아이가 교과서가 아닌 다른 책을 읽고 있으면 공부나 하라고 말하기도 하고요. 아이들 역시 다양한 배움의 기회를 등한시하게 됩니다. 교과서에 나오지 않는 내용은 굳이 알 필요가 없다고 생각하는 거죠. 교사 역시 교과서 속 지식만 잘 설명하면 된다고 생각합니다. 이처럼 교과서를 성배시하다 보면 교육은 점점 더 좁고 얕아지게 됩니다.

⑤ 단 한 가지 관점

교과서 집필진은 특정 관점을 취하지 않으려 노력합니다. 모든 사람이 공부해야 하는 책인 만큼 최대한 중립적인 자세를 취하려고 하는 거죠. 하지만 관점이 없다는 것은 애초에 불가능합니다. 중립적인 자세조차 하나의 관점이기 때문입니다. 교과서의 관점이 틀렸거나 문제가 있다는 뜻은 아닙니다. 여러 전문가들이 동의하고 사회적으로 합의된 관점에 가까우니까요.

하지만 아무리 중립에 가까운 관점이라도 단 하나만 배우는 것은 좋지 않습니다. 시야가 좁아져 편협해지기 쉽기 때문입니다. 아이들은 다양한 관점을 접할 필요가 있습니다. 특히 초등학생에게는 이것이 더욱 중요합니다. 사고가 굳어지기 전에 다양한 관점을 접해야 더 유연하게 생각할 수 있습니다. 특히 다양성이 중요해지는 현대 사회에서는 이런 경험이 매우 중요합니다. 세상에서 가장 위험한 사람은 책을 딱

한 권만 읽은 사람이라는 말도 있지요. 다른 어떤 독서도 없이 오직 교과서만 공부한 사람이 어쩌면 가장 위험한 사람은 아닐까 하는 생각을 해봅니다.

⑥ 생각할 기회 부족

교과서는 아이들에게 생각할 기회를 별로 제공하지 않습니다. 질문보다는 사실과 답으로 가득 차 있기 때문입니다. 질문이 있더라도 다양한 생각을 유도하지 못하고 정답을 물어볼 뿐입니다. 이런 식의 질문은 아이들의 사고를 자극하지 못합니다. 공부를 잘하는 아이는 대부분 생각하는 힘이 강합니다. 사고력이 부족하면 설명을 이해하기도 어렵고 스스로 답을 찾기도 어렵습니다. 교과서만 암기하는 식으로 공부한 아이들은 결국 사고력 부족으로 학습에 어려움을 겪기 쉽습니다.

:: 교과서와 지식책의 황금 밸런스

베트남의 히딩크라 불리는 박항서 감독. 그는 베트남 축구 국가대표 감독이 된 후 베트남 선수들의 체력을 올리는 데 주력했습니다. 시합 후반까지 최고의 기량을 발휘할 수 있도록 만드는 것이 그의 목표였습니다. 이를 위해서 그는 선수들의 식단부터 바꾸었습니다. 훈련기간에는 고기, 달걀, 우유 등의 단백질 위주의 식사를 하게 했고, 시합기간에는 쌀국수, 밥 등 탄수화물 위주의 식사를 하게 했습니다. 체력을 올린다는 같은 목표임에도 시기에 따라 다른 방법을 선택한 것입니다. 왜 그랬을까요?

단백질은 근육 등 우리 몸을 구성하는 성분입니다. 반면 탄수화물은 당장 뛰고 움직이는 데 필요한 에너지원이죠. 그래서 평소 훈련 기간에는 단백질 섭취로 근육량을 늘리고 기초체력을 높이는 데 집중했습니다. 반면 시합 기간에는 탄수화물 섭취로 당장 뛸 수 있는 에너지원을 축적하는 데 집중한 것입니다. 이 방법을 통해 베트남 축구 국가대표는 이전에는 한 번도 얻지 못했던 눈부신 결과를 얻었고 박 감독은 베트남의 영웅이 되었습니다.

방법은 그것을 '언제' 쓰는지가 중요합니다. 베트남 국가대표가 훈련 기간에 탄수화물 중심의 식단을 짰다면 근육량은 늘지 않고 뱃살이 늘었을 것입니다. 반대로 시합 기간에 단백질 중심의 식단을 짰다면 시합 중에 에너지가 빨리 고갈되어 좋은 결과를 얻지 못했을 겁니다. 입시가 코앞인 고등학생은 정제된 탄수화물과 같은 교과서와 핵심 요약집을 통해 잘 정리된 핵심 지식 중심의 공부를 해야 합니다. 시합 직전이니까 장기적 계획 없이 당장 가장 효율적인 방법을 써야 합니다. 다른 책은 놓고 교과서 중심의 공부를 해도 되는 겁니다. 하지만 입시가 10년 가까이 남은 초등학생은 좀 더 장기적인 시각에서 균형 잡힌 공부가 필요합니다. 초등학생은 당장 지식 하나하나를 가장 효율적으로 학습하는 것보다 다양한 책을 읽고 이해하고 쓰고 정리하면서 공부하는 힘을 길러주어야 합니다. 다양한 영역을 다양한 방법으로 공부하면서 배경지식을 쌓고 어휘를 늘리고 학습 방법을 익혀야 합니다. 어떤 선생님, 어떤 과목, 어떤 지문을 만나도 이해할 수 있도록요.

초등학생에게는 교과서가 중요하지 않다거나 교과서를 공부할 필요가 없다는 말은 절대 아닙니다. 단백질 섭취량을 늘리라는 것이지 탄수화물을 아예 섭취하지 말라는 말이 아니에요. 중요한 것은 탄수화물, 단백질, 지방 일명 '탄단지'의 균형을 잘 맞추는 것입니다. 마음이 조급한 많은 부모들이 아이에게 단순 탄수화물만 먹이고 있습니다. 교과서와 지식책의 균형을 맞춰주세요. 어릴 때는 지식책의 비중을 높게 가져가세요. 교과서는 학년이 올라가면서 점차 늘려가면 됩니다.

교과서 학습을 늘리는 시기는 아이의 수준에 따라 판단하면 됩니다. 독서를 꾸준히 해 왔고 대화할 때 말귀를 잘 알아듣는 아이라면 수업을 따라가는 데 큰 어려움이 없습니다. 이런 아이는 학습 내용이 쉬운 초등 2~3학년까지는 교과서를 크게 신경 쓸 필요가 없습니다. 수업만 잘 들어도 충분히 따라갈 수 있고, 일부 놓치는 내용이 있어도 상식적인 내용이라 나중에 저절로 알게 되기 때문입니다. 이때는 시중의 일반 지식책을 읽기 시작하면서 지식책 문해력을 키우는 데 힘을 쏟으세요. 교과서는 내용이 조금씩 어려워지는 초등 4~5학년부터 관심을 가지면 됩니다. 이때부터는 그날 배운 것을 교과서와 함께 정리하는 습관을 들이세요. 그러면서도 본격적으로 시중의 일반 지식책을 읽고 정리하도록 해야 합니다.

독서 경험이 부족하고 말귀를 잘 알아듣지 못한다면 교과서를 조금 더 일찍 시작하는 게 좋습니다. 언어 능력이 부족해 듣기, 말하기가 잘 되지 않고 소통할 때 답답함을 많이 느낀다면 학교 수업을 잘 따라가기 어렵습니다. 일상생활에서 소통이 어려운데 학교 수업을 잘 이해할 리가 없습니다. 이런 아이는 미리 교과서를 읽고 학교에 가는 것을 추천합니다. 어떤 내용인지 이해하고 간다면 학교 수업의 집중과 이해에 도움이 되기 때문입니다. 학교에서 교과서를 챙겨와도 좋지만 소통이 잘 안 되는 저학년 아이가 잘 챙겨올 리 없으니 인터넷으로 구매하는 것도 좋습니다. 이렇게 교과서를 공부하면서도 지식책은 최소한의 양을 정해 꾸준히 읽도록 합니다.

2장

늦어도 '초4'에는
지식책 읽기를 시작해야 합니다

지식책, 언제부터 읽힐까?

:: '초2'를 기준으로

언제쯤 아이가 혼자 지식책 읽기를 시작할 수 있을까요? 적절한 시기를 알기 위해서는 아이의 문해력 발달 정도를 고려해 보아야 합니다. 일반적인 경우 7세부터 1학년 1학기까지 자음, 모음, 낱자를 배우면서 한글을 익힙니다. 1학년 2학기에는 이야기가 짧은 그림책을 혼자 소리 내어 읽기 시작하고요. 2학년 1학기부터는 좀 더 긴 그림책을 읽습니다. 이 발달 단계를 기준으로 할 때 7세부터 2학년 1학기까지는 읽는 방법을 배우는 시기입니다. 이 시기에는 이야기책을 읽히는 것이 유리합니다. 이야기책이 지식책보다 더 단순하고 직관적이어서 이해하기 쉽기 때문입니다. 읽기가 능숙하지 않은 상태에서 읽는 내용이 어려우면 아이의 머리는 과부하에 걸립니다. 그러면 내용의 이해도,

지식도 모두 놓치기 쉽습니다. 이 시기에는 단순하고 이해하기 쉬운 책을 선택해야 읽기 학습에 유리합니다.

그래서 지식책을 시작하기에 적당한 시기는 2학년 2학기입니다. 이때쯤 되면 대부분의 아이들이 심하게 더듬거리지 않고 어느 정도 편안하고 자연스럽게 소리 내어 책을 읽을 수 있게 됩니다. 그러면 더 이상 읽는 행위 자체에 많은 힘이 들지 않기 때문에 지식책 읽기를 시작할 수 있습니다.

물론 이 시기는 아이마다 편차가 큽니다. 초등학교 입학 전에 한글을 다 떼고 혼자서 긴 글 책을 읽을 수 있는 아이도 있지만, 초등 3학년이 넘어서까지 글 읽기가 버거워 더듬거리는 아이도 있지요. 읽기가 힘든 아이에게까지 '지식책 시작은 2학년 2학기'라는 기준을 억지로 적용할 필요는 없습니다. 아이가 문해력 발달 속도에 맞추어야 하는 게 아닙니다. 아이의 속도에 맞게 문해력 지도 시기를 조정해야 합니다.

그래서 지식책을 읽기 시작하는 실질적인 시기는 '아이가 긴 그림책을 혼자 읽을 수 있게 된 후'라고 생각하면 좋습니다. 긴 그림책을 읽을 수 있다는 것은 '읽기 유창성'을 획득했다는 의미입니다. 읽기 유창성을 획득하고 나면 소리 내어 읽는 데 더 이상 큰 노력이 들지 않아 그 여력을 지식 이해에 사용할 수 있고요. 유창성을 획득하기 전에는 지적 여력이 없어 지식책을 읽기가 사실상 어렵습니다.

:: 시기를 앞당기는 방법

지식책을 읽는 시기를 앞당길 수 있는 방법이 있습니다. 이 방법을 사용하면 2학년 2학기 이전에도 얼마든지 지식책을 읽을 수 있습니다. 이 방법이 무엇일까요? 바로 '읽어주기'입니다. '함께 읽기'도 포함되고요.

지식책 독서를 시작할 수 있는 핵심 요건은 바로 읽기 유창성입니다. 문장을 별다른 노력 없이 유창하게 읽을 수 있어야 이해에 집중할 수 있기 때문입니다. 만약 읽기 유창성이 발달하지 않은 상황이라면 이 부분을 부모가 대신해주면 됩니다. 부모가 읽어주면 더 이상 읽는 데 에너지가 소모되지 않아요. 그러면 모든 신경을 이해에만 쏟을 수 있게 됩니다. 그래서 혼자서는 읽을 수 없는 책도 부모가 읽어주면 아이는 읽어낼 수 있습니다.

아이에게 이야기책뿐만 아니라 자연관찰책 같은 지식책도 읽어주세요. 이야기책을 읽는 독서 시간 중간중간에 지식책을 간간이 섞어 보는 겁니다. 크게 흥미를 보이지 않아도 조금씩, 하지만 꾸준히 생태, 동물, 공룡, 인체, 문화 등 다양한 주제의 지식책에 도전해 보세요. 아이가 특별히 관심을 보이는 주제가 있다면 관련 주제로 연결해도 좋습니다.

처음에는 같은 주제의 책을 읽어주다가 나중에는 비슷한 주제로 조금씩 넓혀갈 수 있습니다. 예를 들어 공룡 책에 반응을 보인다면 처음에는 다양한 공룡 책을 충분히 읽다가 나중에는 파충류나 동물로 확장해 나가는 식으로요. 자동차에 흥미를 가지면 자동차 책을 실컷 읽히고 이후에 비행기나 기차에 관한 책으로 넓혀 나갈 수도 있고요.

:: 늦어도 '초4'에 시작해야 하는 이유

만약 지식책 읽기가 다소 늦어졌더라도 4학년 1학기에는 시작해야 합니다. 이 시기를 놓치면 안 되는 이유는 5, 6학년의 특수성 때문입니다. 4학년과 5학년은 1년 차이지만 생각보다 큰 격차를 보입니다. 우선 4학년까지는 '구체적 조작기'로 구체적이고 쉽고 간단한 내용을 경험과 조작을 통해 배웁니다. 반면 5학년부터는 '형식적 조작기'이기도 하고 중학교와의 연계를 고려하여 추상적이고 어렵고 복잡한 내용을 언어와 사유를 통해 배우게 됩니다. 까다로운 개념이 슬슬 나오기 시작하고 교과서도 훨씬 어려워지지요. 공부가 어렵다고 느끼고 심지어 공부를 포기하는 아이들이 나오는 시기가 그래서 5학년쯤입니다. 이 난관을 무사히 넘기 위해서는 지식책 문해력이 반드시 필요합니다. 교과서를 읽고 스스로 이해할 수 있는 아이는 이 난관을 크게 느끼지 않고 수월하게 넘어갑니다.

또 다른 이유는 5학년 이후에는 점점 부모의 개입이 어려워지기 때문입니다. 5학년을 수년간 지도하면서 발견한 분명한 사실은 아이들이 5학년 여름방학을 기점으로 크게 변한다는 사실입니다. 7월에 순수한 동심의 눈빛으로 방학을 맞았던 5학년 아이들이 여름방학이 끝난 8월 말에는 사춘기의 시크한 눈빛으로 돌아오는 것을 정말 많이 보았습니다. 이때 바뀌는 건 눈빛만이 아닙니다. 뇌, 호르몬, 생각, 말과 행동이 모두 급변합니다. 그래서 이 시기가 지나면 부모의 개입은 어려워집니다. 부모의 말이라면 법처럼 따르던 아이도 부모의 말이라면 일단 거부하고 보는 아이로 변하기 쉽습니다. 그래서 아직은 부모의 말을 잘 따르는 마지막 시기인 초등 4학년에 부모가 개입해 지식책 독서를 시작하도록 이끌어 준다면 크게 효과를 높일 수 있습니다.

:: 지식책을 너무 거부한다면

여러 노력을 해보았는데도 아이가 지식책에 도통 흥미를 보이지 않으면 어떻게 해야 할까요? 그럴 때는 조급한 마음과 함께 지식책을 잠시 내려놓는 것이 좋습니다. 지식책을 읽히려다 책을 싫어하게 만들면 낭패입니다. 지식책을 읽히는 것보다 책을 좋아하게 만드는 것이 훨씬 더 중요합니다. 지식책을 너무 강요하다 보면 아예 책 읽기 자체를 싫어하게 될 수도 있습니다.

4학년 1학기라는 시기에 지나치게 집착할 필요는 없습니다. 이런 때는 5학년이 넘어가도 괜찮다는 마음가짐이 더 중요합니다. 책 읽기를 싫어하게 되는 것보다는 지식책을 늦게 시작하는 것이 더 낫기 때문입니다. 책 읽기만 싫어하지 않는다면 좀 늦게 시작해도 만회할 수 있으니 이럴 때는 이야기책을 먼저 읽히세요. 이야기책도 싫어하면 어떻게 하냐고요? 책을 싫어하는 사람은 있어도 이야기를 싫어하는 사람은 없습니다. 그냥 읽으라고 하면 싫어해도 재미있게 읽어주는 걸 싫어하는 아이는 없습니다. 책이라면 거들떠도 안 보고 진절머리를 떨던 저의 제자들도 매일같이 재미있게 책을 읽어주자 어느새 그 시간을 기다리곤 하더군요. 재미있는 이야기를 함께 읽거나 흥미로운 책을 추천해 주어 이야기의 매력에 흠뻑 빠트려 보세요. 상대적으로 쉽고 재미있는 이야기책으로 기본적인 문해력을 기르고, 이후에 지식책 문해력을 얹으면 됩니다. 그렇다고 지식책을 완전히 포기해야 하는 것은 아닙니다. 우선은 9:1 혹은 8:2 정도의 낮은 비율로 시작해 지식책에 꾸준히 도전해 나가야 합니다.

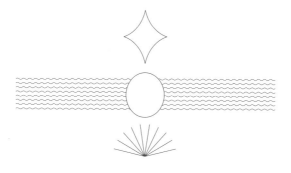

지식책, 어떻게 고를까?

　　좋은 책은 문해력을 기르고 독서 습관을 잡는 데 많은 도움이 됩니다. 아이가 푹 빠질 만한 책 한 권이 책을 읽히려는 수많은 노력을 손쉽게 대체할 수도 있습니다. 좋은 지식책을 고르는 기준은 크게 세 가지입니다. 첫째, 아이의 관심을 *끄는가*? 둘째, 아이의 이해를 돕는가? 셋째, 내용은 정확한가? 이 세 가지 기준을 모두 만족시킬 때 좋은 지식책이라고 할 수 있겠습니다. 지금부터 이 세 가지 기준에 대해 하나씩 살펴보겠습니다.

:: 관심을 끄는가?

　　지식책을 고르는 첫 번째 기준은 아이의 관심을 끌 수 있느냐는 것입니다. 책을 집어 들고 지속해서 읽게 하는 힘이 관심에서 나오기 때문입니다.

① 주제

관심을 끌기 위해서는 우선 주제가 중요합니다. 어떤 주제인지에 따라 아이가 손에서 책을 놓지 않을 수도 있고 아예 책을 들지도 않을 수 있습니다. 아이들은 똥, 성, 외계인 같은 독특한 주제를 교통수단, 식품과 영양 같은 평범한 주제보다 좋아합니다. 핵과 에너지, 상대성이론 같이 아예 들어본 적 없는 낯선 주제보다는 날씨, 인체처럼 친숙한 주제에 더 끌리고요. 동물, 전기 전자처럼 포괄적인 주제보다는 독이 있는 동물, 드론처럼 구체적인 주제를 더 좋아합니다. 표준과학이나 정보통신처럼 모호한 주제보다는 남극과 북극 혹은 공룡처럼 선명한 주제를 더 선호합니다.

정리하자면 아이들은 독특하거나 친숙한 혹은 구체적이거나 선명한 주제를 좋아합니다. 일반적으로 아이들이 관심을 보이는 주제는 이와 같지만 아이마다 좋아하는 주제는 또 다양합니다. 우리 아이가 어떤 주제를 좋아할지 생각해 보세요. 잘 모르겠다면 다양한 책을 접해 보면서 아이의 취향을 찾아야 합니다.

② 이미지

표지나 삽화에 사용된 이미지 역시 관심을 끄는 데 중요합니다. 표지는 책의 첫인상을 결정하고 삽화는 관심을 유지하는 데 도움을 줍니다. 삽화가 기대 이하이면 아이들은 책을 쉽게 놓습니다. 이미지는 선명해 집중도를 높이고 시선을 끌어야 합니다. 그러기 위해서는 무채색보다는 유채색이 좋고 채도와 명도는 낮은 것보다는 높은 것이 좋습니다.

:: 이해를 돕는가?

지식책을 고르는 두 번째 기준은 아이의 이해를 돕는가입니다. 관심을 끄는지 여부는 책을 들게 할지 못 할지를 결정합니다. 반면 이해를 돕는지 여부는 책에서 지식을 얻을 수 있는지 없는지를 결정합니다. 아무리 많은 관심을 끌어도 이해를 돕지 못한다면 좋은 지식책이라 할 수 없을 겁니다.

① 표제

우선 책 제목인 표제를 살펴보세요. 표제는 책 전체를 상징합니다. 독자는 표제를 통해 책 내용을 예상하게 됩니다. 특히 지식책의 표제는 이해로 가는 표지판입니다. 주제를 명확히 표현해 무엇에 관한 내용인지 분명히 알 수 있어야 합니다. 모호하거나 엉뚱한 표제는 독자의 기대를 배신합니다. 이야기책의 표제는 상상력을 자극해도 좋지만, 지식책의 표제는 길을 가리켜 주어야 합니다.

② 시각 자료

다음으로 시각 자료를 살펴보아야 합니다. 이미지는 언어보다 직관적입니다. 깊이 생각하지 않아도 한눈에 알 수 있는 것들이 많습니다. 그래서 독자의 연령층이 낮을수록 삽화가 많아지는 경향이 있습니다. 반대로 연령층이 높아질수록 줄어들고요. 그러니 아이를 위한 지식책을 구입한다면 중간중간 삽화가 있는지를 한번 살펴보세요. 없는 것보다 있는 것이 확실히 도움이 됩니다. 하지만 적정량이 있어야 합니다. 있는 것이 없는 것보다 좋지만 많다고 무조건 좋은 것은 아닙니다. 삽화가 너무 많으면 아이들이 오히려 길을 잃는 경우도 많습니다. 학습만화를 그림 구경만 하며 읽는 아이들의 경우처럼요. 삽화가 이해에 도움을 주는지 아니면 괜히 시선만 빼앗고 있지 않은지 살펴보세요.

③ 목차

목차를 확인할 차례입니다. 책의 제목은 건축 조감도와 같습니다. 목차는 설계도와 같습니다. 책의 제목은 한눈에 전체를 감각적으로 보여주고, 목차는 전체를 펼쳐서 구체적으로 내부를 보여줍니다. 독자는 제목을 통해 책의 주제를 그리고 목차를 통해 책의 흐름을 예측하게 됩니다. 표지는 출판사의 몫이 크기에 표지가 부족해도 좋은 책은 있을 수 있습니다. 반면 목차는 작가의 몫이 크기에 목차가 부실한데 좋은 책은 존재하기 어렵습니다. 목차가 부실하다는 것은 건축가의 설계도가 부실하다는 뜻과 같으니까요. 부실한 설계도로 지어진 좋은 집은

·조감도

·설계도

세상에 없습니다. 목차를 통해 생각을 어떻게 진행해 나가는지 전체적인 짜임새를 살펴보세요. 두루뭉술하거나 논의가 흩어지지 않아야 합니다.

④ 문체의 일관성

문체의 일관성도 확인해 보세요. 책 한 권 안에서 문체는 일관되어야 합니다. 이야기체 혹은 설명체 둘 중 하나로 말이죠. 문체가 뒤섞이면 이야기와 지식의 경계가 모호해져 독자에게 혼동을 줍니다. 두 가지 문체를 혼용한 혼합체의 경우는 그 경계가 명확해야 합니다. 누가 봐도 이야기 부분과 지식 부분의 경계가 보여야 합니다. 혼합체로 쓰인 책의 경우 대개 본문은 이야기체로 하고, 지식을 담은 설명체는 사이드바에 담거나 본문이 끝난 후에 별도로 담습니다. 이처럼 누가 봐도 구분이 되도록 해야 합니다. 이야기체와 설명체에 대한 자세한 설명은 다음에 이어지는 꼭지 중 '이야기책과 다른 지식책 이해하기'에서 '문체의 종류'를 확인하세요.

⑤ 어휘

이해에 가장 중요한 요소는 바로 어휘입니다. 어휘 난도가 책의 난도를 결정하는 가장 중요한 요소입니다. 어휘가 쉬우면 책이 쉽고, 어휘가 어려우면 책이 어렵습니다. 그렇다고 무조건 쉬운 어휘를 사용한 책이 좋은 것은 아닙니다. 쉬운 어휘는 보통 포괄적이어서 의미가 덜 선명하기 때문입니다. '수행'은 '일을 하다'보다 어렵고, '공공'은 '많은 이들과 관계된 것'보다 어려운 단어입니다. 하지만 그만큼 의미가 더 정확합니다. 그래서 말하고자 하는 내용을 더 세밀하고 구체적으로 설명할 수 있습니다. 이런 단어를 배우는 것이 지식책을 읽는 중요한 목적이기도 하고요. 그래서 어려운 단어가 아예 없는 책보다 적절히 사용된 책이 더 좋습니다. 그럴 때 내용과 함께 어휘 지식도 빠르게 쌓을 수 있기 때문입니다. 어려운 단어의 개수가 적절한지 판단하는 방법은 다음의 '어휘 수준을 빠르게 확인하는 법'에서 알아보도록 하겠습니다.

⑥ 표현

표현이 명확해야 오해 없이 이해할 수 있습니다. 그러기 위해선 중의적 표현이 최소화되어야 합니다. 중의적 표현이란 의미가 여러 개로 해석될 수 있는 표현입니다. 컴퓨터의 중앙 처리 장치인 CPU를 제조하는 AMD사의 CEO인 리사 수의 인터뷰 기사에 이런 문장이 있었습니다. 바로 "취미로 남편과 와인을 수집한다"입니다. 언뜻 남편이 수집 대상처럼 읽힙니다. 물론 남편을 수집하는 사람이 세상에 있을 리

없지만 순간적으로 그렇게 읽혔습니다. 이런 오해를 피하려면 "남편과 함께 취미로 와인을 수집한다"라고 번역하는 편이 좋았겠습니다.

물론 중의적 표현을 의도적으로 잘 활용한다면 여러 가지 효과가 있습니다. 말의 맛도 살릴 수 있고 유머러스한 소재로 사용하기에도 좋습니다. 하지만 의도되지 않은 중의적 표현은 소모적입니다. 시간을 잡아먹고 오해를 불러일으키지요. 특히 어린이책에서는 더욱 주의해야 합니다. 독자가 이를 해석할 논리력과 경험이 부족하니까요.

⑦ 글자 효과

이해를 돕는 마지막 요소는 글자 효과입니다. **굵은 글자**, 밑줄과 같은 글자 효과는 본문의 이해를 돕습니다. 중요 지점에 시선을 모으고 서로 간의 관계를 밝히니까요. 하지만 과유불급. 지나친 글자 효과는 오히려 이해를 방해합니다. 형형색색의 과도한 효과를 남발하면 정숙성이 떨어집니다. 그러면 책을 차분히 읽기보다는 효과를 따라 시선이 흘러가게 됩니다. 그러니 글자 효과가 너무 과도해 시선이 색과 색, 그림과 그림으로 옮겨가며 구경만 하게 되지 않는지 살펴보세요.

:: 내용은 정확한가?

좋은 지식책을 고르는 세 번째 조건은 내용의 정확성입니다. 관심을 끌었고 이해를 돕더라도 내용이 정확하지 않으면 아무 소용이 없습니다. 틀린 정보는 없느니만 못하니까요. 그런 점에서 보면 내용의 정확성은 사실 좋은 지식책의 첫 번째 조건이라고도 말할 수 있습니다. 다만 내용의 정확성은 판단하기가 어렵습니다. 읽기 전에는 알 수 없고 읽어도 전문 분야가 아니라면 틀린 정보를 찾아내기가 어렵지요. 이런 문제를 최소화하기 위해서는 검증된 책을 고르는 것이 좋습니다.

① 판매량

검증된 책을 고르는 가장 흔하고 손쉬운 방법은 판매량을 확인하는 것입니다. 많은 이들에게 읽혔고 계속 읽히고 있다면 내용의 정확성은 물론, 앞에서 말한 두 가지 조건도 충족할 가능성이 높아지지요. 이는 베스트셀러가 계속해서 꾸준히 판매되기도 하는 이유입니다.

② 수상 경력

상을 받은 책도 좋겠습니다. 『선인장 호텔』은 사막에서 자라는 사구아로 선인장과 이를 활용하는 동물들의 생태에 관한 그림책입니다. 이 책은 미국 어린이도서협회 최우수 과학도서상, 국제 독서연합회 선정 교사의 선택상, 전미 도서관협회 선정 우수책상과 미국 부모의 선택상 등을 수상했습니다. 실제로 읽어보면 왜 그런 상을 받았는지 쉽게 이해할 수 있습니다. 이런 수상 경력이 있는 책 역시 큰 고민 없이 골라도 좋은 지식책이라고 할 수 있겠습니다.

③ 작가의 경력

작가의 권위를 확인해 보는 방법도 있습니다. 우선 작가의 경력을 확인해 보세요. 작가 소개란을 보면서 책의 주제와 관련해 어떤 일을 해왔는지 확인하는 겁니다. 해당 분야에 경험이 풍부한지 아니면 학위를 소지했는지를 살펴보세요. 관련 분야에서 꾸준히 활동했는지도 중요하고요.

④ 작가의 평판

작가의 평판을 확인하는 것도 좋습니다. 읽고자 하는 책은 물론이고 작가의 이전작에 대해서도 검색해 보세요. 사람의 일하는 능력과 태도는 쉽게 바뀌지 않습니다. 좋은 책을 쓴 사람이 꾸준히 좋은 책을 쓰는 경향이 있습니다.

어휘 수준을 빠르게 확인하는 법

어휘는 읽기의 이해에 매우 중대한 영향을 끼칩니다. 어휘가 쉬우면 책이 쉬워지고 어휘가 어려우면 책이 어려워집니다. 하지만 너무 쉬운 어휘로만 쓰인 책은 배울 것이 적죠. 그래서 모르는 어휘의 수가 적절할 때 책을 이해할 수 있으면서도 새로운 어휘도 충분히 습득할 수 있습니다.

그렇다면 책 속의 어휘가 우리 아이에게 적절한지는 어떻게 판단할 수 있을까요? 누구나 간단히 확인할 수 있는 방법을 알려드리겠습니다. 바로 다섯 손가락 법칙입니다. 다음 방법으로 과연 이 책이 아이에게 적합한지 손쉽게 판단해 보세요.

:: 다섯 손가락 법칙

1. 책을 들고 아무 페이지나 펼친다.
2. 해당 페이지를 읽으면서 모르는 단어의 수를 손가락으로 센다.
3. 모르는 단어의 수에 따라 어휘의 난도를 평가한다.

아주 간단하죠? 확인하려는 책의 아무 페이지나 펼친 후 읽으면서 모르는 단어의 수를 세면 됩니다. 다만 아무 페이지나 펼칠 때 글의 양이 책의 다른 페이지와 비교했을 때 일반적이어야 합니다. 그림이 커서 극단적으로 글자 수가 적거나 반대로 글자 수가 예외적으로 많은 페이지는 제외하세요. 전체적으로 봤을 때 평균에 가까운 페이지를 통해 확인해야 합니다. 이때 모르는 어휘의 수가 몇 개일 때 적절할까요? 이는 학년에 따라 다릅니다.

• 3학년 이하
- 1개 이하 : 너무 쉬운 책
- 2~3개 : 적절한 책
- 4~5개 : 도전적인 책
- 6개 이상 : 너무 어려운 책

• 4학년 이상
- 0~2개 : 너무 쉬운 책

- 3~6개 : 적절한 책
- 7~10개 : 도전적인 책
- 11개 이상 : 너무 어려운 책

너무 쉬운 책은 가볍게 읽기에는 좋으나 새로 배우는 내용이 적습니다. **적절한 책**은 아이 혼자 읽기에 좋습니다. 너무 어렵지 않으면서 여전히 배울 것이 있습니다. **도전적인 책**은 혼자 읽기에는 어려움이 있습니다. 과제 집착력과 도전 정신이 강한 아이만이 혼자 소화할 수 있습니다. 이런 책은 부모나 친구와 함께 읽는 것이 좋습니다. **너무 어려운 책**은 누군가가 도와주어도 이해하기 쉽지 않습니다. 모르는 개념을 또 다른 모르는 개념으로 설명하고 있기 때문입니다. 이런 책은 내려놓고 조금 더 성장한 후 읽는 것이 좋습니다.

다섯 손가락 법칙은 책의 어휘 난도를 빠르게 판단하기 위한 방법으로 절대적인 방법은 아닙니다. 책과 아이에 따라 그 개수는 조금씩 달라질 수 있다는 점을 인지하면 좋겠습니다.

이야기책과 다른 지식책 이해하기

지식책은 이야기책과는 다른 특징을 가지고 있습니다. 이런 특징을 이해하면 지식책을 더 잘 읽을 수 있겠죠. 지식책은 텍스트 효과와 문체라는 두 가지 측면에서 이야기책과 차별성을 가집니다.

:: 텍스트 효과

책은 크게 본문과 텍스트 효과로 이루어집니다. 본문은 작가의 주요 메시지가 담긴 책에서 주가 되는 글입니다. 여러분이 지금 읽고 있는 이 부분이 바로 본문입니다. 텍스트 효과Text features는 본문의 이해를 돕는 모든 요소를 일컫습니다. 제목, 헤딩, 목차, 큰 글자, 굵은 글자, 색깔 글자, 밑줄, 사이드바, 그림 및 해설, 도표, 색인, 용어집 등이 모두 텍스트 효과입니다. 제목과 굵은 글자 등 일부 텍스트 효과는 이야기책에서 사용되기도 하지만, 지식책에서 더욱 흔하게 사용됩니다. 지금부터는 지식책에서 자주 사용되는 텍스트 효과에 대해 좀 더 자세히 알아보겠습니다.

① 제목

제목에는 크게 표제, 장 제목, 소제목, 헤딩이 있습니다. **표제**는 책 전체의 제목입니다. 지금 여러분이 읽고 있는 이 책의 표제는 『초4, 지식책 읽기를 시작해야 합니다』입니다. 책의 앞표지에 있으며 책 내용 전체를 대표합니다. **장 제목**은 챕터Chapter라고도 불리는 장章의 제목입니다. 장은 두세 페이지 혹은 그 이상으로 구성된 꼭지가 여럿 모인 단위입니다. 지금 여러분이 읽고 있는 장 제목은 '늦어도 '초4'에는 지식책 읽기를 시작해야 합니다'입니다. **소제목**은 글의 기본 단위인 꼭지의 제목입니다. 지금 여러분이 읽고 있는 꼭지의 소제목은 '이야기책과 다른 지식책 이해하기'입니다. **헤딩**은 꼭지 안에 들어 있는 몇 개 단락의 제목입니다. 헤딩은 표제, 장 제목, 소제목과 달리 있는 경우도 있고, 없는 경우도 있습니다. 지금 여러분이 읽고 있는 글의 헤딩은 바로 '텍스트 효과'입니다.

② 목차

목차는 장 제목과 소제목을 별도로 모아둔 페이지로 책의 앞부분에 위치합니다. 전체적인 구성과 내용을 한눈에 볼 수 있어 책 전체를 이해하는 데 큰 도움을 줍니다. 독자는 목차를 통해 책 전체는 물론 각 꼭지별로 무슨 내용이 담겨 있는지 예상할 수 있습니다. 이야기책에는 목차가 없는 경우가 많습니다. 있더라도 『폭풍의 언덕』처럼 1장, 2장, 3장으로 단순히 번호만 매겨진 경우가 많고요. 반면 지식책의 목차는 대개 구체적이고 구조적이며 또 그래야 합니다. 지식책의 저자는 장과 꼭지를 통해 위아래로 내용을 조직화하고, 여기에 적합한 제목을 달아야 합니다. 무엇을 어떻게 설명하고 있는지 목차를 통해 말해주어야 독자가 나무가 아닌 숲을 볼 수 있기 때문입니다. 목차가 명확하고 분명할수록 좋은 책일 가능성이 높습니다. 그만큼 작가의 설계도가 탄탄하고 독자를 배려한다는 뜻이니까요.

③ 글자 효과

글자 효과는 글자에 특별한 효과를 주어 시선을 집중시키는 방법입니다. 대표적으로 **볼딕**, *이탤릭체*, 색 글자, 밑줄이 있습니다. 이들은 모두 독자의 관심을 일순간 끌어오는 역할을 합니다. **볼딕**은 진하고 두껍게 쓰인 글자체입니다. 중요한 핵심 단어가 무엇인지 알려주지요. *이탤릭체*는 오른쪽으로 살짝 기울어진 글자체입니다. 인용구를 사용할 때 주로 사용하며 강조할 때 사용되기도 합니다. 색 글자나 밑줄 역시 모두 독자의 시선을 끌어오는 역할을 합니다.

④ 시각 자료

시각 자료는 이미지를 뜻합니다. 사진, 삽화, 도표, 불릿 등이 대표적인 시각 자료입니다. **사진**과 **삽화**는 글로 설명하기 어려운 내용을 그림을 통해 명확히 보여줍니다. 예를 들어 글만으로는 이해하기 어려운 심해 생물의 생김새를 표현할 수 있죠. 물론 이야기책도 삽화를 활용하곤 합니다. 프랑스 삽화가 장자크 상페의 귀여우면서도 서정적인 그림은 『좀머 씨 이야기』의 또 다른 즐거움입니다. 이런 삽화는 문학적 예술성에 미술적 예술성을 더해 책 전체의 예술성을 높이곤 합니다.

이야기책의 시각 자료가 예술적 표현인 데 반해, 지식책의 시각 자료는 사실적 표현입니다. 지식책의 시각 자료는 사실을 더 자세하고 구체적으로 표현하기 위해 사용됩니다. 『코스모스』 속 은하, 화성, 미생물의 사진은 글을 이해하는 데 큰 도움을 줍니다. 또 길고 어려운 내용에서 머리를 식히고 잠시 쉬어가는 데도 도움이 됩니다. 마치 사막의 오아시스처럼요. 참고로 그림책 삽화는 특이하게 예술적 표현과 사실적 표현이라는 두 가지 특징을

텍스트 효과
◦ 제목 　• 표제 　• 장 제목 　• 소제목 　• 헤딩
◦ 목차 　• 글자 효과 　• 볼딕 　• 이탤릭체 　• 색 글자 　• 밑줄
◦ 시각 자료 　• 사진, 삽화 　• 도표 　• 불릿
◦ 보조 텍스트 　• 주석 　• 캡션 　• 사이드바 　• 인덱스 　• 용어집

모두 가집니다. 글을 잘 이해하도록 돕기도 하면서 동시에 아름다움을 나타내는 거죠.『대추 한 알』이나『호랑나비와 달님』을 읽어보세요. 어떻게 삽화가 예술적 감각을 일깨우면서도 이야기를 설명하는지 느낄 수 있습니다.

도표는 여러 가지 자료를 분석하여 그 관계를 특정한 양식 안에 넣어 이미지화한 자료입니다. 표, 그래프, 지도, 연대표 등이 모두 도표의 일종입니다. 표는 정보를 행과 열로 정리하여 복잡한 수치를 한번에 보여줍니다. 원이나 막대 같은 이미지로 표현하여 서로 간의 관계를 좀 더 직관적으로 알 수 있는 그래프도 있고요. 지도는 공간을, 연대표는 시간을 한눈에 보여줍니다.

원래는 총알을 뜻하는 **불릿**Bullet도 있습니다. 불릿은 총알 자국처럼 이렇게 ' • ' 점으로 표현합니다. 불릿은 여러 항목을 구별하여 쉽게 눈에 띄도록 합니다. 안으로 들여 쓰면 하위 항목임을 나타내고요. 왼쪽 페이지의 박스는 텍스트 효과를 불릿으로 정리한 예시입니다.

⑤ 보조 텍스트

보조 텍스트는 본문 텍스트 이외의 글을 뜻합니다. 주석, 캡션, 사이드바, 인덱스, 용어집 등이 있습니다. **주석**은 낱말이나 문장의 뜻을 풀이하거나 추가적인 설명을 뜻합니다. 각 페이지 하단에 들어가는 각주와 본문 뒤에 들어가는 미주가 있습니다. **캡션**Caption은 사진이나 삽화에 붙어 있는 해설문입니다. **사이드바**Sidabar는 페이지의 좌우 여백에 박스를 배치하고 그 안에 쓰인 텍스트입니다. **인덱스**^{Index}는 책에 나오는 중요 주제와 항목, 용어 등을 쉽게 찾을 수 있도록 일정한 순서에 따라 별도로 배열한 목록을 뜻합니다. **용어집**^{Glossary}은 책에 나오는 중요 어휘와 그 정의를 모아둔 것으로 보통 책의 뒷부분에 위치하며 가나다순으로 정리되어 있습니다.

:: 문체의 종류

문체란 문장의 양식과 특색을 말합니다. 똑같은 이야기도 사람마다 말하는 방식이 다르듯 똑같은 내용도 다양한 방식으로 쓰일 수 있습니다. 지식책에서 사용되는 문체에는 이야기체, 설명체, 혼합체가 있습니다.

① 이야기체

이야기체^{Narrative}는 마치 소설처럼 이야기를 통해 지식을 전달합니다. 인물, 사건, 배경 등 소설의 요소를 갖추고 있지요. 인물들이 겪는 사건과 대화 속에 지식이 녹아 있습니다. 『열두 살에 부자가 된 키라』, 『소피의 세계』가 대표적인 이야기체 지식책입니다. 『열두 살에 부자가 된 키라』에서 길을 잃은 강아지 머니는 키라에게 부자가 되는 법을 하나씩 알려줍니다. 부자가 되기 위한 마인드 교육도 하고 저축과 펀드 등 투자에 대해서도 알려줍니다.

② 설명문체

설명문체Expository는 지식을 있는 그대로 설명해서 전달합니다. 설명문체는 이야기의 형식을 빌리지 않아 인물, 사건, 배경이 없습니다. 이야기체가 발단, 전개, 절정, 결말로 짜인 반면, 설명문체는 전혀 다른 짜임을 가집니다. 설명문체의 짜임에는 원인과 결과, 비교와 대조, 순서와 차례, 문제와 해결 등이 있습니다. 설명문체의 짜임에 대해서는 2부 4장의 '텍스트 구조화하기'에서 자세히 알아보겠습니다. 설명문체는 지식책에서 가장 쉽게 볼 수 있는 서술 방식으로 교과서를 비롯한 대부분의 지식책에 사용됩니다.

③ 혼합체

혼합체Hybrid는 이야기체와 설명문체를 혼용한 방식입니다. 이야기를 통한 재미와 몰입, 그리고 설명문체를 통한 정확하고 구체적인 정보를 동시에 추구합니다. 대표적인 책으로는 『신기한 스쿨버스』와 『문해력이 자라는 아이들』이 있습니다. 혼합체 지식책은 기본적으로 이야기체로 진행되지만 중간중간 지식은 설명문체로 설명합니다. 『신기한 스쿨버스 8. 꿀벌이 되다』를 보면 프리즐 선생님과 아이들이 버스를 타고 벌집을 보러 견학을 갑니다. 하지만 실수로 꿀병을 떨어뜨리자 버스는 작은 벌통이 되고 아이들은 모두 벌로 변합니다. 벌로 변한 아이들은 벌에 관해 많은 지식을 얻게 됩니다. 벌집을 만드는 법이나 먹이가 있음을 알리는 벌들의 춤 같은 것들 말입니다. 전반적인 이야기는 이야기체로 진행되지만 중간중간 지식은 설명문체로 전달됩니다.

:: 문체별 장단점

① 이야기체

지식이 어려워도 이야기를 따라 쭉 흘러갈 수 있어서 이야기체는 읽기에 쉽습니다. 하지만 이런 점이 단점이 되기도 합니다. 지식은 이해하지 못한 채 이야기만 읽는 경우가 생기기도 합니다. 이는 학습만화를 읽을 때 자주 나타나는 문제이기도 하지요. 이야기체의 또 다른 장점은 지식을 실제 맥락에서 제공한다는 것입니다. 지식을 구체적인 상황 속에서 알려주기에 이해하거나 적용하기가 좀 더 쉽습니다. 이런 특징으로 인해 미국 과학 교사 협회와 미국 사회 연구 위원회는 이야기체 지식책의 활용을 강조합니다. 하지만 이야기체 지식책이 문학을 완전히 대체할 수 있다고 생각해서는 안 됩니다. 아무래도 이야기가 지식 전달의 수단이다 보니 이야기의 질을 순수 문학과 비교하기는 어렵습니다.

② 설명문체

설명문체는 이야기체에 비해 다소 딱딱하게 느껴질 수 있습니다. 그래서 처음 시작하기가 상대적으로 어렵습니다. 다만 지식과 상관없는 불필요한 이야기가 없습니다. 문해력이 높은 사람에게는 가장 효율적인 선택이지요. 시간이나 분량 대비 가장 많은 지식을 얻을 수 있기 때문입니다. 전문 서적은 모두 설명문체로 쓰입니다. 어려워도 설명문체를 꾸준히 읽고 도전해야 하는 이유입니다.

③ 혼합체

혼합체는 두 문체를 혼용한 만큼 두 문체의 장단점 역시 섞여 있습니다. 이야기체처럼 쉬우면서도 지식책처럼 지식이 명확히 드러나 있습니다. 이야기체에 비해 지식에 집중하기 좀 더 쉬운 구조입니다. 혼합체 지식책을 읽을 때 아이들이 지식 내용에 더 많은 관심을 보이고 더 집중한다는 연구 결과도 있습니다. 설명문체는 딱딱하고 이야기체는 지식을 놓치기 쉬운데 혼합체가 이런 문제를 어느 정도 극복하는 것입니다. 반면 지식의 분량이 설명문체에 비해 적기는 합니다. 책의 상당 부분을 이야기가 차지하고 있으니까요.

지식책에서 이야기는 '쓴 약에 설탕을 입힌 당의정'과 같습니다. 삼키기 쉽게 도와주는 역할을 하지요. 하지만 결국 지식책에서 구하고자 하는 것은 이야기가 아니라 지식입니다. 아이가 어리거나 지식책 문해력이 약하다면 좀 더 쉬운 이야기체와 혼합체로 시작하되 점차 설명문체로 옮겨가야 합니다.

"이 책으로 바로 시작하세요!"

분야별로 읽으면 좋은 초등학생용 지식책을 추천합니다. 관심을 끌고 이해를 도우며 내용이 정확해 아이들을 붙잡아 둘 책에는 무엇이 있을까요?

그림책

◦『코끼리와 숲과 감자칩』

우리가 먹는 감자칩이 어떻게 코끼리의 삶의 터전인 숲을 파괴하는지 보여줍니다. 감자칩, 도넛, 식용유, 화장품 등을 만드는 데 사용되는 팜유. 이 팜유 농장을 짓느라 숲은 점점 줄어들고 코끼리는 점차 쫓겨나고 있습니다. 그림이 아닌 생생한 사진으로 구성되어 더 실감 나게 읽을 수 있습니다.

◦『침 뱉으며 인사하는 나라는?』

세계 여러 나라의 문화에 대해 알 수 있는 책입니다. 상대방에게 침을 뱉는 것이 예절인 나라, 맨손으로 음식을 먹는 나라, 온몸을 천으로 감싸고 있는 나라. 이해하기 힘든 세계 여러 나라의 문화를 살펴보고 왜 그런 문화가 생겼는지 살펴봅니다. 제목만으로도 아이들의 관심을 온몸으로 받습니다.

◦『우리는 아시아에 살아요』

아시아의 특징에 대해 이해할 수 있는 책입니다. 나라 이름을 많이 아는 아이도 대륙이라는 개념은 없는 경우가 많습니다. 이 책을 통해 아시아 대륙이 다른 대륙과 다른 특징에 대해 살펴볼 수 있습니다.

『레몬으로 돈 버는 법』

어린이가 직접 레몬을 짜서 레모네이드를 만들어 판매하는 과정을 통해 경제 개념과 시장 원리를 이해할 수 있는 책입니다. 가격, 판매, 시장 가격, 소매상, 이윤, 대출금, 노동자, 경영자, 파업, 불매 운동, 실업자 등의 어휘가 적절한 상황에 등장하여 어렵지 않게 내용을 이해하고, 어휘력을 늘릴 수 있습니다. 이 책을 읽고 아이와 함께 레모네이드를 실제로 팔아보면 어떨까요?

『또 마트에 간 게 실수야!』

『레몬으로 돈 버는 법』이 큰 차원에서 시장 원리를 이해하는 책이라면 『또 마트에 간 게 실수야!』는 개인적 차원에서 올바른 소비 습관을 길러주기 위한 그림책입니다. 몽땅 마트에서 신기한 물건이라면 무조건 사 오는 봄. 필요하지도 않은 물건을 사느라 돈을 다 써버립니다. 계획적 소비와 함께 물건 정리에 대해서도 생각해 볼 수 있습니다.

『어른들은 하루 종일 어떤 일을 할까?』

특정 장소에서 일하는 다양한 사람들을 만나볼 수 있습니다. 예를 들어 병원에서 일하는 의사, 간호사, 물리 치료사, 약사, 구급차 운전사, 구급 대원, 치과 의사, 조산사에 대해 알 수 있습니다. 또 건설 현장에서는 건축가, 토목 기술자, 건설 노동자, 도장공, 전기 기사, 배관공, 벽돌공, 목수에 대해 알 수 있고요. 각 직업이 하는 일을 한두 문장으로 짧게 설명해 읽고 이해하기도 수월합니다.

『곱셈놀이』

구구단을 재미있게 접하는 데 도움이 되는 책입니다. 마법사, 유령, 박쥐들이 등장하며 구구단으로 문제를 일으키고 또 구구단으로 문제를 해결합니다. 초등 2학년이 구구단을 배우기 시작할 때 읽어도 좋고, 전체적으로 할로윈 느낌이라서 할로윈을 앞두고 읽어도 좋겠습니다.

『곤충화가 마리아 메리안』

곤충은 사악하며 진흙탕에서 생겨난다고 믿던 중세 시대. 곤충을 관찰하고 그림으로 그리고 연구한 마리아 지빌라 메리안에 관한 이야기입니다. 미신적 생각과 과학적 태도에 대해 생각해 볼 수 있습니다.

『배추흰나비 알 100개는 어디로 갔을까?』

배추흰나비가 100개의 알을 낳았습니다. 하지만 나비가 된 알은 단 1개에 불과합니다. 99

개의 알은 어떻게 되었을까요? 100개의 알과 알에서 나온 애벌레, 고치들이 죽는 여러 가지 이유들이 나옵니다. 이 과정을 통해 아이들이 몰랐던 생태계의 숨은 면을 볼 수 있습니다.

◦『선인장 호텔』

자연과학 그림책의 바이블 같은 책입니다. 메마른 사막에서 나고 자라는 사구아로 선인장의 일생은 호기심을 넘어 감동적이기까지 합니다. 미국 어린이도서협회, 국제 독서연합회, 전미 도서관협회 등 많은 곳에서 상을 받았습니다.

◦『오리 형제가 습지로 간 비밀』

참치를 만나러 바다로 떠나는 오리 형제의 이야기입니다. 바다로 가는 길에 습지, 강, 갯벌을 만나게 되고 그곳의 생물들에 대해 알아봅니다. 바다로 가던 오리 형제가 습지로 돌아간 이유는 무엇일까요?

◦『물의 여행』

엘레오노레 슈미트의 과학 동화로 작은 물방울들이 떠나는 여행 이야기입니다. 하지만 인물이 있는 이야기체가 아닌 담담히 현상을 묘사하는 설명문체입니다. 물은 구름이 되고 비와 눈이 되어 개울이 되고 시내가 되고 강이 됩니다. 환경과 물의 순환에 대해 이해할 수 있습니다.

종합

◦『초등 필수 백과』

739개에 달하는 사회, 과학 분야의 다양한 지식이 담겨 있습니다. 초등학생들이 궁금할 만한 물음을 해소하는 지식을 많이 포함하고 있으며, 하나의 지식이 대략 6~7줄 정도로 짧아 지식책 읽기를 시작하기에 제격입니다.

◦『Why? 와이 시리즈』

대표적인 학습만화로 독서에 관심이 있는 아이와 부모라면 알 만한 책입니다. 사회, 과학의 다양한 분야 지식을 재미있는 만화로 소개합니다. 도서관에서 가장 인기 있는 지식책 중 하나입니다.

『어린이 대학』

어린이 150명의 질문에 대해 해당 분야의 석학이 답하는 형식입니다. 역사, 경제, 생물, 물리로 총 4권이 있습니다. 한 질문에 대한 대답이 2~3페이지로 이어지는 줄글 책입니다. 어렵지 않고 이해하기 쉽게 설명하는 편입니다.

『이어령의 교과서 넘나들기』

지금은 작고하신 이어령 선생의 책입니다. 문학, 철학, 언어, 수학, 의학은 물론 춤과 음악 등 매우 다양한 분야를 다루고 있습니다. 주요 내용은 학습만화이며 학습만화 끝에 2페이지 정도의 줄글도 있어 읽기 수월하면서 깊이도 있습니다. 줄글 부분은 조금 어렵게 느껴질 수도 있지만, 전체적으로는 초등학생이 소화하기에 적당한 난이도입니다.

『세계지도 인문학』

세계지도를 중심으로 사회, 과학 분야의 다양한 지식을 알아갈 수 있습니다. 학습만화로 그림이 흥미롭고 색감이 부드러워 시선을 사로잡습니다. 가볍게 읽으면서 배경지식을 쌓을 수 있어 좋습니다. 다만 장과 장 사이의 구분이 명확하지 않은 편집은 조금 아쉽습니다.

『ALL NEW 브리태니커 지식 백과』

브리태니커 편집진이 전문가들과 함께 펴낸 어린이 백과사전입니다. 총 8권으로 과학과 역사 중심입니다. 그림이나 사진이 크고 화려하게 들어가 있어 눈길을 끕니다. 글은 긴 편은 아니지만, 글의 수준이 낮지는 않습니다.

『사이언스』

내셔널지오그래픽 키즈의 사이언스 시리즈입니다. 과학, 역사, 교양 관련 다양한 지식을 읽을 수 있습니다. 종이와 사진의 질이 일반 단행본이 아닌 잡지를 연상시킵니다. 실제로 매년 연도를 붙여 사이언스2022, 사이언스2023처럼 출간되는 연간 잡지입니다. 미국에서는 2010년부터 발간되어 왔고 국내에서는 2022년부터 정식 수입해 출간하고 있습니다.

『초등 월간지』

매월 발행되는 초등 잡지도 있습니다. 매달 다양한 주제의 글들이 실려 시의성 있는 내용들을 만날 수 있는 것이 장점입니다. 「초등독서평설」, 「시사원정대」, 「우등생논술」 등이 있습니다.

◦『손에 잡히는 사회 교과서』

여러 학년의 초등 사회 교과 내용을 주제로 연결한 시리즈입니다. 읽기에 쉽고 그림도 귀여워 가볍게 볼 수 있습니다. 절판되어서 도서관에서만 볼 수 있습니다.

◦『초등학생이 알아야 할 참 쉬운 정치』

정치에 관해 큰 그림을 그릴 수 있는 개론서입니다. 너무 길지 않은 글에 그림도 큼직큼직하게 들어가서 읽기에 수월합니다. 색감도 좋고 그림도 감각적이라 시선을 붙잡습니다. 그렇다고 만화가 너무 많아 시선을 흐리지도 않습니다. 초등학생이 알아야 할 시리즈로 과학, 수학, 우주, 물리, 법, 세계사 등도 있습니다.

◦『어린이를 위한 정치란 무엇인가』

이야기체와 설명체가 섞인 혼합체 지식책입니다. 이야기는 도현이와 영교의 전교 회장 선거로 펼쳐집니다. 이를 바탕으로 공정한 선거, 현명한 리더, 시민 단체의 필요성 등 정치에 대해 생각하게 합니다. 이야기 끝에 설명체로 지식을 정리해 줍니다. 어린이를 위한 시리즈로 정의, 통계, 법, 과학을 주제로 한 책도 있습니다.

◦『경제학자가 들려주는 경제 이야기』

시리즈로 애덤 스미스가 들려주는 시장 경제 이야기, 리카도가 들려주는 자유 무역 이야기 등이 있습니다. 줄글 책인 데다 내용도 조금 전문적이라 약간 어려울 수 있습니다. 경제 개론서를 읽었거나 경제에 관심이 많아 좀 더 전문적인 책을 원한다면 추천합니다. 또 경제, 경영 쪽으로 진학을 꿈꾼다면 필수적인 책입니다. 초등 고학년 이상 혹은 중학생에게 추천합니다.

◦『어린이 돈 스터디』

경제 습관을 배울 수 있는 혼합체 지식책입니다. 주인공 다름이는 생활 속에서 다양한 경제 문제를 경험합니다. 이를 아빠와 대화체로 해결해 나가는 형식입니다.

◦『생각이 크는 인문학』

시리즈로 심리학, 생명, 도덕, 감정, 헌법 등 다양한 주제를 다룹니다. 줄글 책이면서 중간중간 코믹한 만화가 있어 읽기에도 쉽습니다. 초등학생을 대상으로 너무 어렵지 않게 쓰여 좋습니다.

∘『세상에 대하여 더 잘 알아야 할 교양』

이 책 역시 80권 이상으로 이루어진 시리즈로 도서관에서 자주 볼 수 있습니다. 청소년을 대상으로 해서 『생각이 크는 인문학』보다는 조금 더 전문적입니다. 초등학생에게는 조금 어려울 수 있습니다.

∘『그림으로 보는 한국사』

총 5권으로 구성된 세트로 한국사를 시작하기 좋습니다. 하나의 주제를 한두 페이지 안에서 큼직한 그림과 적당한 길이의 글로 다룹니다. 한국아동문학인협회 외 여러 곳에서 우수도서로 선정되기도 했습니다. 한국사뿐 아니라 세계사, 삼국지, 그리스로마신화 등의 세트도 있습니다.

∘『한국사 편지』

명실상부한 한국사 분야 최고의 베스트셀러입니다. 작가가 딸에게 편지 형식으로 한국사에 대해 이야기하는 형식입니다. 다만 글이 긴 편이라 한국사를 처음 시작하는 책으로는 조금 어려울 수 있습니다. 좀 더 짧은 책으로 한국사 전체를 접한 후 좀 더 깊이 들어가는 용도로 추천합니다.

∘『한국사를 발칵 뒤집은 어린이 로스쿨』

역사와 법을 연결한 매우 독특한 콘셉트의 책입니다. 예를 들어 연산군의 갑자사화를 두고 어머니의 복수를 실행한 연산군에게 죄가 있는지에 대해 생각합니다. 우선 역사 이야기를 한 후 뒤에서 이를 법적인 관점으로 접근하는 형식입니다. 단순한 에피소드로서의 접근을 넘어 가치 판단을 할 수 있게 합니다. 어린이 로스쿨 시리즈로 고전, 세계명작, 세계사 등도 있습니다.

∘『만화 서양철학사』

서양 철학을 만화로 만나볼 수 있습니다. 줄글과 만화가 비슷한 비율로 들어가 있습니다. 유명한 철학자들에 대해 비교적 쉽게 알 수 있어 좋습니다. 초등 고학년 이상 중학생에게 추천합니다. 현재는 품절이라 도서관에서 찾아봐야 합니다.

◦『누나는 수다쟁이 수학자』

혼합체로 쓰인 스토리텔링 수학 지식책입니다. 시리즈로 수와 도형, 분수, 어림셈, 소수와 분수 연산이 있습니다. 초등 수학의 중요 개념들을 좀 더 친근하게 만나볼 수 있습니다.

◦『영재발견 사고력 수학사전』

수학의 다양한 원리를 스토리로 접근해 이해하도록 도와줍니다. 예를 들어 통분과 관련하여서는 다음과 같은 이야기가 있습니다. 한 아버지가 낙타 19마리를 유산으로 남겼습니다. 첫째에게 1/2, 둘째에게 1/4, 셋째에게 1/5을 나누어 준다고 하였습니다. 낙타 19마리를 어떻게 1/2, 1/4, 1/5로 나눌 수 있을까요? 이 문제를 통분으로 간단히 해결하는 방법을 알려줍니다. 신기하고 호기심을 가질 만한 이야기로 흥미를 끄는 것이 장점입니다.

◦『수학 귀신』

스토리텔링 수학에서 널리 알려진 책입니다. 국내에서만 80만 부 넘게 팔렸다고 합니다. 다만 피보나치 수열이 나오는 등 초등보다는 청소년 대상의 책입니다.

◦『초등과학백과』

『초등과학백과』라는 이름답게 초등과학의 핵심 내용을 풍부하게 담고 있습니다. 생명, 지구, 물질, 에너지의 4개 파트로 이루어져 있습니다. 저학년이 읽기에는 어려우며 학교에서 과학을 1년 넘게 배운 4학년 이상 아이들에게 추천합니다. 컬러풀한 색감과 사진 자료들 그리고 700페이지에 달하는 두께이긴 하지만, 한 권에 4만 원 가까운 가격은 다소 비싼 느낌을 줍니다.

◦『신기한 스쿨버스』

오랜 기간 전 세계에서 사랑받아 온 시리즈입니다. 스쿨버스를 타고 체험학습을 가는데 제목처럼 신기한 일이 벌어집니다. 스쿨버스가 작아지기도 하고 타임머신이 되기도 하지요. 혼합체라 이야기를 읽으면서 지식도 함께 배울 수 있습니다. 48권에 달하는 기본 시리즈 외에도 키즈 시리즈와 과학 탐험대 시리즈도 있습니다.

◦『초등학생을 위한 개념 과학 150』

초등 과학 교과와 연계한 도서입니다. 판본은 좀 길고 큰 편이며 한 내용이 한 페이지를 차지

합니다. 너무 짧지도 길지도 않아 하루에 한 장씩 꾸준히 해나가기에 좋습니다. 초등학생을 위한 시리즈로 수학 실험, 과학 실험, 개념 경제, 한국지리 등도 있습니다.

○『용선생의 과학교실』

한국사에서 출발하여 세계사와 과학까지 주제를 넓혀 온 용선생 시리즈입니다. 친숙하고 재미있는 캐릭터로 가볍게 시작하기 좋습니다. 줄글 중심이지만 사진과 만화도 다양하게 제시되어 있습니다. 정리노트와 퀴즈까지 있어 정리와 복습도 할 수 있게 구성되어 있습니다.

○『과학자가 들려주는 과학 이야기』

개론서 위주의 과학책을 읽고 조금 더 자세히 알고 싶다면 읽을 만한 책입니다. 아인슈타인이 들려주는 상대성 이론 이야기, 멘델이 들려주는 유전 이야기 등 120권 이상으로 구성된 방대한 시리즈입니다. 모두 읽기는 쉽지 않아 과학 교과서를 보면서 관련된 내용을 찾아 읽으면 좋습니다. 루이스가 들려주는 산·염기 이야기, 코리올리가 들려주는 대기 현상 이야기, 에라토스테네스가 들려주는 지구 이야기, 길버트가 들려주는 자석 이야기 등을 추천합니다.

○『초등학생을 위한 지식습관』

총 10권 시리즈로 지구, 우주, 열대우림, 곤충, 날씨 등의 주제를 다루고 있습니다. 『지구 30』의 경우 지구에 관한 30개의 지식을 배울 수 있습니다. 사진이 아닌 그림 위주이며, 형형색색의 배경과 그림이 눈길을 사로잡습니다.

3장

지식을 쏙쏙 빼내며
읽기 위해

지식의 인식, 이해, 숙달의 과정

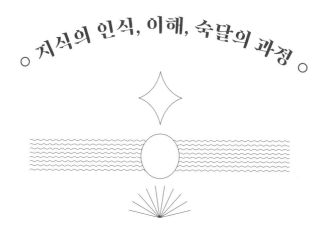

　자기 수준보다 훨씬 낮은 책을 읽기는 쉽습니다. 세탁기를 돌리듯 책을 넣고 '읽기'라는 버튼만 누르면 깨끗한 '이해'가 나옵니다. 하지만 일반적인 문해의 과정은 이와는 다릅니다. 단순히 읽는다고 새하얀 이해가 나오지 않습니다. 이 경우는 세탁기 빨래보다 손빨래에 가깝습니다. 이해가 어려운 부분을 찾아 비벼 빨아야 합니다.

　지식책 문해는 이보다도 조금 더 어렵습니다. 글을 이해함은 물론 지식을 학습해야 합니다. 그래서 지식책 문해는 손빨래 후에 빨래를 삶는 것과 비슷합니다. 빨랫감에 깊숙이 침투한 오염은 손빨래만으로는 충분히 빠지지 않아 삶아서 빼야 합니다. 글 속에 깊숙이 침투한 지식 역시 일반적인 문해만으로는 충분히 학습할 수 없습니다. 그래서 빨래를 삶듯이 책을 읽어야 합니다. 기본적인 내용을 파악한 후 지식을 쏙쏙 빼내 내 것으로 만드는 겁니다. 그래야 지식책 독서의 효과를 제대로 볼 수 있습니다.

그렇다면 지식책 속 지식은 어떻게 쏙쏙 빼내고, 또 그것을 내 것으로 만들 수 있을까요? 이를 알기 위해서는 우선 우리 뇌가 지식을 학습하는 방법을 알아야 합니다. 뇌가 지식을 학습하는 법을 알면 그에 따라 효율적으로 학습할 수 있게 되니까요.

:: 뇌가 지식을 학습하는 법

여러분은 우리 뇌가 어떻게 새로운 지식을 학습한다고 생각하나요? 실제로 어떻게 생각하실지 모르지만, 대부분의 경우 그 추측은 틀렸을 가능성이 높습니다. 왜냐하면 뇌의 학습 방법에 대한 보편적인 믿음에 큰 오류가 있기 때문입니다. 일반적으로 사람들은 학습의 과정을 창고에 짐을 적재하는 것처럼 생각합니다. 아래 그림처럼 머리라는 창고에, 지식이라는 짐을 넣는다고 생각하죠.

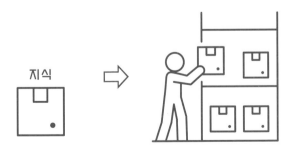

'머리에 집어넣어라' 혹은 '머릿속에 새겨라'와 같은 말을 하는 이유도 이 때문입니다. 단순 반복과 암기만을 고집하는 잘못된 학습 방법을 지속하는 이유도 이 때문이고요. 만약 학습이 정말 이런 방식으로 일어난다면 공부는 정말 단순한 일이 될 겁니다. 그냥 부지런히 지식을 옮기기만 하면 되니까요. 공부를 못하면 부지런하지 않은 탓이 됩니다. 방법은 단순하고, 단지 반복만 하면 되니까요. 많은 부모가 오직 '공부 시간'만 강조하는 것도 이 때문입니다. 그저 오래 하면 된다고 생각하는 거죠.

하지만 이런 믿음은 틀렸습니다. 뇌는 창고에 짐을 넣듯이 무언가를 배우지 않습니다. 그래서 무작정 학습 시간을 늘린다고 좋은 결과가 나오는 게 아닙니다. 물론 학습 시간도 분명 중요하지만 올바른 방법으로 하는 게 우선입니다. 뇌가 학습하는 과정을 이해하고, 여기에 맞는 방법으로 공부해야 합니다. 이 방법이 익숙해지면 그다음에 학습 시간을 늘리는 거고요. 그래야 좋은 결과를 얻을 수 있습니다. 만약 그렇지 않다면 고생과 노력은 많이 하는데 결과는 좋을 수 없습니다. 대부분의 학생들이 빠져 있는 문제이죠.

그렇다면 뇌는 실제로 어떻게 학습할까요? 뇌가 지식을 학습하는 과정은 크게 세 단계로 나뉩니다. 바로 인식, 이해, 숙달입니다. 우리가 무언가를 배울 때는 목표하는 지식이 무엇인지 일차적으로 인식해야 합니다. 이후 목표 지식을 좀 더 자세히 이해한 후 연습을 통해 완전히 자신의 것으로 숙달시키게 됩니다. 이 세 단계가 온전히 실행되었을 때 목표 지식은 완전한 나의 것이 됩니다. 지금부터는 이 세 과정에 대해서 좀 더 자세히 알아보도록 하겠습니다.

:: 지식의 인식

'인식'은 특정 지식이 존재한다는 사실을 알아차리고, 지식의 큰 틀을 파악하는 일입니다. 어떤 지식을 배울 때 처음부터 한 번에 그것에 대해 자세히 알 수는 없습니다. 처음에는 그것이 도대체 무엇에 관한 것인지 어렴풋하게 감을 잡는 데도 시간이 필요합니다.

예를 들어 수학에는 '넓이'라는 개념이 있습니다. 우리 어른에게는 친숙한 개념이지만, 아직 이를 배우지 않은 아이에게는 낯선 개념입니다. 그래서 아이가 넓이를 배울 때 처음부터 공식을 들이밀거나 자세하고 구체적인 설명을 하기보다는 도대체 넓이가 무엇이며, 어떤 경우에 사용되는지를 먼저 알려주는 게 훨씬 효과적입니다.

어떤 공간의 크기를 잴 때 넓이를 사용한다는 걸 아는 것이 바로 인식입니다. 학습의 첫 번째 단계인 인식이 제대로 되지 않아 공부가 잘 되지 않는 경우는 매우 빈번합니다. 목표 지식이 큰 틀에서 무엇인지 감도 잡기 전에 본격적인 내용으로 들어가는 바람에 헤매는 거죠. 학습은 본격적으로 시작하기 전에 반드시 두루뭉술하게라도 큰 틀에서 파악하는 단계가 필요합니다. 학습자가 이해 단계에서 알게 될 세부적인 지식들을 넣을 수 있는 공간을 만드는 겁니다. 인식 단계는 남녀의 만남에 비유하자면 소개팅과 유사합니다. 처음 만나서 통성명을 하고 대략 어떤 사람인지 감을 잡는 것과 유사하기 때문입니다. 다음은 과목별 지식을 인식하는 예입니다.

- **국어** – 어떤 표현은 표면적 뜻과는 다른 의미로 사용된다는 사실을 인식한다. 이런 표현을 관용 표현이라고 함을 안다. '손꼽아 기다리다'가 무언가를 애타게 기다린다는 의미임을 알게 된다.
- **수학** – 최소공배수는 공배수 중에서 가장 작은 수를 뜻함을 인식한다. 두 수의 공배수 중에서 0을 제외한 가장 작은 수를 최소공배수라고 한다는 사실을 안다.
- **사회** – 큰 바다는 '대양'이라 하고 큰 육지는 '대륙'이라고 함을 안다. 지구에는 총 5개의 대양과 6개의 대륙이 있음을 인식한다.
- **과학** – 어떤 물질이 물에 녹으면 산성 혹은 염기성을 띰을 안다. 산과 염기가 각각 다른 성질이 있다는 사실을 인식한다.

우리 뇌는 어떤 방식으로 지식을 인식할까요? 이것은 마치 물고기를 잡는 그물 낚시와 유사합니다. 우리가 이미 가지고 있는 지식망으로 목표 지식을 건져 올리는 겁니다. 마치 다음의 그림처럼 말이죠.

물고기는 우리가 학습하고자 하는 '목표 지식'이고, 그물은 우리의 '지식망'입니다. 얼마나 많은 물고기(목표 지식)를 잡을 수 있는지는 우리가 가진 그물(지식망)에 달려 있습니다(그림: 목표 지식·지식망).

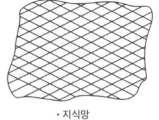

• 목표 지식   • 지식망

더 많은 물고기를 잡으려면 우선 그물이 커야 합니다. 그물이 크면 더 많은 물고기를 잡을 수 있습니다. 그물의 크기는 우리가 가진 배경지식을 뜻합니다. 목표 지식과 관련된 배경지식을 많이 알면 알수록 더 많은 지식을 이해할 수 있습니다(그림: 작은 그물·큰 그물).

그물의 망은 촘촘해야 합니다. 그물망이 촘촘하면 작은 물고기도 잡을 수 있고 그물망이 성기면 작은 물고기는 잡을 수가 없습니다. 그물망의 촘촘함은 학습자의 어휘력입니다. 더 많은 어휘를 더 섬세하게 안다면 더 작고 섬세한 지식을 이해할 수 있게 됩니다(그림: 성긴 그물·촘촘한 그물).

그물은 물고기의 움직임을 보며 적절하게 움직여 주어야 합니다. 물고기가 그물 옆으로 지나가는데, 그물을 움직이지 않고 가만히 두면 잡을 수 있는 양은 한정됩니다. 물고기가 오른쪽으로 가면 그물도 오른쪽으로 이동하고, 물고기가 왼쪽으로 가면 그물도 왼쪽으로 움직여야 합니다. 이런 그물의 움직임은 이해 전략입니다. 한 번 듣거나 읽어서 저절로 이해되는 부분만 이해하는 것이 아니라, 이해하기 위해 의도적이고 지속적으로 전략을 사용해야 합니다(그림: 정지된 그물·움직

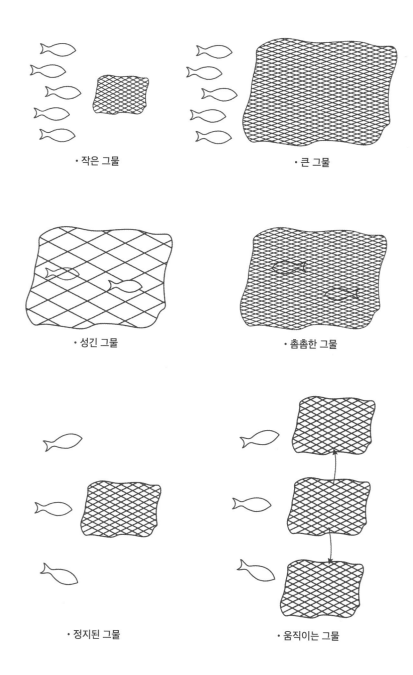

· 작은 그물

· 큰 그물

· 성긴 그물

· 촘촘한 그물

· 정지된 그물

· 움직이는 그물

이는 그물).

지식의 인식은 배경지식, 어휘, 이해 전략을 통해 만들어집니다. 학습자는 수업을 듣거나 책을 읽을 때 이들을 이용해 목표 지식을 일차적으로 파악합니다. 그래서 학습에서 지식을 잘 인식하기 위해서는 배경지식, 어휘력, 이해 전략을 키워야 합니다. 이들을 키우는 방법에 대해서는 2부 '지식책, 이렇게 읽어야 합니다'에서 자세히 알아보겠습니다.

:: 지식의 이해

지식을 대략적이고 두루뭉술하게만 파악해서는 공부를 잘할 수 없습니다. 공부를 잘하려면 지식을 구체적으로 알아야 합니다. '이해'는 지식에 대해 좀 더 깊고 자세히 파악하는 것입니다. '넓이'는 $1cm^2$ 혹은 $1m^2$와 같은 단위 넓이의 개수로 표현된다는 것. 직사각형의 넓이를 구하는 공식은 가로×세로임을 아는 것, 이를 활용하여 기본적인 문제를 해결할 수 있는 것이 모두 이해입니다. '인식'이 소개팅이라면, '이해'는 본격적인 만남입니다. 더 많은 시간을 함께하면서 겉모습뿐 아니라 상대의 내면을 더 자세히 알아가는 거죠. 과목별로 구체적인 예는 다음과 같습니다.

• **국어** – 실제 관용적 표현을 다양하게 안다. '손꼽아 기다리다'가 손가락을 꼽아가면서 애타게 기다린다는 의미임을 아는 것처럼 특

정 관용 표현이 왜 그런 뜻으로 사용되는지 이해한다.

- **수학** – 최소공배수를 구하는 방법을 안다. 왜 그런 방법으로 최소 공배수를 구할 수 있는지 이해한다. 그 방법을 이용하여 실제로 두 수의 최소공배수를 구할 수 있다.

- **사회** – 각 대륙에 있는 여러 국가를 안다. 대류별로 인종, 기후 등의 특징이 다양함을 이해한다.

- **과학** – 산과 염기의 특징에 대해 구체적으로 안다. 산과 염기의 활용법과 왜 그렇게 활용되는지 안다.

이해는 그물망으로 잡은(인식) 물고기를 먹어서 소화(이해)하는 것과 같습니다. 주어진 지식을 통째로 삼키려(암기하려) 하지 말고 더 작은 분자 단위로 나누어 우리 뇌가 흡수할 수 있게 해야 합니다. 물고기는 자기만의 분자 구조를 가지고 있습니다. 사람이 이를 먹어 자신의 뼈와 살로 만들기 위해서는 우선 물고기가 가지고 있는 분자 구조를 해체해야 합니다. 물고기의 단백질과 지방의 분자 구조를 더 작은 단위인 아미노산과 지방산으로 나누는 겁니다. 이렇게 나누어야 이 분자

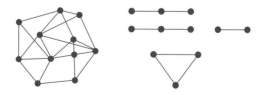

• 분자 구조

들을 우리 몸이 흡수하고 사용할 수 있기 때문입니다.

실제 음식물의 소화는 우리 뱃속에서 저절로 일어납니다. 사람이 의식적으로 개입할 필요가 없습니다. 하지만 지식의 소화는 저절로 일어나지 않습니다. 학습자가 일일이 살펴보고 생각하면서 뜯어보아야 합니다. 그러기 위해서는 좀 더 발전한 이해 전략이 필요합니다. 예를 들어 시각 자료를 살펴보고 텍스트를 분석해야 합니다. 텍스트를 구조화하기도 하고 그래픽 조직자로 정리하기도 합니다. 또 사실 질문을 할 수도 있고요. 이 부분 역시 2부 '지식책, 이렇게 읽어야 합니다'에서 자세히 알아봅니다.

:: 지식의 숙달

지식을 인식하고 이해했다면 이제는 숙달할 차례입니다. '숙달'은 목표 지식에 익숙해지고 완전히 자기 것이 되어 기능화되는 것입니다. 단순히 머리로만 아는 것이 아니라 지식을 활용해 어떤 일을 할 수 있게 된다는 의미입니다. 넓이라는 개념에 숙달되면 넓이를 다양한 상황에서 자유자재로 활용할 수 있게 됩니다. 우선 넓이와 관련한 수학 문제를 잘 풀 수 있겠죠. 단순 연산에 가까운 문제를 넘어 훨씬 복잡한 문장제, 사고력, 심화 문제도 풀 수 있게 됩니다. 실생활 문제도 해결할 수 있게 됩니다. 예를 들어 이사할 때 안방의 넓이를 바탕으로 가구 배치를 미리 계산할 수도 있습니다. 건축가라면 넓이와 관련한 공간 문제를 더 잘 해결할 수 있을 겁니다. 이 모든 일들은 목표 지식에 완전히 익숙해져서 숙달되어야 가능합니다. '인식'이 소개팅, '이해'가 만남이라면, '숙달'은 결혼과 같습니다. 지식과의 관계가 깊어져서 완전히 내 것이 되는 거죠. 과목별 구체적인 예는 다음과 같습니다.

- **국어** – 다양한 관용 표현을 실제 상황에서 적절하게 사용할 수 있다. 처음 듣는 관용 표현도 사용된 어휘와 상황을 바탕으로 그 뜻을 짐작할 수 있다.
- **수학** – 최소공배수가 활용되는 다양하고 복잡한 문제에서 이를 적절히 활용할 수 있다.
- **사회** – 각 대륙별 특징과 차이를 구체적으로 설명할 수 있다. 지구촌의 다양한 문제를 대륙이라는 지리적 관점으로 생각하고 해석할 수 있다.
- **과학** – 산성과 염기성의 특징을 구체적으로 설명할 수 있다. pH에 따라 물질의 특징과 활용 방법을 생각할 수 있다.

지식의 숙달은 영양분을 흡수하는 것과 같습니다. 위액과 담즙으로 분해한(이해) 아미노산과 지방산을 흡수하고 내 몸의 분자 구조에 결합해 나의 피와 살로 만드는(숙달) 겁니다. 새로 배운 지식이 원래 가지고 있던 기존 지식과 어우러지면서 완전히 나의 것이 되는 것입니다. 지식이 숙달의 단계까지 오면 그 지식은 반영구적으로 자신의 것이 됩니다.

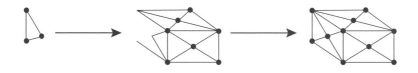

피아노 연주에 한 번 숙달되면 10년 동안 손을 놓은 후라도 마치 어제까지 연주하던 사람처럼 피아노를 칠 수 있는 것처럼 말입니다.

지식의 숙달은 나의 기존 지식망에 새롭게 이해한 지식을 연결하여 기존 지식망을 좀 더 크고 촘촘하고 단단하게 발달시키는 것입니다. 하나의 지식이 숙달되면 원래 가지고 있던 지식망이 커집니다. 기존의 지식망에 새로운 지식이 연결되기 때문입니다. 그렇게 지식망이 성장하면 더 많은 지식을 더 쉽게 학습할 수 있게 됩니다. 지식망이 점점 더 커지고 점점 더 촘촘해졌기 때문입니다. 그래서 공부는 제대로 한다면, 시간이 갈수록 점점 더 늡니다. 더 적은 노력으로 더 많고 더 어려운 지식도 배울 수 있게 되는 겁니다.

숙달의 핵심은 자기 언어화와 반복입니다. 인간은 지식을 언어로 전달하고 언어로 저장합니다. 그래서 지식을 완전히 나의 것으로 만들기 위해서는 지식을 나의 언어로 바꾸어야 합니다. 지식책의 언어, 작가의 언어, 선생님의 언어를 나의 언어로 바꾸는 것입니다. 그리고 이를 다양한 상황에서 반복하면 됩니다. 그러면 지식에 숙달되게 됩니다. 이를 위해서는 생각 질문과 하브루타, 노트 쓰기와 글쓰기가 필요합니다. 이 역시 2부에서 자세히 알아보겠습니다.

:: 성공적인 학습의 비밀

물고기를 그물망으로 잡아서 먹고 소화해 흡수하듯 지식도 인식하고 이해하고 숙달해야 제대로 학습한 것이 됩니다. 하지만 안타깝게도 대부분의 학생은 여기까지 가지 못합니다. 귀찮고 힘들기 때문입니다. 숙달은커녕 이해까지도 가지 못하는 아이가 상당수입니다. 그냥 어떤 지식이 있는지 인식하는 수준에서 매번 공부가 끝납니다. 학교에서 수업을 듣고 학원에서 또 수업을 듣고 공부를 끝내죠. 그러면 여러 번 들었기 때문에 아는 것 같은 느낌은 듭니다. 하지만 이해되지 않은 지식은 모두 망각하게 됩니다. 잡은 물고기를 가만히 둔다면 죽어 버리는 것처럼요. 이해도 되지 않고 인식만 하는 사람은 제대로 알지 못하면서 들어본 것만 많아서 자신이 잘 안다고 착각합니다. 자신 있다며 큰소리를 뻥뻥 치고 막상 시험을 보면 50점을 받아오는 아이들이 바로 이런 유형입니다.

이해를 했어도 숙달까지 가지 않은 지식은 완전히 자신의 것이라고 하기에는 부족합니다. 머리로 알긴 알지만 기능화, 자동화되지 않아서 속도가 느리고 활용이 어렵습니다. 숙달이 되어야 지식을 자유자재로 변형하며 사용할 수 있게 됩니다. 그럴 때 진정한 고수, 능력자로 거듭나는 겁니다. 숙달되지 않고 이해만 하면 지식을 입으로 말할 수는 있지만 실제로 문제를 해결하는 데는 한계가 있습니다. 구구단을 이해했지만 숙달하지 않아 9×7을 계산할 때 9×1부터 시작해서 9×7까지 가야 한다고 생각해 보세요.

　암기 중심의 학습을 해서는 안 되는 이유는 바로 '인식-이해-숙달'이라는 학습의 매커니즘이 일어나지 않기 때문입니다. 우리는 왜 배울까요? 단순히 배우는 행위 그 자체가 목적은 아닙니다. 우리는 성장하기 위해 배웁니다. 그렇다면 성장은 무엇일까요? 바로 목표 지식이 나의 기존 지식과 연결되어 내가 가진 지식망 자체가 변하는 것입니다. 모르던 단어를 배워 실제 말하기와 글쓰기에서 사용할 수 있게 되고, 수학을 이용해 실생활 문제를 해결하고, 새로운 언어를 배워 실제로 소통할 수 있는 것 모두 나의 기존 지식망의 변화를 통해 일어납니다. 내가 가진 원래의 지식망에 목표 지식을 연결하려면 반드시 목표 지식은 가수분해되어야 합니다. 더 작은 단위로 쪼개져야 한다는 말입니다. 더 작게 쪼개져서 기본 단위가 되어야 나의 지식망에 연결할 수 있습니다.

　'암기'는 지식을 가수분해하지 않는 공부법입니다. 지식을 원래 상태 그대로의 덩어리로 그냥 먹어 치우는 겁니다. 가수분해되지 않은 지식의 덩어리는 소화, 흡수되지 않아 소화불량을 일으키게 됩니다. 아이들이 왜 공부를 싫어하냐고요? 바로 소화, 흡수되지 않는 지식을 덩어리째 집어삼키기 때문입니다. 그렇게 되면 내 것이 되는 것은 하나도 없고 머리만 아플 수밖에 없습니다. 학습은 창고에 짐을 집어넣는 것과는 차원이 다른 일인 겁니다.

공부를 잘하기 위해서는 '인식-이해-숙달'의 세 과정을 잘 수행해야 합니다. 그러면 어떤 내용이든 완전히 자신의 것으로 만들 수 있습니다. 이것이 바로 공부하는 힘이자 공부머리인 것입니다. 공부머리는 타고나는 것이 아닙니다. 지식책을 어떻게 읽고 이해하고 내 것으로 만드느냐를 배움으로써 길러지는 것입니다. 그러니 지식책 문해력을 반드시 길러야 합니다. 지식책 문해력을 기르면 학교 공부든 학교 밖 공부든 그 무엇이든 잘 배울 수 있으니까요.

이야기책보다 지식책이 어려운 이유

아이들은 이야기책보다 지식책을 더 어려워합니다. 이야기책을 나름 잘 읽는 아이도 지식책은 어려워하는 경우가 적지 않습니다. 이런 사실은 연구를 통해서도 확인되고 있습니다. 랭거Langer 교수는 중학생을 대상으로 한 연구에서 지식책 문해력이 이야기책 문해력보다 1년 정도 성장이 늦다고 밝혔습니다. 2016년 국제 읽기 평가PIRLS 결과 역시 이야기책보다 지식책을 읽을 때 아이들의 성적이 더 나쁘다고 말합니다. 상황이 이렇다 보니 지식책을 좋아하는 아이도 상대적으로 더 적습니다.

아이들은 왜 지식책을 더 어려워할까요? 바로 지식책과 이야기책의 휴먼 스케일 차이 때문입니다. 휴먼 스케일Human scale이란 물리적, 정신적으로 인간에게 적합함을 뜻합니다. 인간의 신체에 적합한 크기거나 일상적으로 접할 수 있다면 휴먼 스케일입니다. 뗏목, 초가집, 고양이, 자갈이 휴먼 스케일의 예입니다. 반대로 인간 신체에 적합하지 않은 크기거나 일상적으로 접하기 어렵다면 휴먼 스케일이 아닙니다. 그래서 항공 모함, 고층 빌딩, 박테리아, 초미세 먼지는 휴먼 스케일이 아닙니다. 휴먼 스케일은 신체적, 정신적으로 인간에 알맞고 친숙해서 익숙하며 사용하기에도 좋습니다. 휴먼 스케일이 아닌 것은 그 반대이고요.

　이야기책은 휴먼 스케일입니다. 반면 지식책은 휴먼 스케일이 아닙니다. 그래서 이야기책은 쉽게 읽히고, 지식책은 그렇지 않습니다. 지금부터는 텍스트를 이루는 배경지식, 어휘, 구조에서 이야기책과 지식책의 휴먼 스케일이 어떻게 다른지 알아보겠습니다.

:: 배경지식의 차이

　배경지식은 무언가를 이해하기 위해 필요한 기초 지식입니다. 예를 들어 금융 상품 중에 선물, 옵션 같은 파생 상품이 있습니다. 파생 상품은 금리, 주식 같은 전통적인 금융 상품에 기한이나 약정 같은 몇 가지 조건을 더해 새롭게 만들어낸 상품이지요. 그래서 파생 상품을 이해하려면 우선 금리와 주식에 대해 알아야 합니다. 이들을 잘 모르면 파생 상품을 이해하기 어렵습니다. 선물과 옵션이 배우려는 목표 지식이라면, 금리와 주식은 이를 이해하기 위해 꼭 필요한 배경지식이 되는 겁니다.

읽기는 기본적으로 추론 게임입니다. 작가가 무엇을 말하고 있는지 글을 읽고 미루어 짐작하는 활동이라는 말입니다. 글이 아무리 자세해도 이런 사실은 전혀 변하지 않습니다. 글은 아무리 명확해도 모든 것을 담을 수 없기 때문입니다. 그래서 우리는 자신이 가진 배경지식을 동원해 작가의 의도를 추론해야만 합니다.

예를 들어 '어머니'처럼 그 뜻이 너무나 분명해 보이는 단어를 읽을 때조차 마찬가지입니다. 어머니의 사전적 정의는 '자기를 낳아준 여자를 부르는 말'입니다. 하지만 사람들은 사전적 정의로 단어를 이해하지 않습니다. 자신의 경험과 배경지식으로 이해합니다. 단어 '어머니'를 들었을 때 사람들은 사전적 정의가 아닌 자신의 경험 속 어머니의 이미지를 떠올립니다. 누군가는 따뜻하고 나와 가장 가까운 사람을 떠올리겠지만 누군가는 매정하고 차가운 사람을 떠올릴 수도 있습니다. 그래서 어머니라는 너무나 일반적인 단어조차 모두에게 조금씩 다른 의미를 가집니다.

이런 사실은 세상에 존재하는 모든 단어에 적용됩니다. 우리가 알고 있는 모든 단어를 우리의 경험을 통해 이미지화하여 이해하기 때문입니다. 단어 하나조차 이러하니 글은 어떨까요? 아무리 명확하게 쓰였다고 해도 읽는 사람에 따라 그 의미가 조금씩 달라질 수밖에 없는 것이 바로 글입니다. 문해는 결국 우리가 가진 배경지식을 통해 작가의 생각을 추론하는 게임인 겁니다. 그래서 글에서 요구하는 배경지식이 쉬우면 책이 쉽고, 글에서 요구하는 배경지식이 어려우면 책이 어려운 겁니다.

이야기책에서 요구하는 배경지식은 다행히 휴먼 스케일입니다. 이야기책에서 일어나는 모든 일은 인간이 흔히 겪는 일이기 때문입니다. 학교에서, 집에서, 길에서 겪는 사람들의 이야기가 주를 이룹니다. 한 번도 경험해 보지 못한 아우슈비츠 혹은 서기 2856년 한 우주선 안에서 일어나는 일에 대한 이야기라도 사실 마찬가지입니다. 한 번도 가보지 못한 낯선 시간과 공간에서 일어나는 일이라고 해도 결국은 사람이 겪는 일과 감정에 관한 것입니다. 아무리 낯선 상황과 경험해 보지 못한 일이라도 우리는 등장인물과 같은 인간으로서 이야기책 속 인물의 입장을 이해할 수 있습니다.

반면 지식책의 배경지식은 휴먼 스케일이 아닙니다. 지식책이 말하는 내용은 우리가 생활에서 쉽게 접할 수 있는 성질의 것이 아닙니다. 매우 친숙한 주제라 해도 인간의 경험과는 거리가 있습니다. 심지어 우리 몸에 관한 지식조차 그렇습니다. 관절의 구조, 백혈구의 특징, 호르몬의 작용 등은 우리 몸에서 일어나는 일이지만 우리는 이를 직접 경험하지는 않습니다. 그러니 쉽게 다가오지 않는 겁니다. 이야기책을 읽는 데 필요한 배경지식은 삶에 의해 자연스럽게 직조되는 반면, 지식책을 읽기 위한 배경지식은 그렇지 않은 겁니다. 그러니 어려울 수밖에요. 이 문제를 해결하고 지식책을 잘 읽기 위해서는 몇 가지 노력이 필요합니다. 이에 대해서는 2부 4장의 '배경지식 확장하기'에서 자세히 알아보도록 하겠습니다.

:: 어휘의 차이

어휘는 세상을 보는 렌즈입니다. 사람은 어휘를 통해 세상을 보기에 어휘가 없으면 보아도 보이지 않습니다. 어휘를 알게 되면 보이지 않던 것이 보이기 시작하고요. 예를 들어 치유와 회복을 뜻하는 단어 '힐링'이 그렇습니다. 이 단어가 알려지기 시작한 2010년 이전에는 힐링에 대한 사회적 관심이 높지 않았습니다. 2000년대는 잘 먹고 잘 사는 웰빙의 시대였고, 1990년대는 내 몸을 축내어서라도 더 많은 돈을 벌려고 하던 성실의 시대였습니다.

많은 사람들이 힐링에 관심을 가지게 된 것은 단어 '힐링'이 반복적으로 사용되기 시작하면서부터였습니다. 몸과 마음의 휴식과 치유에 먼저 관심을 가진 소수의 사람들이 먼저 이 단어를 사용하기 시작했습니다. 이후 힐링이라는 단어가 점점 알려지면서 많은 사람들이 관심을 가지게 된 겁니다. 힐링이라는 단어가 사람들로 하여금 치유와 회복을 바라보게 만드는 렌즈의 역할을 한 것이지요.

세상을 보는 렌즈로써 어휘는 학습에서도 그 역할을 그대로 이어 갑니다. 학습 역시 세상을 보는 행위니까요. 어휘력은 아이의 학습 능력을 좌우하는 매우 중요한 요소입니다. 연구에 따르면 어휘 지식은 시험 점수, 올바른 읽기, 이해력, 학생에 대한 교사의 평가 모두에 영향

을 끼칩니다. 어휘력이 높은 아이가 읽기와 이해에 능숙해 시험 점수
도 높고, 그러다 보니 교사에게 더 높은 평가를 받는다는 말입니다. 문
해에 있어서도 어휘는 매우 중요합니다. 글은 어휘와 어휘의 연결이기
에 어휘가 없다면 글도 없고 뜻도 없습니다. 그런 면에서 어휘의 난도
가 곧 글의 난도가 되곤 합니다. 어휘가 쉬우면 글이 쉽고, 어휘가 어려
우면 글이 어려운 거죠.

　이야기책 속 어휘는 휴먼 스케일인 경우가 많습니다. '엄마', '아빠',
'먹다', '가다', '자다', '소리지르다', '예쁜', '아름다운', '귀여운'과 같은
살면서 접할 기회가 많은 생활 어휘들이 주로 사용되니까요. 이런 생
활 어휘는 익히기가 쉽습니다. 일상생활에서 자주 사용하기에 성장하
면서 자연스레 익히게 되는 것이 많습니다. 반면 식책에는 일상생활에
서 접하기 어려운 학문 어휘들이 많이 나옵니다. '뗀석기', '대동법', '사
림', '문치주의', '정상 회담', '소수 민족', '면책 특권', '면역 체계', '세포',
'갑각류'처럼 말이지요. 이러한 학문 어휘는 생활에서 접할 기회가 거
의 없습니다. 그러니 이런 학문 어휘가 중심을 차지하는 지식책이 아
이들에게 낯설고 어렵게 느껴지는 건 너무나 당연한 일입니다. 적혈구
와 백혈구 같은 용어를 일상생활에서 저절로 알게 되지는 않으니까요.

　새로운 어휘가 계속 나온다는 점도 지식책을 어렵게 만드는 중요
한 이유입니다. 표준국어대사전에 등재된 단어는 약 42만 개입니다.
이 중 생활 어휘는 약 1만 개 내외에 불과합니다. 초등학생이 평균 1만
개의 어휘를 알고 있다고 하니 초등 3~4학년이면 웬만한 생활 어휘는

대부분 알고 있다고 볼 수 있습니다. 반면 학문 어휘는 대략 41만 개인데 잘 쓰이지 않는 옛말을 뺀다고 해도 30만 개 이상일 것으로 추정됩니다. 배워도 배워도 끝이 없고 계속해서 새로운 어휘를 만날 수밖에 없는 상황입니다.

이런 이유로 이야기책은 상대적으로 쉽습니다. 어느 책을 읽든 주인공이 잠을 자고 밥을 먹고 말을 하고 고민하고 문제를 해결하죠. 이때 사용하는 단어는 한정적이고요. 인물의 감정과 성격, 배경과 사건을 설명할 때 사용하는 어휘들은 한계가 있으니까요. 물론 책에 따라 새로운 단어가 등장할 수는 있지만, 그 양이 아주 많지도 않고 그 뜻이 아주 어렵지도 않습니다. 단어를 몰라도 이야기의 흐름에는 크게 상관없는 경우도 많고요.

반면 지식책에서 만나야 하는 새로운 어휘는 읽어도 읽어도 끝이 보이지 않습니다. 지구 환경에 대해 아무리 많은 어휘를 안다고 해도 원자력과 방사능에 대한 책을 펼치면 완전히 새로운 어휘들이 등장합니다. 원자력과 방사능에 대해 끝없이 읽어도 고대 원시인의 삶에 대해 읽으면 또 완전히 새로운 어휘들이 등장하고요. 새로운 분야를 읽을 때마다 혹은 점점 더 깊이 공부해 들어감에 따라 계속해서 등장하는 새로운 어휘는 지식책 읽기의 중요한 걸림돌입니다. 이 문제를 해결하고 지식책을 잘 읽기 위해서는 몇 가지 노력들이 필요합니다. 이에 대해서는 2부 4장의 '어휘 학습하기'에서 자세히 알아보도록 하겠습니다.

:: 구조의 차이

　구조란 전체를 이루기 위해 부분이 갖춘 모양이나 형태를 말합니다. 벌들은 육각형의 작은 방 만들기를 수없이 반복해 집을 짓지요. 이것이 바로 벌집의 구조(그림)입니다. 책에도 구조가 있습니다. 형식적인 측면에서 구조는 모든 책이 같습니다. 어휘와 어휘가 만나 문장이 되고, 문장과 문장이 만나 문단이

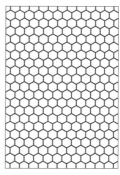

• 벌집의 구조

됩니다. 이런 형식 구조는 이야기책과 지식책이 같지만 내용의 구조는 전혀 다릅니다.

　이야기책은 인물, 사건, 배경과 기승전결이라는 구조를 가지고 있습니다. 어떤 인물이 어떤 배경 속에서 어떤 사건을 경험하는 것이 바로 이야기죠. 그리고 사건은 시작되고 커지다가 절정을 맞은 후 점차 소멸합니다. 이런 구조는 휴먼 스케일 그 자체입니다. 우리라는 인물이 매일 매일 어떤 상황 속에서 어떤 일들을 경험하고 살아가니까요. 그리고 그 일들은 항상 발생하고 커졌다가 소멸하고요. 그러니 이야기책은 구조를 의식적으로 인지하지 않아도 특별히 어렵지 않습니다.

　지식책의 구조는 이야기책과는 다릅니다. 지식책에는 인물도, 사건도, 배경도, 기승전결도 없습니다. 지식책에는 이야기책과는 전혀 다른 지식책만의 구조가 있습니다. 게다가 그 구조는 매우 다양합니다. 목적에 따라 변화하고요. 어떤 일의 순서와 차례를 설명하기도 하고

두 대상을 비교하기도 합니다. 때로는 어떤 문제의 원인을 밝히거나 그로 인한 결과를 말하기도 하지요. 이런 지식책의 구조는 휴먼 스케일과는 거리가 멉니다. 우리는 일상에서 사건을 경험할 뿐 원인과 결과, 비교와 대조라는 틀로 세상을 바라보지 않으니까요.

이러한 구조는 독자에게 일상과는 전혀 다른 방식으로 이해할 것을 요구합니다. 이 구조의 낯섦이 아이들에게는 하나의 난관으로 다가옵니다. 심지어 한 권의 지식책이 한 가지의 구조로 되어 있는 것도 아닙니다. 첫 페이지에서는 원인과 결과를, 다음 페이지에서는 순서와 차례를, 그다음 페이지에서는 문제와 해결을 사용하는 식으로 지식책의 구조는 계속해서 변화합니다. 이런 점이 독자로 하여금 지식책을 이해하기 어렵게 만듭니다.

이야기책의 구조는 직선적이라 앞에서부터 뒤로 차례대로 이해해 나가면 됩니다. 앞의 사건이 지금 사건에 어떤 영향을 미치고, 지금 사건이 뒤의 사건에 어떤 영향을 미치는지 차례대로 알아가면 됩니다. 이에 반해 복합적 구조의 지식책은 직선적으로 이해해서는 안 됩니다. 그 글의 특징에 맞는 구조를 머릿속으로 그려가며 읽어야 합니다. 예

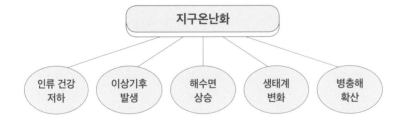

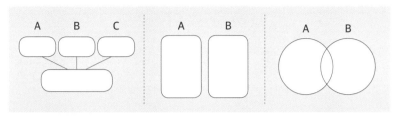

• 다양한 구조

를 들어 지구온난화로 인한 다양한 문제를 서술한 글을 읽는다면 다음
과 같은 구조를 머릿속으로 그려나가야만 합니다.

　게다가 앞의 예시로 든 것이 유일한 구조도 아닙니다. 위와 같이
다양한 구조들이 있죠. 그래서 지식책을 제대로 이해하려면 독자가 읽
으면서 능동적으로 적합한 구조를 그릴 수 있어야 합니다. 이런 구조
를 그리지 못하고 이야기책처럼 직선적으로 읽고 나면 기억에 남는 것
이 별로 없습니다. 그래서 구조를 의식적으로 파악하고 그 구조를 이
미지화하는 법을 배워야 합니다. 이에 대해서는 2부 4장의 '텍스트 구
조화하기'에서 자세히 알아보도록 하겠습니다

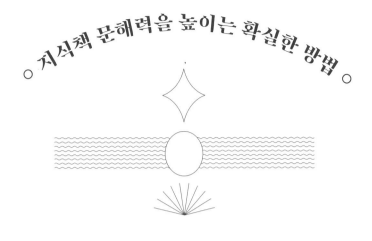

지식책 문해력을 높이는 확실한 방법

어떤 일을 잘하기 위해서는 두 가지 측면으로 노력해야 합니다. 바로 양과 질입니다. 양을 늘리고 질을 높이면 그 어떤 일을 하든 발전할 수밖에 없습니다. 지식책 문해력을 기르는 일 역시 마찬가지입니다. 지식책 문해 경험의 양과 질을 높이면 지식책 문해력을 높일 수 있습니다. 지금부터 지식책 문해력을 높이는 방법에 대해 알아보겠습니다.

:: 지식책에 대한 접근 늘리기

지식책 문해력을 기르기 위해서는 우선 지식책에 대한 접근을 늘려야 합니다. 바닷가에 사는 아이가 산에 사는 아이보다 수영을 잘하는 것과 같은 당연한 이치입니다. 지식책을 자주 손에 드는 아이가 그렇지 않은 아이보다 지식책을 더 잘 읽습니다.

그렇다면 아이들은 지식책을 얼마나 읽을까요? 초기 독자Emergent reader에 대한 연구에서 80%의 아이들이 이야기책을 골랐다고 합니다. 지식책을 고른 아이는 20%에 불과했고요. 아이들이 이야기책을 더 선호하는 것은 본능입니다. 인간은 누구나 이야기를 좋아하니까요. 끝없이 새로운 영화가 나오고 넷플릭스가 세계에서 가장 시가총액이 높은 기업 중 하나인 이유도 여기에 있습니다. 게다가 앞에서 언급했듯 지식책의 낯선 배경지식, 어휘, 구조 등이 아이들의 발목을 잡고 있습니다. 그렇다고 학교에서 지식책 활용도가 높은 것도 아닙니다. '1학년 교실에서 지식책을 이용하는 시간이 하루 3.6분에 불과하다'는 연구도 있습니다. 자발적이든 비자발적이든 지식책을 접할 기회가 부족한 상황입니다.

하지만 희망적인 사실이 있습니다. 아이들이 커가면서 지식책에 대한 선호가 높아진다는 점입니다. 미국 사서 교사 저널에 따르면 1학년부터 6학년까지 아이들이 대출한 도서의 40%가 지식책이라고 합니다. 지식책에 대한 초기 독자 선호도인 20%에서 2배 늘어난 수치입니다. 게다가 성인 출판계에서는 이야기책보다 지식책이 더 강세를 보입니다. 이를 종합해 보면 지식책에 대한 선호는 독자의 나이와 함께 점점 커진다는 사실을 알 수 있습니다.

그렇다고 학생들이 성장하는 것을 마냥 기다려서는 안 된다고 전문가들은 조언합니다. 지식책을 읽을 수 있도록 적극적으로 개입할 필요가 있습니다. 아이가 유창성을 갖추어 혼자서도 책을 편안하게 읽을 수 있게 되면 지식책 읽기에 조금씩 개입해야 합니다. 유창성 습득 이전에는 지식책을 읽히고 싶어도 이야기책을 주로 읽히는 것이 좋습니다. 글을 읽는 데 필요한 기초적인 연습, 즉 한글을 익히고 유창성을 기르며 책 읽는 습관을 들일 때는 이야기책이 더 효과적이니까요. 이때는 지식책의 비중을 낮추고 이야기책에 집중합니다. 하지만 아이가 유창성을 갖추어 책 읽기의 중요한 고비를 넘겼다면 점차 지식책을 늘려 나가도록 합니다.

① 지식책 읽어주기

지식책에 대한 접근을 늘려나가는 가장 기본적인 방법은 읽어주는 겁니다. 읽어주면 현재 아이의 수준을 뛰어넘는 지식책을 시작할 수 있습니다. 아이 혼자서는 더듬거리며 읽어야 하는 책을 읽어주세요. 부모가 유창하게 소리 내어 읽으면 그 문제를 뛰어넘을 수 있습니다. 아이 혼자서는 이해하지 못하는 책도 읽어주세요. 그 부분을 부모가 설명해 줌으로써 역시 문제를 뛰어넘을 수 있습니다.

매일 읽어주는 책에 지식책을 한 권 추가해 보세요. 아이의 반응을 보면서 지식책의 비중을 적당히 가감하세요. 특별히 조금 더 열정적으로 읽어주세요. 호기심을 표현하며 질문을 던져보세요. 정답을 맞히는 질문이 아닌 상상력을 자극하는 질문이 필요합니다. 퀴즈를 내는 선생님이 아닌 함께 탐구하는 동료가 되어야 합니다. 이미지를 적극 활용하세요. 그림이나 삽화를 손으로 짚어 가면서 함께 보세요. 재미있고 신기한 부분을 공유하세요. 엄마와 지식책 읽는 경험을 따뜻한 기억으로 담아주세요. 자연으로 나가 책에서 본 장면을 찾아보세요. 책과 현실을 연결하는 겁니다.

읽어주기에 더해 지식책을 권유하고 사주고 책꽂이에 꽂아두는 것도 좋습니다. 지식책에 대한 접근이 용이해지면 지식책을 더 좋아하게 되거나 해당 주제에 관심을 가지는 학생이 증가한다는 사실이 연구로 증명되었습니다.

② '학습 읽기' 시작하기

아이가 초등학교 2학년 이상이라면 지식책으로 공부하는 시간을 갖기를 추천합니다. 단순히 지식책을 읽는 것이 아니라 지식책을 공부한다는 마음으로 읽는 것입니다. 물론 마음만 그렇게 가지는 것이 아닌 실제로 공부가 되도록 읽어야 합니다. 이런 읽기를 '학습 읽기Read to learn'라고 하겠습니다. 학습 읽기는 학습을 위한 읽기입니다. 재미를 위해 읽거나 읽는 법을 배우기 위해 읽는 것이 아닙니다. 또한 대충 읽으면서 알든 모르든 일단 그냥 읽어가는 것 역시 아닙니다. 책에 담긴 지식을 배우고 공부하기 위해 읽는 것입니다.

사람들은 공부와 독서를 구분해서 생각합니다. 틀린 생각은 아닙니다. 이 둘을 같은 것이라고 말할 수는 없습니다. 하지만 이 둘이 완전히 다른 것도 아닙니다. 이 둘 사이에는 분명한 공통점이 있으니까요.

바로 무언가를 읽고 새롭게 배워간다는 점입니다. 학습 읽기를 통해 이 둘 사이의 공통점을 활용할 수 있습니다. 그러면 공부와 독서라는 두 마리 토끼를 한 번에 잡을 수 있습니다. 과학 지식책을 학습 읽기함으로써 과학 공부와 독서를 한 번에 하고, 사회 지식책을 학습 읽기함으로써 사회 공부와 독서를 한 번에 할 수 있는 거죠.

학습 읽기에는 여러 가지 장점이 있습니다. 우선 독서와 공부를 동시에 할 수 있어 시간을 절약할 수 있습니다. 독서 따로 공부 따로가 아니라 독서가 곧 공부이고 공부가 곧 독서가 됩니다. 지식도 쌓고 문해력도 기르고 일석이조인 셈이죠. 배경지식은 한층 넓어집니다. 교과서나 문제집만 공부해서는 절대 알 수 없는 내용들이 많습니다. 최상위권이 되려면 이런 상식이 많아야 합니다. 실제로 학교에서 만나는 최상위 1% 아이들의 지식은 교과서를 훨씬 능가합니다. 상위 5%, 10% 아이들 역시 평범한 아이들보다 상식이 풍부합니다. 부족한 상식과 지식을 학습 읽기를 통해 보충할 수 있습니다. 그러니 아이의 하루 공부 중 일부를 지식책 학습 읽기에 투자하세요. 수업을 이해하기 어려울 정도의 아이라면 교과서를 학습 읽기하고, 학교 수업이 특별히 어렵지 않은 아이라면 시중의 지식책으로 학습 읽기를 하면 좋습니다.

③ 실용적 목적으로 읽기

실용적 목적으로 지식책을 읽는 것도 중요합니다. 이는 실제로 필요해서 읽는다는 것을 의미합니다. 지금 여러분은 이 책을 왜 읽고 있나요? 자녀 혹은 본인의 지식책 문해력을 기르려고 읽고 있지 않나요? 그렇다면 여러분은 지금 실용적 목적으로 지식책을 읽고 계신 겁니다. 부동산 투자를 위해 부동산 지식책을 읽거나 불안감을 줄이기 위해 심리 지식책을 읽는 것 역시 실용적 목적의 읽기입니다.

아이들은 부모님이나 선생님의 추천으로 혹은 과제이기 때문에 책을 읽는 경우가 많습니다. 물론 호기심에 읽기도 하고요. 이런 이유도 좋습니다만 만일 어떤 분야의 지식이 실제로 필요해서 읽게 되면 지식책 문해력은 비약적으로 발전할 수 있습니다. 실제로 필요해서 읽을 때는 다른 목적으로 읽을 때와 전혀 다른 방식으로 깊이 읽게 되기 때문입니다. 작은 단서들에 더 많은 주의를 기울이고 더 전략적으로 읽게 되죠. 이해가 안 되는 부분에서 더 많은 노력을 기울이고 중요한 부분에 매진하게 됩니다. 이해가 안 되면 그냥 넘어가던 평소와는 확실히 다른 양상을 보입니다. 지식을 재구성, 재생산하는 데 더 많은 시간을 자발적으로 투자하게 됩니다.

실용적 목적으로 지식책을 읽을 기회를 만들어 주세요. 아이의 취향과 취미에 맞는 지식책을 구입해 주는 겁니다. 그리기를 좋아하는 아이에게는 스케치를 배울 수 있는 지식책을 사주세요. 만들기를 좋아하는 아이에게는 만들기 가이드북을 사주고요. 다양한 소품으로 만들기를 좋아하는 아이에게 자석과 자석에 관한 책을 함께 줄 수도 있겠죠. 돈에 관심이 많은 아이에게는 경제 관련 책을 제공하고요.

특별히 관심 있는 주제가 아니라도 다른 목적과 연결하여 실용적 목적을 키울 수 있습니다. 글쓰기를 좋아하는 아이에게는 알게 된 지식을 설명하는 글을 쓰도록 독려해 보세요. 수다 떠는 것을 좋아하는 아이에게는 가족에게 알게 된 것을 발표할 수 있는 시간을 제공하고요. 유튜브 채널을 운영하고 싶어 하는 아이에게는 책에서 배운 내용을 영상으로 만들도록 도와주세요. 책의 지식을 표현하도록 이끌어 주는 겁니다. 생활 속에서 지식책을 활용하는 것도 좋습니다. 요리책을 읽으면서 아이와 함께 맛있는 요리를 만들어 보세요. 제빵을 해도 좋고요. 새로 산 보드게임 놀이법을 알기 위해 설명서를 읽으세요. 진심으로 알고 싶고 알아야 하는 분야의 책을 읽는 아이는 독서의 자세가 다릅니다. 쉬는 시간을 잊고 잠을 잊어가며 책을 읽게 됩니다.

:: 이해 전략 익히기

이번에는 지식책 독서의 질을 높이는 방법을 알아보도록 하겠습니다. 읽기의 질은 이해 전략과 밀접하게 연결되어 있습니다. 이해 전략은 이해되지 않는 내용을 이해하기 위해 적극적으로 취하는 정신적 행위입니다.

축구를 떠올려 보세요. 스트라이커가 찬 공은 다양한 방향으로 날아갑니다. 골키퍼를 향하기도 하지만 골키퍼 옆으로 날아가기도 하죠. 공이 골키퍼 자신을 향한다면 그냥 막으면 되지만 그렇지 않다면요? 공이 자신의 옆을 지나가려 한다면 골키퍼는 공의 진행 방향으로 온몸을 날려야 합니다. 여기서 공은 내용이고, 골키퍼는 독자입니다. 독자는 의미가 자신을 지나치지 않게 해야 합니다.

그러기 위해서는 수동적으로 가만히 있어서는 안 되며 적극적으로 몸을 움직여야 합니다. 어디로 공이 가는지 판단해 몸을 던지는 것, 이것이 바로 이해 전략입니다. 이해가 안 되는 내용이 있을 때 의미를 이해하기 위해 혹은 좀 더 깊이 이해하기 위해 무엇을 해야 할지 생각하고 결정하고 실행하는 것이지요. 여러 문해력 연구들은 일관되게 이해 전략의 중요성에 대해 강조합니다. 다음은 이해 전략에 관해 밝혀진 연구 결과입니다.

- 훌륭한 독자는 전략적으로 읽는다.
- 이해 전략을 의도적으로 가르치는 것이 텍스트 이해력 개발을 촉진할 수 있다.
- 어린 시절부터 이해 전략의 계발을 시작하면 좋다.

이해 전략을 제대로 수행하지 못하면 문해력이 잘 성장하지 않습니다. 이해 전략을 습득해 이해되지 않는 내용들을 이해해 나가는 경험이 문해력을 키우는 핵심 활동입니다. 무엇을 해야 하는지 알고 할 수 있게 되면 실력은 자연스럽게 늘어나니까요.

그럼에도 불구하고 지식책 이해 전략을 길러주는 교육은 잘 실행되지 않습니다. 우선 학교에서 교과서 이외의 지식책을 사용하는 경우

자체가 드뭅니다. '1학년 교실에서 지식책 사용 시간이 하루 3.6분에 불과하다'고 밝혔듯 학교에서 지식책은 거의 사용되지 않습니다. 20년 동안 초등교사로 있으면서 교과서 외 지식책을 수업에 사용하는 선생님은 별로 보지 못했습니다. 그림책, 동화책을 읽어주는 선생님은 늘어나고 있지만 지식책을 활용하는 선생님은 여전히 드뭅니다. 심지어 교과서도 제대로 사용되지 않고 있습니다. 아이들 스스로 교과서를 이해하도록 도와주기보다는 교과서를 풀어서 설명하는 식으로 수업이 이루어지고 있지요.

이해 전략이 제대로 지도되지 못하는 이유는 지금까지의 문해 교육이 주로 답을 묻고 대답하는 형식이기 때문입니다. 예를 들어 'A는 B이다'라는 내용의 글이 있으면 선생님은 "A는 무엇입니까?"라고 묻습니다. 그러면 문해력이 높은 아이들이 "B입니다"라고 답을 하는 식으로 수업이 진행됩니다. 그러면 나머지 아이들은 '그렇구나' 하고 넘어갑니다.

하지만 나머지 아이들의 문해력이 늘었을까요? 아닙니다. 문해력은 스스로 찾을 때 늘지 다른 사람이 찾은 답을 들었다고 늘지 않아요. 문해력을 키우기 위해서는 스스로 답을 찾는 경험이 필요합니다. 그리고 스스로 답을 찾기 위해서는 이해 전략이 필요한 거고요. 문해력을 높이기 위해서는 'A는 무엇일까'라는 질문을 머릿속에 가지고 이에 대한 답을 찾기 위해 각자가 전략적으로 머리를 써야 합니다. 하지만 이런 노력은 우등생밖에 하지 않습니다. 나머지 아이들은 누군가 답을 하길 가만히 앉아서 기다리고만 있습니다.

우등생이 질문에 답을 할 수 있는 이유는 이해 전략을 사용했기 때문입니다. 배운 적이 없어도 스스로 이해 전략을 사용하는 아이들이 있습니다. 이런 아이들이 우등생이 되는 겁니다. 반면 대다수의 아이들은 이해 전략을 사용하지 않기 때문에 공부도, 독서도 안되는 겁니다. 이런 아이들이 배워야 하는데 우등생이 답했기 때문에 수업은 그냥 흘러가게 되고 나머지 아이들은 그렇게 모르는 채 진도만 나가게 됩니다. 이런 이유로 수업은 문해력을 길러주는 시간이 아닌 현재 가진 문해력을 확인하는 시간이 되어 버렸습니다. 못하는 아이들이 배우는 시간이 아닌 이미 잘하고 있는 아이를 한 번 더 확인하는 시간이 되는 거죠. 그래서 아이들의 문해력이 잘 성장하지 않고 있습니다.

이런 일은 가정에서도 똑같이 벌어지고 있습니다. 답을 물어서 알면 아는 것이고 모르면 부모가 답을 말해주죠. 스스로 이해할 수 있도록 이해 전략을 훈련시켜주는 경우는 보기 어렵습니다. 물론 그 과정에서 배우는 것이 전혀 없는 것은 아닐 겁니다. 안 하는 것보다야 낫겠죠. 하지만 들이는 노력과 시간 대비 너무 효과가 낮아요. 이런 점이 너무 안타깝습니다. 이해 전략을 제대로 가르치기만 해도 아이들의 문해력이 쑥쑥 커질 텐데요.

이해 전략을 가르치지 않는 이유는 이해 전략을 사용할 줄 아는 어른과 우등생 모두 이를 은연중에 사용하고 있기 때문입니다. 이해 전략을 의식적으로 알고 의도적으로 사용하는 것이 아니라 자신도 모르게 본능적으로 사용한다는 의미입니다. 무의식적으로 한 행위이기에 이해를 위해 무엇을 해야 하며 그것을 어떻게 가르쳐야 하는지 인지하지 못하는 겁니다. 그래서 무엇을 가르쳐야 하고 어떻게 가르쳐야 하는지 모릅니다. 그냥 '쟤는 왜 이렇게 단순한 것을 이해하지 못할까?'라고 생각하는 겁니다. 그러면 집중하지 않아서 혹은 머리가 나빠서 등 다른 원인에 책임을 돌리게 되는 일이 벌어지고요.

아이의 문해력을 기르기 위해서는 이해 전략을 표면화하는 것이 중요합니다. 우리가 은연중에 사용하는 이해 전략을 겉으로 드러내는 겁니다. 그리고 이를 의도적으로 가르치고 배우며 함께 연습해야 합니다. 그러면 보통의 아이는 물론 뒤처진 아이도 글을 읽고 이해할 수 있게 됩니다. 글이 이해되기 시작하면 집중력도 저절로 나아지고 "머리가 나빠서"라는 말도 쏙 들어가게 됩니다. 제가 20년간 지도했던 아이들 중에 이해 전략을 연습하고도 문해력이 나아지지 않은 아이는 한 명도 없었습니다. 아이들이 배워야 하는 이해 전략은 2부에서 하나씩 알아가도록 하겠습니다.

'학습 읽기'로 실천하는 문해 중심 교육

:: 노동자 교육과 엘리트 교육

교육이라는 단어를 들으면 어떤 모습이 떠오르나요? 학교나 학원에서 선생님이 아이들에게 설명하는 모습 혹은 가정에서 부모가 아이들을 가르치는 모습이 떠오르지 않나요? 우리는 교육 하면 어른이 아이에게 지식을 설명하는 이런 모습을 당연하게 생각합니다. 하지만 이는 당연한 것이 아닙니다. 여러 방법 중 하나일 뿐입니다. 우리나라 교육이 이런 모습을 띠게 된 것은 해방 이후 교육 모델을 미국 공립학교에서 가져왔기 때문입니다.

미국 공립학교는 가난한 이들을 위한 학교로 학비가 없습니다. 여기서는 읽기Reading, 쓰기wRiting, 셈하기aRithmetic의 3R's라고 부르는 기본적인 소양 교육 이후 설명하고 가르치는 지식 교육을 합니다. 지금 우리가 하고 있는 교육과 같은 모습입니다. 반면 사립학교도 있습니다. 미국 사립학교는 한 학기에 등록금이 몇백만 원에서 몇천만 원까지 하는 부유한 이들을 위한 학교입니다. 사립학교에서는 공립학교와 달리 설명하는 수업을 최소화하고 책을 읽고 토론하고 글을 쓰는 지혜 교육을 중심으로 합니다. 미국 공립학교와 사립학교의 교육 방식이 왜 다르냐고요? 애초에 학교 설립 목적 자체가 다르기 때문입니다. 공립학교의 목적은 공장에서 기계적이고 반복적인 일을 수행할 수 있는 말 잘 듣는 사람을 만드는 것이었습니다. 사립학교의 목적은 사회 여러 분야에서 자신의 의견을 말하고 사람들을 이끌고 나갈 수 있는 리더를 키우기 위한 것이었고요. 그래서 공립학교에서는 명령을 내리고 지식을 주입한 후 이를 잘 기억하고 반복해서 수행할 수 있는지 평가합니다. 반면 사립학교는 다양하고 많은 생각을 접하게 하고 이에 대해 스스로 생각할 수 있는지를 평가합니다*.

　너무 과한 억측 아니냐고 생각하실지 모르지만, 역사적으로 실제 설립 목적이 그랬습니다. 세계 최초의 공립학교는 산업화 이후 영국에서 부르주아들에 의해 세워졌습니다. 부르주아들은 왜 공립학교를 세웠을까요? 사회에 이바지하기 위해서? 공공의 이익을 위해서? 아닙니다. 바로 말 잘 듣는 노동자를 양성하기 위해서였습니다. 기계가 발명되자 부르주아들은 돈을 벌기 위해 공장을 세웁니다. 공장을 세웠으니

---

*미국, 영국의 사립학교의 경우로 우리나라 사립학교를 뜻하지는 않습니다.

일할 노동자가 필요했겠죠. 그래서 도시로 몰려든 부랑자들을 데려다 고용합니다. 그런데 이들을 부리기가 너무 힘든 겁니다. 읽지도 쓰지도 셈하지도 못하니 효율이 떨어지고 여러 가지 문제들이 생겼습니다. 게다가 시간도 지키지 않고 말도 잘 듣지 않았습니다. 직원들의 교육 수준이 너무 낮아 공장 운영에 차질을 빚자 부르주아들은 그들을 교육하기로 합니다. 그렇게 최초의 공립학교가 생겨났습니다.

공립학교에서는 읽기, 쓰기, 셈하기를 가르쳤습니다. 문서로 보고하고 보고받기 위해서였습니다. 9시까지 등교해 하교 시간까지 자기 자리에 앉아 있는 걸 가르쳤습니다. 9시까지 출근해 퇴근 시간까지 자기 자리에서 작업하는 직원을 기르기 위해서였습니다. 생각할 기회는 주지 않고 선생님의 설명을 그냥 외우게 했습니다. 상사의 지시를 판단하지 않고 그냥 수행하도록 하기 위해서였습니다. 공립학교의 모든 시스템은 공장 운영을 원활히 하기 위한 목적에서 출발했습니다.

부르주아들은 그들의 자식을 공립학교에 보내지 않았습니다. 부르주아들은 그들의 아들딸이 남이 시키는 대로 하는 사람으로 키울 생각이 없었습니다. 그들의 아들딸이 리더가 되기를 원했습니다. 남의 명령을 따르는 사람이 아닌 명령을 내리는 사람이 되기를 바란 것입니다. 그래서 부르주아들은 부르주아 자식들끼리 따로 모아 교육을 했습니다. 이것이 바로 엘리트 교육이며 사립학교의 시초입니다. 그렇다면 사립학교에서는 무엇을 했을까요? 바로 책을 읽고 토론하고 글을 쓰도록 했습니다. 선생님의 설명을 듣고 그것을 앵무새처럼 반복하는 인간이 아닌 책을 읽고 스스로 이해해 자신의 생각을 말과 글로 다른 이들에게 설득할 수 있는 사람을 키우고자 한 것입니다. 그래서 미국의 사립학교는 지금도 읽고 쓰고 토론하는 교육을 합니다.

물론 현재의 공립학교가 지금도 그런 불순한 목적으로 아이들을 교육하는 것은 아닙니다. 지금은 아이들이 각자 자신의 꿈을 이룰 수 있도록 돕기 위해 교육하고 있습니다. 모든 선생님과 부모가 그런 마음으로 아이를 교육하죠. 하지만 안타깝게도 교육 방법은 전혀 바뀌지 않았습니다. 말 잘 듣는 공장 노동자를 키우기 위해 썼던 그 방법을 여전히 지금도 그대로 사용하고 있습니다. 그것이 뭐가 잘못된 건지 알지 못한 채 말입니다. 방법이 그대로인데 과연 결과가 바뀌었을까요?

:: 설명 중심 교육과 활동 중심 교육

해방 이후 우리나라에 들어온 근대 교육은 안타깝게도 미국 공립학교에서 실행하던 설명 중심 교육입니다. 가장 많은 사람을 가장 싼 값에 가르칠 수 있는 방법이라 세계에서 가장 가난한 나라에는 다른 선택이 없었습니다. 낫 놓고 기역자도 모르는 아이들이 새까맣게 많던 시절, 학교도 교사도 책도 심각히 부족하던 시절에 엘리트 교육을 할수는 없었기 때문입니다. 하지만 이제는 상황이 바뀌었습니다. 출산율은 낮아져 한 반에 십여 명의 아이들밖에 없습니다. 교육 예산이 늘어 무상 교육에 무상 급식, 각종 보조금이 쏟아지고 있습니다. 예산이 남아 멀쩡한 보도블럭을 교체하는 세상입니다. 이제는 교육을 바꿀 수 있는 상황이 되었습니다. 하지만 자원은 늘었으나 철학이 늘지 않았습니다. 무엇이 문제인지 인식하지 못한 채 여전히 같은 교육이 반복되고 있는 것이 대한민국의 현실입니다.

설명 중심 교육은 교육 효과가 매우 떨어집니다. 설명을 듣고 제대로 배울 수 있는 아이는 대략 20% 내외에 불과합니다. 설명 중심 수업은 교사와 상위권 아이들 사이의 문답으로 진행됩니다. 선생님이 설명하고 질문하면 두뇌 회전이 빠른 아이들 혹은 이미 답을 아는 아이들이 답합니다. 그러면 선생님은 여기에 호응하고 다음 설명으로 넘어가게 되지요. 두뇌 회전이 느린 80%의 아이들은 제대로 이해하지 못한 상태에서 넘어가는 겁니다. 아이마다 정도는 다르지만 대부분의 아이들은 이런 과정에서 학습 결손이 누적되게 됩니다.

이런 상황에 대한 문제의식이 커지자 새로운 교육 방식이 들어왔습니다. 바로 활동 중심 교육입니다. 다양한 활동을 통해 지식을 습득할 수 있도록 의도된 교육입니다. 아이들은 게임, 놀이, 체험 등 다양한 활동을 통해 지식을 습득합니다. 예를 들어 시장 놀이를 하면서 생산과 소비에 대해 배우는 식입니다. 활동 중심 교육은 아이들이 좋아해서 교사 커뮤니티를 중심으로 전국적으로 퍼져나갔습니다. 하지만 여기에도 심각한 문제가 있습니다. 활동은 재미있어서 아이들이 좋아하는데 실제로 배우는 것은 극히 적다는 겁니다. 놀이에 정신이 팔려서 배움이 사라져 버린 겁니다. 아이들이 재미있어하니 수업이 잘되었다고 교사들이 착각해 이런 수업이 지금도 계속 시행되고 있습니다.

가정에서도 마찬가지입니다. 엄마표 공부 혹은 홈스쿨링을 부모가 아이에게 지식을 설명해 주는 것으로 생각하시는 분이 많습니다. 좀 더 자유로운 교육을 원하시는 분은 아이를 박물관으로 데려가고 역사 여행을 떠나기도 하고요. 이들은 모두 앞서 말한 설명 중심 교육과 활동 중심 교육에 불과합니다. 열심히 해도 생각보다 효과가 작을 수밖에 없습니다.

지금 당장 기존의 교육 방식에서 벗어나 학습 읽기를 중심으로 하는 문해 중심 교육을 실천해야 합니다. 어른이 지식을 설명하면 아이가 이를 듣고 외우고 반복하는 교육이 아닌, 학생이 직접 책을 읽고 토론하고 글을 쓰는 교육을 해야 합니다. 물론 기존의 교육이 100% 아무런 효과가 없다는 뜻은 아닙니다. 하지만 절대 교육의 중심이 될 수는 없습니다. 아이들에게 정말 필요한 것은 문해 중심 교육입니다. 4차 산업 혁명과 AI로 대표되는 미래에 대한민국 교육이 나아가야 할 방향은 학습 읽기를 중심으로 하는 문해 중심 교육입니다.

:: 문해 중심 교육이 답이다

그렇다면 문해 중심 교육이란 도대체 무엇일까요? 문해 중심 교육은 글을 읽고 이해하는 과정이 핵심입니다. 예를 들어 생산과 소비에 대해 배울 때 설명 중심 교육처럼 어른이 생산과 소비를 설명하거나 활동 중심 교육처럼 놀이하고 체험하는 데 많은 시간을 쓰지 않습니다. 문해 중심 교육에서는 생산과 소비에 대한 글을 읽고 이해하기 위해 대화와 토론을 통해 생각을 끌어내고 글을 씁니다. 교육 활동 전반이 책을 읽고 생각하고 토론하고 글 쓰는 데 할애되는 겁니다. 책을 어른이 풀어서 쉽게 설명해 주는 것이 아니라 아이가 스스로 읽고 이해하고 생각할 수 있도록 도와주는 겁니다.

저는 문해 교육을 학교와 가정에서 계속 실천해 오고 있습니다. 학교에서는 주로 교과서를 읽습니다. 아이들은 교과서를 읽고 친구와 함께 대화를 통해 내용을 파악합니다. 서로 설명하고 질문하면서 내용에 대해 계속해서 생각하게 만드는 겁니다. 문해 중심 교육의 효과는 매우 뛰어났습니다. 수업을 전혀 듣지 않고 공부와는 완전히 담을 쌓은 아이들조차 변했습니다. 엎드려 있던 아이들, 몰래 그림만 그리던 아이들, 망상에 빠져 있던 아이들이 모두 수업에 참여하기 시작했습니다. 설명을 듣거나 활동만 할 때는 내용을 전혀 이해하지 못하던 아이들이 변하기 시작했습니다. 이해하기 시작했고, 수업에 참여하기 시작했고, 공부에 흥미를 느끼기 시작했습니다. 역사가 지긋지긋하다고 하던 아이들이 역사 시간을 기다리기 시작했습니다. 수학 점수가 30점을 넘어본 적 없던 아이가 90점을 맞아서 동네 파티를 연다고 했습니다. 자기 인생에 공부가 재미있다고 말할 줄은 상상도 못 했다고 말하는 아이도 있었습니다. 이 모든 게 문해 중심 교육 덕분이었습니다.

가정에서도 문해 중심 교육을 실천하고 있습니다. 저희 아이들은 사회, 과학 분야의 다양한 지식책을 읽고 글쓰기를 합니다. 매일매일 학습 읽기를 실천하고 있는 겁니다. 이를 통해 폭넓은 배경지식은 물론 지식책을 읽고 이해, 정리하는 법도 배우고 있습니다. 이런 공부는 시간이 지날수록 효과를 발휘하고 있습니다. 저희 아이들은 사교육을 전혀 받지 않아 1, 2학년 때는 주변 친구들에 비해 부족해 보였습니다. 하지만 3학년이 되자 평범한 수준이 되었고 4학년이 되자 두각을 나타내기 시작했습니다. 지금은 수행평가는 모두 매우 잘함을 받아오고 단원평가는 거의 매번 100점에 가깝습니다. 집에서 학교 공부는 전혀 따라가지 않고 있는데도 말입니다.

그 이유는 바로 학습 읽기를 통해 지식책 문해력이 길러졌기 때문입니다. 지식책을 읽으면서 집중력이 길러지고 이해력이 길러지고 정리해서 자기 것으로 만드는 학습력이 길러지기 때문입니다. 지식을 소화할 수 있는 힘이 생기니 수업을 들으면 이해하기 쉬운 겁니다.

문해 중심 교육은 매우 중요한 장점을 가지고 있습니다. 우선 아이들이 잘 배웁니다. 어른의 설명은 이해하지 못한 채 지나가는 경우가 많지만 학습 읽기를 하면 그렇지 않습니다. 내가 나의 속도에 맞춰 공부할 수 있습니다. 재미있는 활동에 빠져 무엇을 배우는지 놓치는 일도 없습니다. 공부해야 할 핵심 내용을 아이들 스스로 읽고 이해했기 때문에 이해의 깊이가 깊습니다. 지식과 문해력이 함께 성장한다는 장점도 있습니다. 사회책을 읽으면 사회 지식을 습득하는 동시에 문해력이 함께 커집니다. 과학책을 읽어도 마찬가지고요. 책을 읽을 때마다 책에 담긴 지식은 물론 글을 어떻게 읽고 이해해야 하는지 경험이 매시간 차곡차곡 쌓입니다. 그러니 이제는 더 이상 '어떻게 더 쉽게 설명할까?', '어떻게 더 재미있게 활동할까?'라고 고민하지 마시기 바랍니다. '지식책을 읽고 아이들이 스스로 이해하려면, 나는 무엇을 해주어야 할까?'라고 질문하시기 바랍니다.* 그리고 그 방법은 2부에서 자세히 알아보겠습니다.

---

*이와 관련된 수업 방법이 궁금하다면 『질문이 살아나는 학습대화』와 『질문이 살아나는 학습대화 활용편』을 추가로 읽어보기를 바랍니다.

◆

2부

지식책,
이렇게 읽어야 합니다

4장

지식책으로
생각하고 정리합니다

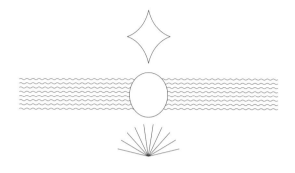

지식과 생활 연결하기

지식에 대한 사람들의 태도는 다양합니다. 어떤 이는 주변에서 늘 정보를 얻고자 하며 작은 정보에도 관심을 가집니다. 사소한 일을 결정할 때도 정보를 찾아보고 최선의 선택을 하려 합니다. 반면 어떤 이는 정보에 둔감하여 관심을 두지 않습니다. 중요한 결정을 하면서도 정보를 찾아볼 생각 없이 단지 감으로 움직입니다. 당연히 일의 결과는 늘 기대에 미치지 못합니다. 아이들은 이중 후자에 더 가깝습니다. 지식에서 특별히 재미를 느끼지도 않고 어떻게 보고 어떻게 활용해야 하는지 모르죠.

지식책 문해력을 기르려면 우선 지식에 관심을 가져야 합니다. 생활 속에서 사용 가능한 지식을 찾아 잘 활용하려는 마음이 필요합니다. 이런 태도를 갖추지 않으면 주변에 아무리 많은 정보가 있어도 소용이 없습니다. 눈앞에 중요한 정보가 있어도 그냥 흘려보내게 됩니다. 사람은 자신이 보고자 하는 것만 보게 되니까요. 평소 정보에 관심을 가지고 있던 사람만이 정보가 나타났을 때 이를 알아보고 잡을 수 있습니다. 아이에게 이런 태도를 길러주기 위해서는 생활 속에서 지식을 발견하고 지식과 생활을 연결하는 경험이 필요합니다.

:: 생활 속에서 지식 발견하기

지식은 조금은 낯설고 어려운 대상입니다. 그래서 처음부터 책으로 지식을 제공하면 아이들의 흥미를 끌기 쉽지 않습니다. 그래서 지식책은 본격적으로 읽기 전에 먼저 준비가 필요합니다. 책에도 익숙해지고 지식에도 익숙해져야 합니다. 그래야 이 둘이 만난 지식책을 수월하게 읽을 수 있어요. 책에 익숙해지는 것은 이야기책이면 됩니다. 아이가 책을 즐거운 대상으로 받아들일 때까지 꾸준히 읽어주세요. 그렇다면 지식에 익숙해지기 위해서는 무엇을 해야 할까요? 생활 속에서 지식을 발견하고 알아볼 필요가 있습니다. 우리 주변에서 쉽게 보고 늘 경험하는 모든 것에 지식이 숨어 있다는 걸 경험하는 겁니다.

예전에 와인을 즐겼던 적이 있어요. 늦은 밤 방에서 조용히 혼자 마시다 보니 한 병을 다 마시기는 너무 많더군요. 버리기는 아깝고 코르크로 막아두자니 불편하고 그러다가 알게 된 것이 진공 와인 마개였습니다. 플라스틱 마개로 병을 막은 후 펌프를 이용해 병 내부를 진공으로 만드는 원리였습니다. 진공 와인 마개를 구입해 처음으로 공기를 빼고 있던 중 아이가 다가와서 "무엇을 하냐?"고 묻더군요. 그래서 저는 아이와 진공 와인 마개에 대해 이야기를 시작했습니다. 진공이 무엇인지, 왜 와인을 진공 상태로 두는 게 좋은지, 어떻게 하면 진공이 되는지에 대해 대화를 나누었죠. 이야기를 나누던 아이가 "그럼 진공청소기도 같은 거냐?"고 묻더군요. 저는 진공청소기는 그 안이 진공이 되면서 공기와 함께 먼지를 빨아들인다고도 설명했습니다. 그리고 나서 유튜브에서 진공청소기의 원리를 설명하는 영상을 보면서 더 많은 대화를 나누었습니다.

또 한번은 냉동식품이 배달되어 왔습니다. 상자를 열어보니 드라이아이스와 아이스팩이 함께 들어 있었습니다. 저는 아이들에게 재미있는 것을 보여주겠다고 말한 후 큰 그릇에 물을 받았습니다. 그리고 드라이아이스를 꺼내 그 안에 집어넣었습니다. 그러자 순식간에 하얀 기체가 보글보글 올라왔습니다. 처음 보는 광경에 아이들의 눈이 휘둥그레졌습니다. 한참을 웃고 떠들며 신기해하던 첫째 아이가 묻더군요. "아빠, 이건 왜 이런 거야?" 그 길로 아이들과 함께 물체에 대해 이야기를 나눴습니다. 모든 물체는 고체, 액체, 기체로 나눌 수 있으며, 얼음은 고체, 물은 액체, 수증기는 기체라고 알려주었습니다. 그리고 주변에서 고체, 액체, 기체로 된 물질들을 찾아봤어요. 다음으로 물질은 보통 고체에서 액체로, 액체에서 다시 기체로 변하는데 드라이아이스는 특이하게 고체가 액체를 거치지 않고 바로 기체로 변한다는 사실도 알려주었습니다. 드라이아이스^{Dry ice}라는 이름에 비밀이 숨어 있으니 생각해 보라고 했습니다. 아이들은 헤어드라이어에서 드라이를 찾고, 아이스크림에서 아이스를 찾았습니다. 그리고 나서는 눈앞의 현상과 단어를 연결해 액체가 나오지 않는 마른 얼음이라는 결론에 도달했고요.

이런 경험을 한 아이들은 지식을 더 이상 낯설게 생각하지 않습니다. 지식이 우리와 아무런 상관없이 동떨어진 무언가가 아니라 우리 주변에 늘 존재한다는 사실을 깨닫게 되기 때문입니다. 그러면 지식책을 더 호기심 어린 눈으로 바라보게 됩니다. 아이에게 알려줄 만한 지식이 주변에 별로 없다고 생각하시는 분도 계실 겁니다. 전혀 그렇지 않습니다. 우리 주변의 모든 곳에 지식이 있습니다. 우리가 살고 있는 모든 곳이 사회이며, 우리가 겪고 있는 모든 현상이 과학입니다. 열린 눈으로 보면 주변의 모든 것이 지식이며, 모든 순간이 지식을 나눌 수 있는 기회입니다. 담요를 덮으면 왜 따뜻한지, 겨울에 실내에서 안경은 왜 뿌옇게 변하는지, 사람은 왜 도시에 많이 사는지 등 모든 것이 다 지식입니다. 지금 주변을 한번 둘러보세요. 그리고 눈에 보이는 바로 그것에서 관련된 지식을 찾아보세요.

:: 지식과 생활 연결하기

지식과 생활을 연결할 때는 단순 정보를 넘어 지식으로 접근할 필요가 있습니다. 예를 들어 초코파이 한 박스 안에 초코파이가 몇 봉지

들었을지는 단순 정보입니다. 정보는 주변에 차고 넘칩니다. 중요한 것은 단순 정보가 아닌 정보를 찾으려는 태도와 습관 그리고 정보를 찾을 수 있는 능력입니다. 이를 위해서 아이들은 다음의 세 가지를 배워야 합니다. 바로 정보 인식, 정보 활용, 관련 지식 학습입니다. 이 세 가지는 개별적으로 이루어질 수도 있고 하나의 절차로 연결될 수도 있습니다.

① 정보 인식

정보 인식은 정보에 관심을 갖고 주변에서 찾는 태도를 말합니다. 초코파이 한 통이 있다면 이렇게 물어보세요. "이 통 안에 초코파이가 몇 개 들어 있을까?" 박스를 열지 않고도 알 수 있는 방법이 있다고 알려주세요. 박스에 인쇄된 글을 통해 정보를 얻을 수 있다는 사실을 경험하는 겁니다. 너무 쉽다고요? 난이도를 올리세요. 이 과자는 어디에서 만들었는지 물어보세요. 인터넷 지도에서 주소를 검색해 위치를 확인해 보세요. 영양 분석표를 살펴보세요. 탄수화물, 지방, 단백질이 얼마나 들었는지 확인해 보세요.

② 정보 활용

정보 인식이 정보의 존재를 파악하는 것이라면, 정보 활용은 정보를 알맞게 사용하는 겁니다. 정보를 우리 필요에 맞게 사용하는 거죠. 정보와 지식에 관심을 가지려면 단순한 호기심으로 찾아보는 것을 넘어 실제로 삶에 도움이 됨을 느껴보는 것이 중요합니다. 탐구가 스타일의 아이들은 특별히 도움이 되지 않아도 지식과 정보 그 자체를 좋아하지만, 실제로 이런 아이들은 많지 않습니다. 대부분의 아이들은 그냥 뛰어놀기에 바쁘지요. 이런 아이들도 정보 활용이 나에게 도움이 된다는 사실을 느끼면 정보에 관심을 가지게 됩니다.

마트에 가서 여러 초코파이의 가격을 비교해 보세요. 하나는 4,320원이고, 다른 하나는 5,780원입니다. 4,320원짜리가 더 싸군요. 그런데 4,320원짜리는 12팩이 들어 있고, 5,780원짜리는 18팩이 들어 있었습니다. 그러면 무엇이 더 싼지 어떻게 확인할까요? 나누기를 할 수도 있겠지만 가격표에 10g당 가격이 적혀 있네요. 4,320원짜리는 10g당 92원이고, 5,780원짜리는 10g당 82원입니다. 용량을 기준으로 생각하면 5,780원짜리 초코파이가 더 싼 셈입니다.

이처럼 정보를 찾아서 활용할 줄 알면 도움이 된다는 사실을 알려주세요. 정보를 찾아보면 돈, 시간, 에너지를 아낄 수 있다고 알려주세요. 만약 여행을 간다면 여행 안내문을 통해 아이와 함께 여행 정보를 찾아보세요. "가볼 만한 곳이 어디에 있을까?", "거기에 가면 무엇을 할 수 있지?", "입장료는 얼마지?"라고 물을 수 있습니다. 안내문을 읽어본 덕분에 더 알차고 재미있는 여행이 된 경험을 해보는 겁니다.

③ 관련 지식 학습

관련 지식 학습은 확인한 정보와 관련된 지식을 배워보는 겁니다.

예를 들어 초코파이 박스에는 탄수화물, 지방, 단백질 함량에 대한 정보가 적혀 있습니다. 그러면 탄수화물, 지방, 단백질이 무엇인지, 단백질이 많이 들어간 음식에는 무엇이 있는지 등이 관련 지식이 됩니다. 눈앞에 주어진 정보와 연결된 추가적인 지식을 알아보는 겁니다. 와인 마개를 통해 진공을 배우고, 드라이아이스를 통해 물질의 상태를 배우는 것처럼요. 크레용 박스에서, 마트 전단지에서, 보드게임 설명서에서, 장난감 상자에서 정보를 찾으세요. 그리고 이와 관련한 지식을 찾아보세요. 책을 찾아보고, 유튜브도 시청하세요. 놀이터에 가면 자유낙하를, 시장에 가면 거래와 소비를, 공장에 가면 생산을 배울 수 있습니다. 콘센트에서는 전기를, 냉장고 자석에서는 자기장을, 동물원에서는 생물에 대해 생각해 볼 수 있습니다. 이런 식으로 확장하면 우리 주변의 모든 물건과 현상에서 많은 것을 배울 수 있습니다.

정보를 찾고 이해하고 활용하고 관련 지식을 배우는 과정을 아이와 함께 해주세요. 질문을 통해 아이가 스스로 생각하도록 이끌어 주세요. 아이의 대답이 틀리면 새로운 질문으로 다시 탐색하고 확인하게 도와주세요. 아이가 막힐 때 잠깐 도와주되 다시 아이가 직접 하도록 유도하는 것이 중요합니다. 부모가 혼자 묻고 혼자 답하면서 아이가 구경하도록 해서는 안 됩니다. 그러면 아이는 지식을 습득하기 어렵습니다.

때로는 거꾸로 아이에게 질문을 해보라고 하세요. 초코파이 상자를 보고 엄마에게 퀴즈를 내보라고 하는 겁니다. 이런 기회는 아이로 하여금 정보를 좀 더 꼼꼼히 찾아보게 만듭니다. 자신이 문제를 낸다는 사실이 아이를 신나게 만들기 때문이죠. 퀴즈는 오픈북 테스트로 합니다. 즉, 상자를 보고 답하면 된다는 뜻입니다. 정보를 알고 있느냐, 외우고 있느냐가 아니라 필요한 정보를 정확하게 찾을 수 있느냐가 중요하기 때문입니다.

배경지식 확장하기

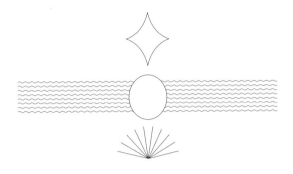

독자의 배경지식은 지식책을 읽을 때 이해하고 흡수할 수 있는 지식의 양을 결정합니다. 더 많은 배경지식은 더 많은 지식을 학습하게 합니다. 반대로 더 적은 배경지식은 더 적은 지식을 학습하게 하고요. 그러니 배경지식을 확장하는 것이 중요하겠죠. 더 많은 지식을 학습할 수 있도록 배경지식을 확장하는 방법에는 배경지식 활성화와 배경지식 추가가 있습니다.

:: 배경지식 활성화

배경지식 활성화는 머릿속에 잠들어 있는 배경지식을 깨우는 일입니다. 이미 가지고 있지만 지금 떠올리고 있지 않은 지식을 떠올리는 겁니다. 우리 머릿속에는 많은 지식이 들어 있습니다. 하지만 지금 이 순간 그 지식들을 인식하고 있지는 않습니다. 머릿속 지식은 잠들어 있다가 적절히 자극하면 깨어납니다. 그러면 우리 머릿속에 떠오르며 이를 인식하게 됩니다. 마치 스마트폰에 저장해 둔 사진과 같습니다. 스마트폰에는 수많은 사진이 저장되어 있지만 모든 사진들이 현재 화면에 떠 있지는 않습니다. 앨범으로 들어가서 터치해 주면 화면으로 떠오릅니다. 배경지식 활성화란 바로 이런 작업입니다. 머릿속에 들어는 있지만 불러내지 않아 잠들어 있는 지식을 터치하는 것 말입니다.

① 브레인스토밍

브레인스토밍은 뇌Brain에 폭풍Storming을 일으켜 여러 생각들을 불러내는 아이디어 기법입니다. 긴 설명보다 간단한 실습으로 이해를 도와드리겠습니다. 지금부터 여러분이 알고 있는 동물의 이름을 말해보세요. 최대한 많이 계속해서 말하는 겁니다. 너무 길다 싶으면 멈춰도 됩니다. 준비되셨나요? 그럼 시작해 보세요.

어떤 동물들이 떠오르셨나요? 저는 소, 개, 닭, 말, 호랑이, 게, 원숭이, 참새, 고래, 사자, 고양이, 낙타 등이 떠올랐습니다. 이게 바로 브레인스토밍입니다. 어떤 주제에 대해 항목, 예시, 방법 등을 아무런 제한 없이 최대한 많이 말하는 겁니다. 브레인스토밍은 읽고자 하는 지식책과 관련된 배경지식을 깨우는 데 쓰면 효과적입니다. 책을 읽기 전 제목이나 목차를 보고 아이와 함께 브레인스토밍을 해보세요. 읽다가 새로운 챕터의 제목을 보고 해봐도 좋습니다. 책과 관련된 내용들이 떠올라 훨씬 수월하게 책을 읽을 수 있을 것입니다. 다음은 브레인스토밍의 예시입니다.

- **동물에 관한 책을 읽을 때**-알고 있는 동물 이름을 10개 이상 말하기
- **해충에 관한 책을 읽을 때**-알고 있는 해충 이름을 10개 이상 말하기
- **전기에 관한 책을 읽을 때**-우리집에 있는 전자기기를 모두 말하기
- **역사에 관한 책을 읽을 때**-내가 알고 있는 독립투사의 이름 말하기
- **명절에 관한 책을 읽을 때**-공휴일을 최대한 많이 말하기
- **경제에 관한 책을 읽을 때**-내가 사고 싶은 물건을 말하기

② 관련 경험 떠올리기

인간의 이해는 개인적입니다. 같은 것을 보아도 서로 다르게 기억하고 이해하는 이유는 대상을 개인적 경험과 연결 짓기 때문입니다. 그러니 무언가를 기억, 이해하고자 한다면 개인적인 경험과 연결해 보세요. 개인적 경험을 떠올리고 나면 책의 내용이 한결 친숙하게 다가오고 이해하기도 쉬워집니다. 예를 들어 다음처럼 할 수 있습니다.

- **버섯에 관한 책을 읽을 때**-버섯을 먹어 보았던 경험 말하기
- **모기에 관한 책을 읽을 때**-모기에 물렸던 경험 말하기
- **미술에 관한 책을 읽을 때**-미술관에 가 보았던 경험 말하기

- **역사에 관한 책을 읽을 때**-박물관에 가 보았던 경험 말하기
- **야구에 관한 책을 읽을 때**-가장 기억에 남는 경기에 대해 말하기

아이 스스로 경험을 잘 떠올리는 경우도 있지만 그렇지 못한 경우도 많습니다. 책의 주제를 확인한 후 부모가 먼저 자신의 경험을 말해 보세요. 이런 이야기가 아이의 뇌를 자극하여 기억을 떠올리는 데 도움을 줍니다. 직접 경험이 가장 좋긴 하지만, 보고 들은 간접 경험도 도움이 됩니다. 직접 경험보다는 못하지만 없는 것보다는 낫습니다.

③ KWLM 차트

KWL 차트는 1986년 도나 오글$^{Donna\ Ogle}$이 학습자의 능동적인 학습을 위해 만든 학습 툴입니다. 여기에 필자가 M 단계를 더해 KWLM 차트를 만들었습니다. KWLM 차트는 읽기 전 배경지식 활성화와 읽은 후 내용 정리에 모두 탁월한 효과를 보입니다. KWLM이라는 이름에서 각 알파벳은 단계를 의미하며 그 의미는 다음과 같습니다.

- **K**-알고 있는 것(what I **K**now)
- **W**-알고 싶은 것(what I **W**ant to know)
- **L**-알게 된 것(what I **L**earned)
- **M**-더 알고 싶은 것(what I want to know **M**ore)

K 단계와 W 단계는 책을 읽기 전에 사용합니다. 책을 읽기 전 내가 알고 있는 것과 알고 싶은 것에 대해 기록합니다. KW 단계를 통해 독자의 배경지식을 극대화할 수 있습니다. L 단계와 M 단계는 책을 읽은 후 사용합니다. 알게 된 내용과 더 알고 싶은 내용을 기록합니다. LM 단계는 배운 지식을 정리하고 추가적인 궁금증을 유발해 한 발 더 나아가도록 하는 데 큰 도움이 됩니다.

단계	내용
K : Know 　알고 있는 것	
W : Want to know 　알고자 하는 것	
L : Learned 　배운 것	
M : want to know More 　더 알고 싶은 것	

:: 배경지식 추가

배경지식 추가란 이전까지 몰랐던 배경지식을 새롭게 쌓는 일입니다. 인생은 계속해서 배경지식을 추가하는 과정입니다. 우리는 하루하루 살아가면서 새로운 사실들을 알아갑니다. 그렇게 새로 알게 된 것만큼 사람은 성장하게 됩니다. 배경지식이 더 이상 추가되지 않는 사람은 아무런 발전도 없이 지금까지 살아온 것을 그대로 재생, 반복하며 살아가는 사람입니다. 이런 사람은 아무런 변화도 발전도 없습니다. 그래서 아이들은 계속해서 배경지식을 쌓아야 합니다.

사람이 살아가는 것만으로도 어느 정도의 새로운 배경지식은 쌓여가게 됩니다. 새로운 사람을 만나고 새로운 환경에 처하면서 세상에 대한 이해를 계속 고쳐나가죠. 하지만 배경지식이 쌓여가는 속도는 사람마다 다릅니다. 하루에 1m씩 나아가는 사람도 있고, 하루에 100m씩 나아가는 사람도 있습니다. 어떻게 하면 더 빨리 배경지식을 쌓아갈 수 있을까요?

① 책 살펴보기

책을 읽기 전에는 살펴보기를 통해 책에 대한 배경지식을 추가할 수 있습니다. 살펴보기는 책의 내용을 간략히 미리 보는 활동입니다. 본문을 읽는 일반적인 독서와 달리 책의 제목, 목차와 본문을 간략히 두루두루 살펴보는 일입니다. 읽기 전 책을 간단히 살펴보는 활동이 지식책에 대한 학생들의 이해도를 대폭 증가시킨다는 사실이 연구로 입증되었습니다. 미리 어떤 내용인지 머릿속에서 배경지식이 생기기에 내용이 더 쉽게 이해되는 것이죠. 살펴보기를 하는 방법은 다음과 같습니다.

- 책의 제목을 확인합니다.

- 목차를 보면서 전체적인 구성을 확인합니다.
- 목차에서 특히 관심이 가는 부분이 있다면 해당 페이지를 찾아봅니다.
- 책을 가볍게 스르륵 넘기면서 관심이 가는 페이지를 찾아봅니다.
- 사진이나 삽화 같은 이미지를 중심으로 살펴봅니다.
- 큰 글자, 색 글자, 굵은 글자 등의 글자 효과를 중심으로 살펴봅니다.

사실 책 살펴보기는 이미 여러 번 해보셨을 가능성이 높습니다. 오프라인에서 책을 구매하거나 도서관에서 대여할 책을 고를 때 주로 이런 행동을 하게 되죠. 어떤 내용이고 읽을 만한지 살펴볼 때 이렇게 행동합니다. 책을 고를 때뿐만 아니라 책을 읽기 시작할 때도 해보세요. 저는 읽기 시작할 때는 물론이고 읽는 중간중간에도 이런 행동을 계속합니다. 이렇게 하면 책의 부분적인 내용에 매몰되지 않고 더 넓은 차원에서 이해할 수 있기 때문입니다.

② 넓은 독서

넓은 독서는 다양한 분야의 책을 읽는 것을 말합니다. 관심이 있는 특정 주제를 넘어 여러 주제를 접하는 것입니다. 특정 분야, 특정 작가의 책만 읽는 좁은 독서의 반대말이기도 합니다. 이렇게 말하니 좁은 독서가 나쁜 것처럼 보일 수 있는데 그렇지 않습니다. 좁은 독서는 기초 문해력을 기르는 데 효과적입니다. 읽기를 어려워할 때 잘 아는 분야를 계속 반복해 읽으면 문해력이 좀 더 빨리 성장합니다. 다만 고급 문해력을 기르기 위해서는 점차 넓은 독서로 확장할 필요가 있습니다. 다양한 책을 읽어야 배경지식도 넓어지고 문해력도 성장하기 때문입니다. 아이가 어릴 때는 기초 문해력을 위해 좁은 독서를 활용하세요. 하지만 점차 넓은 독서로 아이를 인도해 주시기를 바랍니다.

③ 다양한 경험

폭넓은 경험을 한 아이들이 더 쉽게 새로운 지식을 배운다는 사실이 여러 연구에서 밝혀졌습니다. 다양한 스포츠를 경험한 아이가 물리를 더 쉽게 이해합니다. 다양한 동물을 길러 본 아이는 생물을 더 쉽게 이해하고요. 블록 놀이를 즐겨 하는 아이는 도형과 규칙성을 더 쉽게 이해하지요. 경주 여행을 다녀온 아이가 그렇지 않은 아이보다 신라 시대를 더 잘 이해할 수 있습니다.

글은 매우 추상적인 도구입니다. 글은 컵이나 동전처럼 손으로 잡을 수 없습니다. 종이는 잡을 수 있지만 글은 잡을 수 없습니다. 글을 붙잡을 수 있는 것은 오직 머리라서 독자는 글의 이해를 위해 자신의 머리에 의지해야 합니다. 이때 머리를 도와줄 수 있는 것이 바로 실제 경험입니다. 사람은 자신이 경험한 것에 대해서는 쉽게 이해하고 기억합니다. 관련 경험이 없으면 손에 기름칠을 한 것과 비슷합니다. 잡은 듯해도 계속 손에서 빠져나가죠. 아이에게 체험과 놀이는 단순한 유희가 아닙니다. 세상을 이해하고 글을 이해하는 밑바탕이 됩니다.

④ 사회적 교류

다른 사람과의 교류는 배경지식을 빠르게 증가시킵니다. 뇌과학에는 사회적 뇌Social brain라는 개념이 있습니다. 나의 뇌가 단순히 내 것이 아니라 우리 것이라는 의미입니다. 물론 물리적으로만 보면 내 머리 안에 들어 있기 때문에 나의 뇌가 맞습니다. 나를 제외한 세상 그 누구도 나의 뇌에 대한 소유권을 주장하지는 못할 겁니다.

하지만 뇌에 들어 있는 정보에 대해 말하자면 이야기가 달라집니다. 한 사람의 뇌에 들어 있는 정보는 그 사람과 함께한 사회에 의해 만들어집니다. 주변에서 보고 듣고 경험한 것들에 의해 뇌는 형성되지요. 그래서 사람의 생각은 고정되어 있지 않습니다. 뉴스를 보고 사람들과 이야기를 나누다 보면 사람의 생각은 실시간으로 변화합니다. 어떤 논쟁에 대해 처음에는 찬성이다가 반대 의견을 듣고 나서 순식간에 변하는 것도 흔한 일입니다.

이처럼 뇌가 사회적으로 구성되기에 타인과의 사회적 교류는 우리의 배경지식 확장에 큰 도움이 됩니다. 내가 경험해 보지 않은 세상과 일에 대해 알 수 있으니까요. 특히 아이들에게 사회적 교류는 더욱 중요합니다. 살아온 시간은 짧고 경험의 폭도 좁아 타인에게서 배울 수 있는 것들이 특히 많기 때문입니다.

⑤ 인터넷 검색

인터넷보다 더 많은 정보를 가진 매체는 세상에 없습니다. 그 어떤 책도 그 어떤 사람도 인터넷보다 더 많은 정보를 가질 수는 없습니다. 게다가 인터넷은 실시간으로 성장 중입니다. 매 1분마다 유튜브에 업로드되는 영상의 총길이는 500시간에 달한다고 합니다. 이를 계산해 보면 하루 24시간 동안 무려 72만 시간에 달하는 영상이 업로드되는 셈입니다. 이는 3만 일 혹은 82년에 해당하는 길이입니다. 정말 엄청난 정보가 매 순간 올라오고 있는 겁니다. 유튜브뿐 아니라 인터넷상의 모든 정보를 합산한다면 도대체 얼마나 많은 정보가 쌓여가는 걸까요? 그러니 배경지식을 쌓기 위한 중요한 매체로 인터넷을 적절하게 활용할 줄 알아야 합니다.

물론 인터넷의 악영향은 주의해야 합니다. 인터넷의 모든 정보가 도움이 되지는 않을 겁니다. 도움이 되는 정보보다 거짓된 정보, 해악을 끼치는 정보가 더 많을 수도 있습니다. 하지만 구더기 무서워서 장 못 담가서는 안 되겠습니다. 게다가 인터넷 사용을 아예 막으려는 것은 손바닥으로 하늘을 가리는 것과 같습니다. 일시적으로 가린 듯 보여도 가린 게 아니라는 말입니다. 억지로 못 보게 하면 아이는 숨어서 더 나쁜 것을 보게 됩니다. 차라리 건강하고 건전한 인터넷 사용 습관을 어린 시절부터 길러주는 것이 중요합니다.

저희 아이가 인라인스케이트를 처음 배울 때 유튜브 영상을 보면서 자세 연습을 했습니다. 제가 인라인스케이트를 잘 탄다면 직접 가르쳐주겠지만 그렇지 않아서 선택한 방법이었습니다. 덕분에 전문적으로 배운 것만큼은 못하지만 공원에서 혼자 재밌게 탈 수 있는 정도는 되었습니다. 둘째 아이가 줄넘기를 한 개도 못 해 속상해할 때 역시 유튜브 영상을 보고 함께 연습했습니다. 영상에서 선수의 자세를 보면서 아이의 자세와 어떤 차이점이 있는지 비교해 보았습니다. 그리고 야외로 나가 직접 해보며 그런 점들을 하나씩 고쳐나갔습니다. 지금은 학교에서 줄넘기 시합을 하면 2등 했다고 아쉬워할 정도로 실력이 향상되었습니다. 또 하루는 연어 스테이크를 구워 주던 중 캐나다에서 연어를 잡아먹던 곰을 본 기억이 떠올랐습니다. 그래서 아이들에게 연어의 회귀 본능과 연어를 잡아먹는 곰에 관해 이야기해 주었습니다. 그러자 아이들이 영상도 보고 싶다고 하더군요. 그래서 유튜브로 연어를 사냥하는 곰들에 관한 영상을 찾아 보여주었습니다.

이제 아이는 무언가 궁금한 게 있으면 유튜브 영상을 보여달라고 합니다. 물론 재미있는 영상을 보기도 하지만 저희 아이에게 인터넷은 궁금증을 해결하는 수단으로 자리를 잡았습니다. 그만큼 배경지식도 넓어지고 깊어지는 것이 눈에 보입니다. 인터넷을 이용해 아이의 궁금증을 풀어주세요. 관련된 책까지 연결해 나간다면 아이의 배경지식이 차곡차곡 쌓여갈 겁니다.

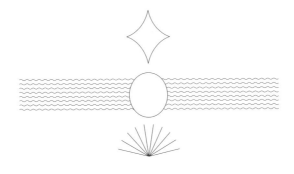

○ 단어 의식 키우기 ○

:: 어휘력의 마태 효과

"무릇 있는 자는 더욱 받아 풍족하게 되고, 없는 자는 있는 것까지
도 빼앗기리라."

마태복음에 실린 문장입니다. 그래서 부자는 더욱 부자가 되고 가
난한 자는 더욱 가난해지는 현상을 마태 효과Matthew effect 라고 부릅니
다. 어휘는 학습에서 마태 효과를 불러일으키는 중요한 요소입니다.
어휘를 많이 아는 아이는 글을 잘 이해합니다. 글을 잘 이해하는 아이
는 더 많은 글을 읽습니다. 글을 더 많이 읽는 아이는 더 많은 어휘에
노출되고 결과적으로 더 많은 어휘를 알게 됩니다. 그리고 이는 다시

처음으로 돌아가 글을 더 잘 이해하게 만듭니다. 반대 현상도 일어납니다. 더 적은 어휘를 가진 아이는 글을 잘 이해하지 못하고 그래서 글을 잘 읽지 않습니다. 그러다 보니 만나게 되는 어휘가 줄어들게 되고 어휘 부족은 더 심각해집니다. 이 역시 처음으로 돌아가 상황은 점점 악화됩니다.

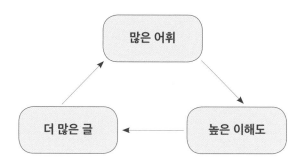

그러니 아이의 문해력을 위해서는 어휘력의 마태 효과를 선순환으로 바꾸어야 합니다. 지금부터 이를 위한 세 가지 방법을 알아보겠습니다. 바로 단어 의식 키우기, 어휘 습득하기, 어휘 학습하기입니다.

단어 의식Word consciousness이란 흥미를 가지고 단어에 주목하는 능력과 태도를 말합니다. 단어 의식 수준에 따라 모르는 단어를 만났을 때 나타나는 행동은 다양합니다. 단어 의식이 높은 아이는 글 속에 숨어있는 생소한 단어를 빨리 인식합니다. 그리고 그 단어에 관심을 가지고 뜻을 알고자 합니다. 또 유사한 어휘 간의 작은 차이를 인식하고 바르게 사용할 줄 압니다. 단어 의식이 낮은 아이는 이와 반대로 행동합니다. 글을 읽다 모르는 단어가 나와도 잘 인식하지 못하고 그냥 지나칩니다. 인식하더라도 큰 관심을 가지지 않는 경우가 많고요. 또 어휘 간의 차이에 둔감하여 단어를 부정확하게 사용하는 경우도 잦습니다.

단어 의식은 어휘력을 결정하는 중요한 요소입니다. 단어 의식이 높은 아이는 단어를 쉽고 빠르게 배워 크고 넓은 어휘망을 가집니다. 반면 단어 의식이 낮은 아이는 단어를 잘 배우지 못해서 작고 좁은 어휘망을 가지게 됩니다. 다행히도 단어 의식은 가르치고 연습하면 키울 수 있습니다. 그러니 부모와 교사가 아이의 단어 의식에 관심을 가져야 합니다.

:: 말놀이

"제 이름은 똑바로 읽어도 거꾸로 읽어도 우영우입니다.
기러기, 토마토, 스위스, 인도인, 별똥별…, 우영우."

드라마 「이상한 변호사 우영우」에서 자폐 스펙트럼 장애를 가진 변호사 우영우는 늘 이렇게 자신을 소개합니다. 자기 이름처럼 똑바로 읽어도 거꾸로 읽어도 똑같은 단어들, 즉 회문回文을 나열하는 거죠. 일종의 말놀이를 하는 겁니다. 말놀이는 단어 의식을 기르는 데 효과적입니다. 우영우의 인사를 들어본 사람은 똑바로 읽어도 거꾸로 읽어도 똑같은 단어가 더 있지는 않은지 한 번쯤 생각해 보게 됩니다. 우연히 그런 단어를 만나면 즉각 인식하고 발견의 기쁨을 느끼지요. 혹시 여러분이 알고 있는 회문이 더 있나요? 저는 오디오와 아시아가 생각나네요. 이처럼 아이의 단어 의식을 높여줄 수 있는 말놀이를 몇 가지 소개하겠습니다.

① 끝말잇기

끝말잇기는 앞 단어의 끝소리를 다음 단어의 첫소리로 사용해 단어를 나열해 나가는 놀이입니다. '장난감 - 감나무 - 무지개 - 개나리'처럼 말입니다. 물론 모르시는 분은 없으시겠죠?

② 초성 퀴즈

초성 퀴즈는 제시된 어떤 단어의 초성을 보고 원래 의도한 단어가 무엇인지 맞히는 놀이입니다. 예를 들어 정답이 과일이라면 'ㄱㅇ'이라고 문제를 냅니다. 그러면 상대는 '가위', '군인', '가을', '과일'처럼 'ㄱㅇ'으로 시작하는 단어를 말하면서 정답을 찾습니다.

③ 거꾸로 말하기

거꾸로 말하기는 단어, 문장, 노래 등을 거꾸로 말하는 놀이입니다. '코끼리' 하면 '리끼코', '엘리베이터' 하면 '터이베리엘'처럼 말이죠. 노래도 거꾸로 할 수 있습니다. 동요 산토끼는 다음처럼 거꾸로 부를 수 있습니다. 참고로 노래 전체를 거꾸로 부르는 것이 아니라 단어 단위로 거꾸로 부르는 겁니다.

- **원래 가사** : 산토끼 토끼야 어디를 가느냐 깡총깡총 뛰면서 어디를 가느냐?
- **거꾸로** : 끼토산 야끼토 를디어 냐느가 총깡총깡 서면뛰 를디어 냐느가?

⑤ 스무고개

스무고개는 문제를 내는 사람이 어떤 사물을 떠올리고 다른 사람은 질문을 통해 그 사물을 맞히는 놀이입니다. 스무고개라는 이름처럼 총 스무 번의 기회가 있으며 질문을 하든 답을 말하든 한 고개가 됩니다.

- **고개 1** : 음식입니까?
  대답 : 아니오.
- **고개 2** : 동물입니까?
  대답 : 예.
- **고개 3** : 날 수 있습니까?
  대답 : 아니오.
- **고개 4** : 다리가 네 개입니까?
  대답 : 아니오.
- **고개 5** : 바다에 삽니까?

대답 : 네.

- **고개 6** : 큽니까?

    대답 : 네.

- **고개 7** : 정답. 고래.

    대답 : 맞았습니다.

우리는 흔히 말장난을 부정적으로 생각하곤 합니다. 하지만 말장난을 잘하려면 언어에 대한 센스가 필요합니다. 개그맨들이 언어유희를 하는 것 모두 언어적 감각에서 나오는 것입니다. 앞으로는 아이의 말장난을 꾸짖지 말고 단어 의식을 깨워줄 수 있는 말놀이로 봐주시면 좋겠습니다. 함께 하면 더 좋고요. 물론 상황을 봐가면서 적당히 해야 한다는 점은 꼭 알려주어야겠습니다.

:: 단어에 대해 대화하기

일상적인 대화에서 방금 사용한 단어에 대해 대화를 나눠보는 것도 단어 의식 향상에 좋습니다. 사람들은 대부분 말의 내용에 관심을 가질 뿐 단어 자체에는 큰 관심을 가지지 않습니다. 하지만 작가처럼 언어 능력이 뛰어난 사람들은 대부분 어휘에 많은 관심을 가지고 있습니다. 다양한 상황에서 단어를 적확히 사용하려면 단어에 관심을 가지지 않을 수 없기 때문입니다. 여러분도 일상에서 사용하는 어휘가 적확한지 한 번 더 생각해 보세요. 어휘력이 빠르게 늘어날 겁니다.

그런데 혹시 방금 '적확하다'는 단어를 의식하셨나요? 우리는 흔히 일상에서 "정확하다"라고 말하지 "적확하다"라고는 잘 말하지 않습니다. 그런데 저는 왜 굳이 적확하다고 했을까요? '정확하다'와 '적확하다'는 무엇이 다를까요? 아이와 함께 일상에서 이런 질문을 하고 대화를 나눠보세요. 이런 대화가 단어 의식을 향상시키는 데 좋습니다. 참고로 '적확하다'는 '정확하게 맞아 조금도 틀리지 아니하다'라는 뜻으로 틀리지 않았음을 좀 더 강조할 때 사용합니다.

아이들은 단어를 적확하지 않게 사용하는 경우가 매우 잦습니다. 예를 들어 당황스러운 상황에서 화난다고 말하는 것처럼요. 이런 순간에 그냥 넘어가지 말고 "그럴 때는 '화가 났어'가 아니라 '당황스러웠어'라고 표현하는 거야."라고 알려주는 겁니다. 그리고 화가 나는 것과 당황스러운 것의 차이에 대해 이야기를 나누는 거죠. 또 책을 읽어주다가도 다음처럼 단어로 관심을 끌어와 보세요.

- **엄마** : 비상시는 '아닐 비', '보통 상', '때 시'로 '평소가 아닌 때'를 뜻해. 그런데 평소가 아닌 때와 비상시는 어떤 차이가 있는 것 같아?
- **아이** : 비상시가 조금 더 긴급한 상황인 것 같아.

일상에서 이런 이야기를 할 기회는 늘 있습니다. 우리는 늘 단어를 사용하고 있으니까요. 물론 늘상 단어에 대해 이야기할 수는 없습니다. 하지만 수많은 대화 중 가끔은 어휘를 하나 골라내 살펴보세요. 꾸준히 하다 보면 어느새 아이가 먼저 어휘를 화두로 꺼내는 순간이 올 겁니다. 단어 의식이 커졌다는 명확한 증거지요. 그때까지 부모가 시범을 보여주는 것이 중요합니다.

:: 단어 체크하기

단어 의식을 길러주는 마지막 방법은 모르는 단어 체크하기입니다. 책을 읽다 보면 모르는 단어들이 나옵니다. 그런데 단어 의식이 낮은 아이는 이를 인식하지 못하고 그냥 지나가는 경우가 많습니다. 이런 아이는 모르는 단어가 나올 때마다 다음처럼 표시를 해보면 좋습니다. 꾸준히 연습하다 보면 나중에는 모르는 단어가 나오면 바로바로 인식할 수 있게 됩니다.

1) 모르는 단어에는 – 를 표시합니다.
2) 모르는 단어지만 그 의미를 알 것 같다면 + 로 표시합니다.
3) – 를 표시했다가 나중에 의미를 알게 되면 O 로 표시합니다.

책을 읽은 후 표시된 단어를 노트에 모아보세요. 매일매일 체크한 단어를 노트나 메모장에 기록하는 겁니다. 그리고 매일매일 일주일 전에 쓴 단어를 한번 살펴봅니다. 예를 들어 4월 8일에는 4월 1일에 쓴 단어를 확인하고, 4월 9일에는 4월 2일에 쓴 단어를 확인하는 식입니다. 이 같은 방법으로 매일 단어를 체크하고 일주일 후 그 단어를 다시 한번 확인하면 단어 의식과 함께 어휘 실력이 크게 향상됩니다.

책을 읽기 전 미리 수업 준비를 할 수 있는 선생님이 사용하면 좋은 방법을 한 가지 알려드리겠습니다. 바로 어휘 체크리스트입니다. 어휘 체크리스트는 읽기 전 중요 어휘를 체크리스트로 만들어 읽기 전과 읽기 후에 활용하는 방법입니다. 자세한 방법은 다음과 같습니다.

1) 읽을 책에서 아이들이 어려워할 만한 단어를 미리 찾아둡니다.
2) 찾은 단어를 이용해 어휘 체크리스트를 만듭니다.
3) 책을 읽기 전 아이들은 어휘 체크리스트를 통해 아는 단어와 모르는 단어를 체크합니다.
4) 책을 읽은 후 어휘를 다시 한번 확인합니다.
5) 모둠원과 함께 어휘에 대해 대화합니다.

어휘 체크리스트를 잘 활용하면 다음의 효과를 얻을 수 있습니다.

1) 책에 어떤 단어가 나오는지 명확히 인식하게 됩니다.
2) 어떤 단어가 중요한 단어인지 인식하게 됩니다.
3) 책을 읽으면서 어떤 단어를 알게 되었는지 인식하게 됩니다.

4) 여전히 뜻을 모르는 단어가 무엇인지 인식하게 됩니다.

5) 어휘에 대해 다른 이와 생각을 나눌 수 있습니다.

읽기 전	단어	읽기 후
O	포유류	
X	두족류	
X	암모나이트	
O	양서류	
O	파충류	

• 어휘 체크리스트

◦ 어휘 습득하기 ◦

:: 어휘 추론 전략의 필요성

어휘력을 기르기 위해서는 단어 의식을 키워줌과 동시에 어휘 습득을 위한 전략을 알아야 합니다. 어휘 습득이란 학습하려는 의도 없이 생활, 수업, 공부 혹은 독서 중에 저절로 어휘를 알게 되는 것을 의미합니다. 학습하려는 목적 없이 저절로 어휘를 알게 되는 것이 가능하냐고요? 가능한 것이 아니라 사람은 원래 대부분의 어휘를 이렇게 익힙니다. 배우려는 생각이나 의도 없이 저절로 말이지요. 우리는 살아가면서 계속해서 새로운 어휘를 접합니다. TV를 보다가 대화하다가 책이나 신문을 읽다가 말이죠. 그렇게 듣고 읽는 와중에 새로운 어휘를 접하고 알아가게 됩니다. 이런 것이 바로 어휘 습득입니다. 사람은 알고 있는 어휘의 80%를 습득을 통해 익힌다고 합니다. 일부러 배우는 것은 20%에 불과하고요. 그러니 어휘를 공부하는 것보다 어휘를 잘 습득하는 방법을 익히는 것이 훨씬 더 중요하다고 볼 수 있습니다. 같은 시간을 어휘 학습에 투자했을 때보다 어휘 습득 전략을 익히는 데 쓰면 훨씬 큰 효과를 거둘 수 있는 거죠.

어휘 습득의 가장 중요한 원천은 독서입니다. 독서가 새로운 어휘, 고급 어휘를 가장 많이 만날 수 있는 매체이기 때문입니다. 독서보다 더 많은 어휘를 제공하는 매체도, 더 고급 어휘를 제공하는 매체도 없습니다. 단위 시간당 가장 많은 어휘와 가장 질 높은 어휘를 제공하는 것이 바로 책입니다. 그러니 지식책 읽기를 통해 지속적으로 새로운 어휘를 만나는 것이 가장 중요합니다. 그것이 가장 손쉽게 어휘 교육을 하는 방법입니다. 하지만 새로운 어휘를 접했다고 해서 모든 어휘를 저절로 익히게 되는 것은 아닙니다. 새롭게 만난 어휘 중 일부는 익히겠지만 또 일부는 그냥 지나치게 됩니다. 그러니 더 많은 단어를 익힐 수 있도록 준비하는 것이 중요합니다. 그 준비가 바로 어휘 추론 전략입니다.

낯선 어휘를 접했을 때 그 뜻을 정확히 알게 되는 경우는 많지 않습니다. 대화 중에 단어의 뜻을 설명해 주는 사람도 없고 그렇다고 사전을 찾아볼 수도 없습니다. 그런데 이렇게 뜻을 모른 채 그냥 지나가면 단어가 습득되지 않습니다. 이런 단어를 놓치지 않기 위해서는 어휘의 뜻을 합리적으로 추론할 줄 알아야 합니다. 새로 만난 단어의 의미를 논리적으로 추측하는 방법을 알면 독서, 수업, 공부, 생활 중에 만나는 새로운 단어를 더 쉽게 더 많이 익힐 수 있습니다. 모르는 어휘의 뜻을 추론하는 방법은 크게 두 가지입니다. 문맥 활용 추론과 형태 활용 추론입니다.

:: 문맥 활용 추론

모르는 어휘의 뜻을 추론하는 첫 번째 방법은 문맥 활용 추론입니다. 문맥은 글이 서로 이어져 있는 관계를 뜻합니다. 모르는 단어가 들어 있는 글의 앞뒤를 살펴봄으로써 그 뜻을 짐작하는 것이 문맥 활용 추론입니다. 문맥 활용 추론의 다양한 방법을 알아보겠습니다.

① 설명하는 말 찾기

권리와 의무의 주체가 될 수 있는 자격을 권리 능력이라 한다. 사람은 태어나면서 저절로 권리 능력을 갖게 되고 생존하는 내내 보유한다.

2017학년도 9월 고3 모의평가

권리 능력은 생소한 단어입니다. 하지만 문장 속에 노골적으로 설명이 되어 있군요. 권리 능력은 권리와 의무의 주체가 될 수 있는 자격입니다. 지식책이나 국어 시험에서 어려운 단어는 이렇게 직접적으로 설명되어 있는 경우가 적지 않습니다. 하지만 많은 아이들이 모르는 단어를 만나는 순간 그냥 그 부분을 포기해 버리곤 합니다. 모르는 단어를 만나면 우선 그 단어의 설명이 있지는 않은지 찾아봐야 합니다.

② 상황으로 추론하기

사회 복지 정책을 비판하는 논리 중 하나는 사회 복지 정책이 개인의 자유를 침해한다는 것이다.

2003년 12월 고1 전국연합학력평가

여기서 침해의 뜻을 모른다면 어떻게 그 뜻을 추측할 수 있을까요? 사회 복지 정책이 개인의 자유를 침해한다고 합니다. 그로 인해 비판받고 있고요. 정리하자면 사회 복지 정책은 개인의 자유를 침해한다는 이유로 비판받고 있군요. 이를 통해 개인의 자유를 침해하는 것은 나쁜 것이라는 걸 알 수 있습니다. 그렇다면 침해는 무엇일까요? 개인의 자유를 어떻게 하는 것이 나쁜 것일까요? 아마 방해가 아닐까요? 자유는 자신의 의지대로 행동하는 것이니까요.

③ 주변 어휘로 추론하기

이 기계는 자동이 아니라 수동이야. 네가 직접 손잡이를 잡고 돌려야 해.

하나의 어휘는 늘 다른 어휘로 둘러싸여 있습니다. 그리고 그 어휘들 사이에는 어떤 관계가 존재합니다. 그 관계를 통해 모르는 어휘를 추측할 수 있습니다. 여기서 수동의 뜻을 모른다면 어떻게 추측할 수 있을까요? '자동이 아니라 수동'을 통해 수동이 자동의 반대말이라는 것을 알 수 있습니다. 자동의 뜻을 안다면 수동의 뜻을 금세 짐작할 수 있을 겁니다. 또 뒤에 따라오는 '네가 직접 손잡이를 잡고 돌려야 해'를 통해서도 이를 확인할 수 있습니다. 무언가 저절로 되지 않고 직접 조작해야 하는 것과 관련 있음을 알 수 있습니다.

그 호수는 맑고 밝으며 선명했다.

이 문장의 경우는 세 개의 유의어로 이루어져 있습니다. 맑은 것과 밝은 것과 선명한 것이 모두 비슷하지요. 선명의 뜻을 모르더라도 맑고 밝음을 통해 그 뜻을 추론할 수 있습니다.

:: 형태 분석 추론

모르는 어휘의 뜻을 추론하는 두 번째 방법은 형태 분석 추론입니다. 형태 분석 추론은 단어 그 자체를 이용해 뜻을 짐작하는 방법입니다. 많은 단어들은 더 작게 자를 수 있습니다. 그리고 작게 잘린 단위의 의미를 살펴보면 전체의 의미를 추측할 수 있지요. 예를 들어 수동은 수와 동으로 나눌 수 있습니다. 여기서 수는 손 수手이고 동은 움직일

동動입니다. 그래서 수동은 다른 동력을 이용하지 않아 사람의 손 즉 사람의 힘을 이용해 움직인다는 숨은 뜻을 가지고 있습니다.

요즘 스마트 기기로 건강 관리를 하는 분들 많으신데요. 이러한 스마트 기기에 적용된 광용적맥파 측정 기술에 대해 들어 보셨나요?

2022학년도 11월 고2 전국연합학력평가

광용적맥파. 들어보셨나요? 아마 처음 들어보셨을 겁니다. 저 역시 처음 들어봤습니다. 요즘 비문학 지문에는 이런 처음 보는 용어가 많이 나옵니다. 이런 용어는 미리 공부할 수 있는 게 아닙니다. 해당 분야의 전문가가 아니면 알 수 없는 내용이니까요. 광용적맥파라는 단어에서 한자를 한번 생각해 볼까요? 저는 이 단어를 처음 접했을 때 빛 광, 쓸 용, 과녁 적, 맥박 맥, 물결 파가 떠올랐습니다. 그래서 광용적맥파는 '빛으로 맥박을 체크하는 어떤 기술이 아닐까?' 하고 짐작했습니다. 이런 추측은 뒤에 나오는 문장을 통해서 검증되었고요.

광용적맥파 측정 기술은 PPG 센서를 이용해 심장 박동에 따른 맥박을 측정하는 기술입니다. 이때 반사된 빛의 양을 광센서를 통해 측정하는 것이 광용적맥파 측정 기술입니다.

형태 분석 추론을 잘하기 위해서는 한자어를 꾸준히 학습하는 것이 중요합니다. 우리말 어휘의 60%가 한자어이기 때문입니다. 다음 문장을 보세요.

국어國語 어휘語彙의 상당 부분相當 部分은 한자어漢字語로 구성構成됩니다.

이 문장은 조사를 제외하면 모두 한자어입니다. 이처럼 우리 어휘에는 한자어가 많습니다. 한자어 학습은 어휘 추론에서도 중요하지만 어휘 학습에서도 매우 중요한 방법입니다. 올바른 한자어 학습 방법에 대해서는 바로 이어지는 '어휘 학습하기'에서 자세히 알아보도록 하겠습니다.

○ 어휘 학습하기 ○

　추론을 통해 어휘를 습득하는 방법을 익혔다면 다음은 어휘를 학습할 차례입니다. 습득 전략이 공부하지 않고 저절로 익히는 방법이라면 학습 전략은 의도적으로 공부하는 방법입니다. 대다수의 어휘가 습득을 통해 알게 되지만 일부러 학습해야 하는 경우도 당연히 있습니다. 예를 들어 교과서에 나오는 중요 개념들은 적당히 대충 알고 넘어가선 안 됩니다. 제대로 이해해야 하기에 의도적인 학습이 꼭 필요합니다.

　일반적으로 어휘 학습이라고 하면 정의를 외우는 것을 떠올립니다. 모르는 단어를 만나면 교과서나 사전에 적힌 설명을 외우려고 하는 거죠. 이것은 정말 어리석은 방법입니다. 왜냐고요? 직접 한번 해 보겠습니다. '민주주의'의 사전적 정의는 '국민이 권력을 가지고 그 권력을 스스로 행사하는 제도. 또는 그런 정치를 지향하는 사상. 기본적 인권, 자유권, 평등권, 다수결의 원리, 법치주의 따위를 그 기본 원리로 한다.'입니다. 이 정의를 외울 수 있겠습니까? 시간을 들여 노력하면 물론 외울 수 있을 겁니다. 그런데 입시까지 4만 개의 단어를 모두 이런 식으로 외울 수 있을까요? 정의 외우기는 이해도 되지 않고, 몸에 와닿지 않아 절대로 많은 단어를 학습할 수 없습니다. 열심히 학습해도 기억에 남는 것이 별로 없을 수밖에 없습니다.

우리 뇌는 이런 방식의 학습을 아주 싫어합니다. 이런 공부는 하면 할수록 진절머리를 치게 됩니다. 단어라고 하면 지긋지긋하게 느껴질 겁니다. 정의를 외우는 것은 어휘를 학습하는 것이 아닙니다. 정의를 외우는 것은 어떤 사람의 키와 몸무게 등 외형적 스펙을 외우는 것과 같아요. 그런 걸 안다고 그 사람을 잘 알게 되거나 친해질 수는 없습니다. 사람을 진정 잘 알기 위해서는 그러한 외형적 요소가 아닌 내면적 요소를 이해하는 것이 중요합니다. 어휘를 잘 알기 위해서도 정의 같은 겉모습이 아닌 속을 들여다보는 것이 중요합니다. 그래야 어휘를 깊게 이해할 수 있게 됩니다. 어떻게 하면 어휘를 깊게 들여다볼 수 있을까요?

:: 한자어 분석하기

어휘를 깊게 이해하기 위해서는 한자어를 한자로 분석해 보는 것이 중요합니다. 우리말 어휘의 60%는 한자어입니다. 이것만 해도 많지요. 그런데 학교에서 배우는 중요한 개념은 대부분이 한자어입니다. 고유어로 된 교과 개념은 거의 찾아보기 힘들 정도입니다. 다음의 각 과목별 개념들을 보세요. 어느 것 하나 예외 없이 모두 한자어입니다. 교과서 속 중요 개념과 어휘를 학습하는 데 있어 한자어 분석은 필수적입니다. 개념의 핵심적 의미가 한자로 숨겨져 있기 때문입니다.

- **국어** – 문학, 비문학, 사건, 갈등, 소재, 비유, 상징
- **수학** – 자연수, 비례식, 점대칭도형, 함수, 방정식
- **사회** – 인권, 국회, 세금, 온대, 생산, 역사
- **과학** – 자력, 중력, 화학, 속도, 생명, 물리

고등학교 때 미적분을 처음 배울 때 참 힘들었던 기억이 있습니다. 미분과 적분이 도대체 무엇을 의미하는지 이해되지 않았기 때문입니다. 그냥 공식을 외우고 문제를 풀려고 했지만 의미를 모르니 응용이 잘 되지 않았습니다. 그래서 한참을 혼자 끙끙댔습니다. 그러다가 이들의 한자를 찾아보고는 의문이 싹 풀렸습니다. 미분은 작을 미微에 나눌 분分입니다. 흘러가는 시간을 작은 순간들로 계속 나누는 것이 미분이었습니다. 적분은 쌓을 적積에 나눌 분分으로 나눈 순간을 다시 쌓아가는 것이 적분이었습니다. 미분과 적분을 한자로 분석해 보자 그 뜻이 명확해졌습니다. 이들이 무엇을 뜻하는지 제대로 알 수 있게 되자

드디어 문제가 풀리기 시작했습니다. 그날 이후 미적분은 더 이상 제게 무의미한 개념이 아니었습니다. 우리 주변의 현상을 어떻게 수학으로 나타낼 수 있는지에 대한 놀라운 발견이었습니다. 나름 저에게는 유레카와 같은 시간이었죠.

그래서 여러 과목의 중요 개념을 하나씩 한자로 분해해서 다시 생각해 보기 시작했습니다. 대표적인 것이 선사 시대와 역사 시대였습니다. 원래 저는 선사 시대는 원시인이 살던 시대이고, 역사 시대는 그 이후의 시대라고 생각했습니다. 크게 틀린 생각은 아니지만 그렇다고 깊은 이해도 아니었습니다. 선사는 먼저 선先에 기록 사史로 기록이 있기 이전의 시대를 뜻합니다. 역사는 지날 역歷에 기록 사史로 그래서 지나간 시간에 대한 기록이 있는 시대를 뜻합니다. 이렇게 이해하자 선사 시대와 역사 시대가 정확히 구분되더군요. 민주주의의 한자는 백성 민民, 주인 주主, 주될 주主, 뜻 의義입니다. 백성이 나라의 주인이라는 주된 뜻을 가진 사상이라는 의미입니다. 사전적 정의보다 훨씬 쉽게 이해되고 와닿지 않나요?

한자어를 한자로 분해해 살펴보자 이전까지 모호하던 개념들이 머리에 박히듯 들어왔습니다. 그러자 성적도 상승 곡선을 그리더군요. 개념을 이해하는 것이 공부의 시작인데 그 기초가 다져지자 좋은 결과가 나온 것이었습니다. 고등학교를 졸업한 지 20년이 훌쩍 넘었지만 그때 배운 개념을 여전히 기억하고 있는 것도 단어를 한자로 잘라본 습관 덕분입니다. 한자어 공부를 초등 때부터 꼭 해야 하는 이유입니다.

:: 올바른 한자어 학습법

한자어 학습이 이토록 중요한데 안타깝게 대부분 잘못된 방법으로 아이를 가르치고 있습니다. 한자어 공부가 아닌 한자 공부를 하고 있는 것입니다. 한자어는 한자로 된 어휘를 뜻하고, 한자는 중국어를 표기하는 문자를 뜻합니다. 예를 들어 '잠수', '수중', '수영' 같은 단어는 한자어이고, '水'는 한자입니다. 아이들이 알아야 하는 것은 수영, 수중, 잠수는 한자어이고, 이중 '수'가 물을 뜻한다는 사실입니다. 水를 쓰는 방법은 굳이 알 필요가 없습니다. 水를 10번씩 쓴다고 어휘력과 문해력이 커지는 것이 아니니까요. 그나마 水는 쉽지만 조금만 복잡한 한자만 되어도 아이들이 상당히 힘들어합니다. 문해력을 위해서라면 한자를 쓸 필요는 전혀 없습니다. 요즘 글에는 한자를 표기하지 않는데 왜 굳이 힘들게 한자를 쓰며 공부하고 있나요?

아이들에게 필요한 것은 한자어를 분석해 보는 경험입니다. 한자를 쓰는 방법은 그냥 두고, 한자어를 한자의 음과 뜻으로 나누어 생각해 보면 됩니다. 물 수水에서 水의 획까지는 굳이 알 필요가 없습니다. 아이들이 알아야 하는 것은 그냥 물 수입니다. '수'라는 소리 안에 '물'이라는 뜻이 담겨 있다는 사실을 알면 됩니다. 그리고 물 수가 사용된 여러 단어를 알면 됩니다. 예를 들어 수중, 수질, 잠수 같은 단어들 말이죠. 그러면 나중에 침수, 탈수, 누수, 조수, 강수, 배수, 수군, 관수, 치수, 수심, 방수, 담수, 오수, 폐수 같은 물 수가 사용된 새로운 단어를 만났을 때 이 지식을 이용할 수 있게 됩니다. 예를 들어 역사 시간에 조선의 수군이 왜군을 무찔렀다는 내용을 읽었을 때 수군이 물에서 싸우는 군사라는 사실을 금세 눈치챌 수 있겠죠.

저는 학교와 가정에서 아이들에게 한자어를 자주 가르쳤습니다. 학교에서는 수업 시간 중에 했지만 집에서는 매번 시간을 내서 가르치기는 어려웠습니다. 그래서 교재를 이용하려고 살펴봤는데 많이 아쉬웠습니다. 필요 없는 한자를 쓰고 외우는 것이 너무 많았기 때문입니다. 한자 급수를 딸 것도 아닌데 너무 불필요하게 에너지를 쓰게 하더군요. 한자를 쓰지 않는 교재도 있긴 했지만 의미를 추론하고 단어를 활용하는 등 어휘 학습에 꼭 필요한 활동들이 제대로 적용되어 있지 않았습니다.

그래서 저는 직접 한자어 교재를 쓰기로 했습니다. 그 책이 바로 『콩나물쌤의 문해력 꽉 잡는 한자어 수업』입니다. 이 책은 불필요하게 한자를 외우게 하지 않습니다. 대신 다양한 한자어를 한자의 음, 뜻, 삽화를 통해 추론하게 하고 예문을 통해 이해하며 쓰기를 통해 활용하게 합니다. 아이의 어휘력을 제대로 깊이 기르길 원한다면 『콩나물쌤의 문해력 꽉 잡는 한자어 수업』을 활용하길 추천합니다.

:: 어휘 범주화

어휘를 깊이 학습하는 두 번째 방법은 어휘 범주화입니다. 어휘 범주화란 어휘를 기준에 따라 비슷한 성질끼리 묶는 것을 뜻합니다. 예를 들어 퓨마를 배웠다면 고양이과 동물로 고양이, 치타, 호랑이, 살쾡이 등과 묶고, 개과 동물인 늑대, 코요테, 여우 등과 구분할 수 있습니다. 이렇게 구분해 생각해 보면 우리 뇌가 정보를 어디에 어떻게 저장해야 할지 명확히 이해할 수 있어 학습과 기억에 용이합니다.

고양이과 동물	개과 동물
퓨마, 고양이, 치타, 호랑이, 살쾡이	늑대, 코요테, 여우

사회 시간에 민주주의를 배웠다면 어떻게 할 수 있을까요? 우선 민주주의와 연결하여 범주화할 수 있는 단어들을 모아야 합니다. 여러분은 무엇이 떠오르시나요? 저는 전체주의, 독재주의, 공산주의, 사회주의, 왕정주의, 자본주의가 떠오르는군요. 이들을 하나하나 뜯어보겠습니다.

단어	한자어 분석	의미
민주주의	백성 민 + 주인 주 + 주될 주 + 뜻 의	백성이 나라의 주인이라는 사상
전체주의	모두 전 + 몸 체 + 주될 주 + 뜻 의	국가 전체가 개인보다 더 중요하다는 사상
공산주의	함께 공 + 생산 산 + 주될 주 + 뜻 의	함께 생산하고 함께 나누는 사상
사회주의	단체 사 + 모일 회 + 주될 주 + 뜻 의	개인이 아닌 사회 전체가 중심이 되어야 한다는 사상
왕정주의	임금 왕 + 정치 정 + 주될 주 + 뜻 의	왕이 나라를 다스려야 한다는 사상
자본주의	자본 자 + 근본 본 + 주될 주 + 뜻 의	자본을 바탕으로 한 생산 활동을 보장하는 사상

이들을 곰곰이 살펴보면 정치사상이 있고 경제사상이 있습니다. 민주주의, 전체주의, 사회주의, 왕정주의는 정치사상이고 공산주의와 자본주의는 경제사상입니다. 이를 표로 나타내면 다음처럼 되는군요.

정치사상	경제사상
민주주의, 전체주의, 사회주의, 왕정주의	공산주의, 자본주의

이처럼 어떤 단어를 만났을 때는 관련한 단어들을 쭉 떠올려 보세요. 그다음 그들 사이에 공통점과 차이점을 중심으로 이들을 분류해 봅니다. 분류 과정에서 이들 사이에 존재하는 미묘한 차이를 생각하다 보면 어휘를 깊이 이해할 수 있습니다. 또 한 번에 여러 단어를 동시에 학습할 수 있어 학습 효율도 높습니다.

시각 자료 살펴보기

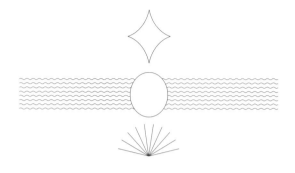

　지식책에는 다양한 시각 자료가 있는 경우가 많습니다. 특히 아이들이 읽는 지식책의 경우에는 더욱 그렇지요. 포효하는 사자, 우주에서 바라본 푸르른 지구, 발사되어 날아가는 총알 등의 생생한 사진은 아이의 시선을 사로잡기에 충분합니다. 사진뿐 아니라 원숭이에서 사람으로 차례차례 진화하는 인간을 그린 그림의 경우도 흥미를 끌기는 마찬가지입니다. 이미지는 언어보다 직관적이라 지식책을 이해하는 데 많은 도움이 됩니다. 똑같은 글이라도 이미지와 함께 있으면 더 쉽다고 느껴지기도 하고요. 시각 자료는 책 읽기의 부담감을 크게 줄여 주어서 그림이 많으면 조금 더 편한 마음으로 책을 펼칠 수 있습니다. 아이들이 학습만화를 특히 좋아하는 중요한 이유도 이 때문입니다.

　문해력이 낮은 아이는 어른보다 더욱 이미지를 선호하고 필요로

합니다. 그래서 시각 자료의 양과 독자의 연령대는 일반적으로 음의 상관관계가 있습니다. 독자의 연령대가 낮으면 낮을수록 시각 자료의 양이 늘어나고 독자의 연령대가 높으면 높을수록 시각 자료의 양은 줄어드는 겁니다. 그림책이 대표적인 예입니다. 유아와 초등 저학년이 주로 보는 그림책은 그림이 중심이고 글은 많지 않습니다. 더 어린 아이를 대상으로 하는 그림책일수록 문자는 더욱 줄어듭니다. 심지어 문자가 전혀 없는 그림책도 있지요.

시각 자료를 가볍게 보고 넘길 수도 있지만 좀 더 깊이 이해하는 방법도 있습니다. 더 깊이 살필 줄 알면 책에서 더 많은 정보를 얻을 수 있습니다. 지금부터 아이와 함께 시각 자료를 좀 더 자세히 관찰할 수 있도록 연습하는 방법을 알아보도록 하겠습니다. 총 4단계로 이루어져 있으니 하나씩 차례차례 따라하시기 바랍니다.

:: 시각 자료 관찰하기 연습 4단계

① 시각 자료 준비하기

연습에 사용할 적절한 시각 자료를 준비합니다. 새로운 자료를 구해도 좋고 아이가 지금 읽고 있는 지식책 속 시각 자료를 활용할 수도 있습니다. 이왕이면 생생하고 재미있는 사진이 아이들의 관심을 끄는 데 도움이 됩니다. 문해력 교육 전문가인 만조와 레겐자[Manzo&Legenza]는 아이의 흥미와 관심을 끌어 언어 발달을 자극할 수 있는 사진의 특징으로 1) 또래 아이들의 사진, 2) 움직임이 있는 사진, 3) 다양한 활동을 포함하는 사진을 꼽습니다. 책이나 잡지, 인터넷을 보다가 이런 조건에 부합하는 사진이 있다면 보관해 두었다가 활용해 보세요.

② 1분간 시각 자료 관찰하기

아이에게 사진을 보여주고 1분 동안 관찰하게 합니다. 이때 관찰이 끝나면 사진과 관련한 퀴즈를 낼 거라고 말해주세요. 말해주지 않으면 아이는 사진을 자세히 관찰하지 않을 수도 있거든요. 몇 초 구경하다 말고 관찰을 끝내게 될 겁니다. 퀴즈를 낼 거라고 미리 알려주면 아이는 더 열심히 시각 자료를 살펴보게 됩니다. 세부적인 사항을 속속들이 살펴보고 기억에 담으려 노력하게 되지요. 퀴즈라는 조건만 걸어도 훨씬 더 열의를 가지고 열심히 관찰하는 아이를 발견하게 될 겁니다.

③ 질문하고 대답하기

1분이 지나면 시각 자료를 볼 수 없도록 덮습니다. 그리고 시각 자료의 내용에 대해 질문하고 대답합니다. 질문하는 자세한 방법은 5장의 '사실 질문하기'와 '생각 질문하기'에서 자세히 알아보고 여기서는 간단히 살펴보겠습니다. 질문은 크게 두 종류로 나뉩니다. 먼저 시각 자료를 통해 명확히 알 수 있는 점을 물어보는 사실 질문입니다. 다음처럼 육하원칙을 이용할 수 있습니다.

- 사진 속에는 **누가** 있나요?
- **어느 계절**에 찍은 사진인가요?
- 사진 속 **장소**는 어디인가요?
- 사진 속 아이들은 **무엇**을 하고 있나요?
- 아이들은 **어떤 동작**을 취하고 있었나요?
- 아이들은 **왜** 도망가고 있었나요?

사실 질문과 달리, 시각 자료만으로는 정확한 답을 알 수 없는 생각 질문도 있습니다. 답하는 사람은 사실을 바탕으로 자기 생각을 말해야 합니다. 사진을 보면서 추측하거나 생각해 볼 수 있는 질문을 해보세요. 생각 질문에서도 육하원칙은 여전히 사용할 수 있습니다.

- 그들이 **누구**라고 생각하니?
- **언제쯤**일 것 같니?
- **어디**라고 생각하니?
- **무엇**을 하고 있는 것 같니?
- **어떻게** 일이 진행되고 있지?
- **왜** 이런 행동을 했다고 생각해?

육하원칙뿐 아니라 사진이 찍힌 순간의 앞뒤로 있을 법한 일을 물어볼 수도 있습니다.

- 이제 무슨 일이 벌어질 것 같니?
- 그 전에 무슨 일이 있었던 것 같니?
- 그들은 서로 무슨 관계인 것 같니?
- 아이들은 무엇을 조심해야 할까?

사실 질문과 생각 질문의 차이는 명확한 답이 있는지 없는지에 달려 있습니다. 예를 들어 놀이동산에서 회전목마를 타고 있는 사진을 보면서 "여기가 어디라고 생각하니?"라고 묻는다면 사실 질문이 됩니다. 누가 봐도 놀이동산이기 때문이죠. 만약 외국에서 찍은 사진을 보면서 "여기는 어느 나라일 것 같아?"라고 묻는다면 생각 질문이 됩니다. 어떤 나라인지 명확하지 않아 아이 스스로 생각해야 하기 때문입니다.

④ 시각 자료 보며 확인하기

질문과 대화가 끝나면 사진을 보면서 아이의 대답이 맞는지 틀렸는지 확인합니다. 맞았다면 그 근거를 찾아보고 틀렸다면 왜 틀렸는지 생각해 봅니다. 정확한 답이 없는 생각 질문에 대한 답은 생각의 합리성을 검토해 봅니다. 사진을 다시 한번 관찰해도 여전히 그 생각이 합리적인지 살펴봅니다.

전체 과정은 2~3회 정도 반복하면 좋습니다. 여러 차례 반복하다 보면 점점 더 구체적인 부분들을 발견할 수 있기 때문입니다. 복잡한 사진의 경우 2단계 관찰부터 4단계 확인까지 반복합니다. 간단한 사진의 경우 2단계 관찰은 처음에만 하고 3단계와 4단계만 반복할 수도 있습니다.

시각 자료를 관찰하는 연습을 하면 여러 가지 효과를 볼 수 있습니다. 우선 주의집중력을 키울 수 있습니다. 사진의 중요 내용을 놓치지 않기 위해 주의력을 최대한 끌어모으게 되니까요. 관찰력 역시 증가합니다. 정보를 볼 때 세부 사항까지 자세히 살펴보는 힘이 길러집니다. 관찰한 내용에 대한 회상력도 길러집니다. 무엇을 보았는지 더 잘 떠올릴 수 있게 됩니다. 마지막으로는 추론하는 능력도 향상됩니다. 생각 질문을 잘 활용하면 여러 가지 힌트를 바탕으로 합리적으로 추론할 수 있는 힘이 길러지게 됩니다.

텍스트 분석하기

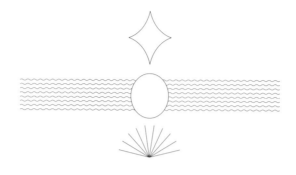

    세상에는 쉽게 이해할 수 있는 책도 있고, 읽기에 도전적인 책도 있습니다. 또한 도저히 이해가 불가능한 책도 있지요. 독자에게 가장 도움이 되는 책은 바로 도전적인 책입니다. 독자는 쉽게 이해할 수 있는 책보다 이해하기 위해 노력해야 하는 책에서 가장 많은 것을 얻을 수 있습니다. 도전적인 지식책은 눈으로만 읽어서는 제대로 이해되지 않습니다. 제대로 이해하기 위해서는 눈뿐 아니라 손으로 함께 읽어야 합니다. 복잡하고 어려운 글을 머리가 이해할 수 있게 손으로 분석하는 겁니다.

- **분석** : 얽혀 있거나 복잡한 것을 풀어서 개별적인 요소나 성질로 나눔.

분석의 사전적 정의입니다. 쉽게 말하자면 크고 복잡한 것을 작고 단순한 것으로 나누는 것이 분석입니다. 집을 상상해 보세요. 집은 안방, 거실, 작은 방, 화장실로 나뉩니다. 좀 더 구체적으로 살펴보면 천장, 벽, 새시, 벽지, 몰딩, 문을 인식하게 될 겁니다. 보이지 않는 부분을 더 뜯어본다면 석고보드와 시멘트, 철근까지 발견하게 되고요. 이런 것이 바로 분석입니다. 크고 복잡한 것을 작고 단순한 것으로 나누는 일 말이죠. 집을 분석하면 집을 더 잘 이해할 수 있듯이 텍스트를 분석하면 텍스트를 더 잘 이해할 수 있습니다. 집을 구할 때 외부만 보고 계약하지 않듯 도전적인 글을 읽을 때는 겉만 대충 읽어서는 안 됩니다. 구석구석 뜯어보고 살펴봐야 합니다.

:: 인식과 이해 분리하기

지식책을 잘 소화하기 위해서는 책에 담긴 지식을 생각하기 좋게 다듬어야 합니다. 글 사이 사이에 스며들어 있는 지식을 머리가 사용할 수 있도록 손질하는 겁니다. 그렇다면 텍스트는 어떻게 손질해야 할까요? 다음 글을 중간에 멈추지 말고 말하는 속도로 끝까지 한 번에 읽어보세요.

헤겔은 미학도 철저히 변증법적으로 구성된 체계 안에서 다루고자 한다. 그에게서 미학의 대상인 예술은 종교, 철학과 마찬가지로

'절대정신'의 한 형태이다. 절대정신은 절대적 진리인 '이념'을 인식하는 인간 정신의 영역을 가리킨다. 예술·종교·철학은 절대적 진리를 동일한 내용으로 하며, 다만 인식 형식의 차이에 따라 구분된다. 절대정신의 세 형태에 각각 대응하는 형식은 직관·표상·사유이다. '직관'은 주어진 물질적 대상을 감각적으로 지각하는 지성이고, '표상'은 물질적 대상의 유무와 무관하게 내면에서 심상을 떠올리는 지성이며, '사유'는 대상을 개념을 통해 파악하는 순수한 논리적 지성이다. 이에 세 형태는 각각 '직관하는 절대정신', '표상하는 절대정신', '사유하는 절대정신'으로 규정된다. 헤겔에 따르면 직관의 외면성과 표상의 내면성은 사유에서 종합되고, 이에 맞춰 예술의 객관성과 종교의 주관성은 철학에서 종합된다.

2022학년도 수학능력평가시험

위 글에서 무엇을 이해했고 무엇을 기억하시나요? 많은 내용을 이해했고 기억하시나요? 아마 대부분의 경우 그렇지 않을 겁니다. 물론 기억나는 부분도 일부 있겠지만 분명 쉽지 않았을 겁니다. 만약 많은 부분을 이해했고 기억한다면 여러분은 아마 헤겔에 대해 이미 잘 알고 있는 철학 전공자이거나 상위 0.1%의 두뇌를 가진 천재일지도 모릅니다. 내가 잘 모르는 분야에 대한 전문적인 글을 읽고 한 번에 이해하고 기억하는 것은 사실상 불가능합니다. 배경지식이 적고 어휘가 낯설기 때문입니다. 문해력이 높다는 것은 단순히 배경지식과 어휘를 많이 알고 있다는 뜻이 아닙니다. 아무리 문해력이 높아도 세상 모든 지식과 어휘를 빠짐없이 아는 사람은 없습니다. 문해력이 높다는 것은 배경지식이 생소하고 어휘가 어려워 내용을 파악하기 어려울 때도 이를 이해할 수 있다는 것을 의미합니다. 수능 국어에서 확인하는 능력도 바로 이것입니다.

그러면 이제는 펜을 가지고 앞의 글로 돌아가세요. 그리고 다시 한번 천천히 읽으면 글에 표시를 해보세요. 별표, 밑줄, 동그라미 등 이해를 돕는다면 어떤 방식이든 괜찮습니다. 여러분의 방식으로 해보시기 바랍니다.

헤겔은 미학도 철저히 변증법적으로 구성된 체계 안에서 다루고자 한다. 그에게서 미학의 대상인 예술은 종교, 철학과 마찬가지로 '절대정신'의 한 형태이다. 절대정신은 절대적 진리인 '이념'을 인식하는 인간 정신의 영역을 가리킨다. 예술·종교·철학은 절대적 진리를 동일한 내용으로 하며, 다만 인식 형식의 차이에 따라 구분된다. 절대정신의 세 형태에 각각 대응하는 형식은 직관·표상·사유이다. '직관'은 주어진 물질적 대상을 감각적으로 지각하는 지성이고, '표상'은 물질적 대상의 유무와 무관하게 내면에서 심상을 떠올리는 지성이며, '사유'는 대상을 개념을 통해 파악하는 순수한 논리적 지성이다. 이에 세 형태는 각각 '직관하는 절대정신',

'표상하는 절대정신', '사유하는 절대정신'으로 규정된다. 헤겔에 따르면 직관의 외면성과 표상의 내면성은 사유에서 종합되고, 이에 맞춰 예술의 객관성과 종교의 주관성은 철학에서 종합된다.

저는 위와 같이 표시하였습니다. 이 글의 중심 주제인 절대정신에는 네모를 하였습니다. 중심 주제에 대한 설명에는 물결 밑줄을 그었고요. 중심 주제의 하위 항목은 동그라미로 표시하였습니다. 그리고 이들에 대한 설명에는 일반 밑줄로 그었고요. 어떤가요? 이렇게 하니 글 전체가 한눈에 보이지 않나요? 이것이 앞에서 말한 눈으로 파악하기 쉽게 글을 손질하는 겁니다. 펜을 이용해 표시하면 텍스트를 잘게 나누어 자세히 살펴볼 수 있게 됩니다. 그럼 이제 머리로는 나누어진 글을 이해하면 됩니다.

이처럼 표시하는 이유는 글을 파악할 때 뇌에서 해야 하는 두 작업을 분리하기 위해서입니다. 분리해야 하는 두 작업은 바로 '인식'과 '이해'입니다. 앞에서 뇌가 지식을 학습할 때 '인식-이해-숙달'의 단계를 거친다고 했습니다. 이 중 앞의 두 단계를 나누어 작업하는 겁니다. 문해력이 좋은 사람은 어려운 글을 읽을 때 글이 무엇에 관한 것인지 우선 큰 틀에서 간단히 인식한 후 내용을 자세히 이해하려 합니다. 한 번에 이해가 안 되니 최대한 작업을 나누어 개별적으로 수행한 후 이들을 합치는 거죠. 반면 문해력이 낮은 사람은 한 번에 모든 것을 하려고 합니다. 무엇에 관한 내용인지 인식조차 되지 않은 상태에서 이해하려하니 글이 파악될 리 없습니다. 텍스트 분석은 글의 인식 과정을 이해 과정에서 분리해 각각 수행하게 만들어 결과적으로 독해를 좀 더 쉽게 만들어 줍니다.

:: 도형이나 기호로 표시하기

글을 읽으며 표시하는 방법은 매우 다양합니다. 정해진 바가 없어 사람마다 다를 수 있습니다. 각자 자기만의 방식을 개발하면 좋습니다. 아래는 제가 도형, 기호, 알파벳 등으로 표시하는 방법입니다. 저는 이제 수험생이 아니지만 지금도 지식책을 읽을 때는 이 방법을 사용합니다. 덕분에 지식책을 좀 더 깊이 이해할 수 있습니다. 아래 표를 참고하여 여러분의 방법으로 변형해 보세요.

기본	개념	네모 박스 □
	핵심 개념	네모 박스에 별표 추가 □*
	개념 설명	물결 밑줄, 밑줄, 화살표 →
	중심 문장	쌍따옴표 " "
추가	첫째, 둘째	동그라미 ○
	인과, 역접	브이 v
	비교, 대조	동그라미 숫자 ①, ②, ③
	예시	e
기타	문제와 해결	P & S
	문단	네모 숫자 ①, ②, ③
	예외	세모 △

:: 텍스트 분석 사례

그럼 위에서 배운 방법을 직접 한번 실습해 보겠습니다. 연필을 들고 중요한 부분에 표시하면서 읽어보시기 바랍니다.

기축 통화는 국제 거래에 결제 수단으로 통용되고 환율 결정에 기준이 되는 통화이다. 1960년 트리핀 교수는 브레턴우즈 체제에서의 기축 통화인 달러화의 구조적 모순을 지적했다. 한 국가의 재화와 서비스의 수출입 간 차이인 경상 수지는 수입이 수출을 초과하면 적자이고, 수출이 수입을 초과하면 흑자이다. 그는 "미국이 경상 수지 적자를 허용하지 않아 국제 유동성 공급이 중단되면 세계 경제는 크게 위축될 것"이라면서도 "반면 적자 상태가 지속돼 달러화가 과잉 공급되면 준비 자산으로서의 신뢰도가 저하되고 고정 환율 제도도 붕괴될 것"이라고 말했다.

2022학년도 수학능력평가시험

어디에 표시하였나요? 저는 다음과 같이 표시하였습니다.

기축 통화는 국제 거래에 결제 수단으로 통용되고 환율 결정에 기준이 되는 통화이다. 1960년 트리핀 교수는 브레턴우즈 체제에서의 기축 통화인 달러화의 구조적 모순*을 지적했다. 한 국가의 재화와 서비스의 수출입 간 차이인 경상 수지는 ① 수입이 수출을 초과하면 적자이고, ② 수출이 수입을 초과하면 흑자이다. 그는 "① 미국이 경상 수지 적자를 허용하지 않아 국제 유동성 공급이 중단되면 세계 경제는 크게 위축될 것"이라면서도 "반면 ② 적자 상태가 지속돼 달러화가 과잉 공급되면 준비 자산으로서의 신뢰도가 저하되고 고정 환율 제도도 붕괴될 것"이라고 말했다.

분석을 통해 중요 내용을 인식했다면 이제는 그 내용을 좀 더 자세히 이해할 차례입니다. 분석한 내용을 중점으로 위 내용을 설명해 보세요. 위 글을 어떻게 이해할 수 있을까요? 저는 다음처럼 정리하였습니다.

1) 국제 거래에 결제 수단으로 통용되는 기축 통화인 달러화에는 구조적 모순이 있다.

2) 미국이 경상 수지 적자를 허용하지 않아 국제 유동성 공급이 중단되면 세계 경제는 크게 위축될 것이다.

3) 반면 적자 상태가 지속돼 달러화가 과잉 공급되면 준비 자산으로서의 신뢰도가 저하되고 고정 환율 제도도 붕괴될 것이다.

:: 텍스트 분석의 장점

어떻습니까? 분석해서 내용을 간결하게 정리한 후 이를 중심으로 이해하니 내용 파악이 한결 쉬워지지 않았나요? 텍스트 분석에는 다음의 장점이 있습니다.

① 정보가 한눈에 보인다

텍스트는 모두 검은 글씨로 되어 있습니다. 중요 정보가 덜 중요한 정보와 쉽게 구분되지 않고, 심지어 말을 이어주는 조사와도 구분이 쉽지 않습니다. 표시를 해주면 무엇이 중요하고 무엇이 덜 중요한지 또 무엇에는 신경 쓸 필요가 없는지 쉽게 구분됩니다. 그리고 그들 사이의 관계가 어떠한지까지 눈으로 확인할 수 있습니다.

② 정보를 찾는 시간이 줄어든다

어려운 글을 이해하기 위해서 같은 부분을 여러 번 반복해 읽어야 하는 경우가 잦습니다. 중요 개념을 이해하기 위해 개념의 명칭, 설명, 예시를 차례대로 읽은 후 처음으로 돌아가 명칭, 설명, 예시를 다시 읽어야 하는 거죠. 이해가 매우 어렵다면 이 과정을 여러 차례 반복해야 하는 경우도 있습니다. 이때 해당 내용에 표시를 해두지 않으면 매번 그 위치를 다시 찾아야 합니다. 예를 읽은 후 설명을 다시 읽기 위해 설명이 어디에 있는지 그 위치를 다시 한번 찾아야 하는 겁니다. 표시를 해 둔다면 즉각적으로 그 위치를 찾을 수 있습니다.

③ 이해를 위한 노력을 지속할 수 있게 된다

앞에서 말한 이유로 소모되는 시간이 절대량으로는 크지 않을지 모르지만 문해 과정에는 매우 파괴적입니다. 내용 이해 작업과 위치 찾기 작업을 번갈아 하면 뇌의 효율이 크게 떨어지기 때문입니다. 뇌는 한 가지 일을 꾸준히 할 때 가장 효과적으로 일합니다. 서로 다른 작업 간에 잦은 전환은 뇌가 제대로 작업하지 못하게 만듭니다. 이런 상황이 지속되면 뇌는 피로를 느끼고 더 이상 작업하기를 거부합니다. 귀찮아서 문해를 포기하게 되는 거죠. 결국 표시라는 작은 차이가 이해에 노력을 들일 수 있는지 없는지를 결정하는 중요한 변수가 되는 셈입니다.

④ 이해가 쉬워진다

이런 점이 모두 모여 결국에는 글에 대한 이해가 쉬워집니다. 문해력을 높이기 위해서는 이해에 필요한 비용을 최소화해야 합니다. 이해에 들어가는 에너지와 시간이 많으면 많을수록 아이들은 중도에 포기하거나 실패할 가능성이 높아집니다. 쉽고 빠르게 이해하게 되면 여유가 생겨서 아이들은 이해에 더 많은 노력을 들일 수 있게 됩니다.

◦ 텍스트 구조화하기 ◦

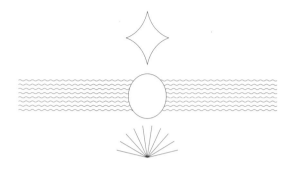

　건축에는 건물을 짓는 몇 가지 구조가 있습니다. 벽돌을 쌓아 건축하는 조적조, 철근 뼈대에 콘크리트를 부어 굳힌 철근 콘크리트조가 대표적입니다. 건축가는 이런 구조를 이용해 벽을 쌓고 천장을 올려 사람들이 생활할 수 있는 공간을 만듭니다. 지식책에도 글을 쓰는 몇 가지 구조가 있습니다. 글쓴이는 이런 구조를 이용해 지식을 쌓아 사람들이 이해할 수 있는 공간을 만듭니다. 이런 글의 구조를 이해하는 것을 텍스트 구조화라고 합니다. 텍스트가 실제로 어떤 구조로 이루어졌는지 파악하는 일이지요.

:: 텍스트 구조화의 필요성

텍스트의 구조는 왜 알아야 할까요? 인간의 사고는 가로, 세로, 높이가 있는 3차원 구조물에 가깝습니다. 3차원 구조물에서 한 점은 상하좌우는 물론 전후로도 연결됩니다. 점과 점이 매우 복잡하게 연결되어 있지요. 3차원 구조물과 닮은 인간의 사고는 하나의 생각이 여러 생각과 복잡하게 얽혀 있습니다. 반면 글은 실과 같은 1차원의 선형입니다. 글은 오직 오른쪽으로만 진행됩니다. 위아래가 있긴 하지만 사실 이는 오른쪽의 연장에 불과하지요. 글의 이런 특징을 선형적Linear이라고 합니다. 선Line처럼 길게 일렬로 나아가는 특성을 가졌다는 뜻입니다.

글을 이해하는 일은 1차원의 문자를 3차원의 사고로 바꾸는 것입니다. 1페이지부터 258페이지까지 이어져 있는 길고 긴 지식의 선을 집으로 지어내는 일이 지식책을 이해하는 일인 겁니다. 내 머릿속 지식의 집을 잘 짓기 위해서는 작가의 머릿속에 원래 어떤 구조의 지식이 있었는지 파악하는 것이 필요합니다. 원래의 구조를 파악하면 나만

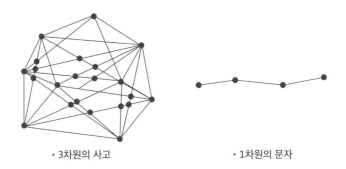

· 3차원의 사고   · 1차원의 문자

의 구조를 만들기가 수월해지니까요. 지식책 문해력이 뛰어난 사람은 본능적으로 책을 읽으면서 텍스트를 구조화합니다. 지식책 문해력이 부족하다면 텍스트를 구조화하는 방법을 배워야 하고요.

텍스트 구조화의 효과는 문해력 연구에서 여러 차례 밝혀졌습니다. 메어어와 푼Meyer & Poon은 독자가 텍스트의 구조를 이용하여 지식 텍스트를 이해한다고 밝혔습니다. 그들은 젊은이와 노인들을 세 그룹으로 나누어 교육하였습니다. A 그룹은 구조 전략, B 그룹은 흥미 전략을 교육받았고, C 그룹은 아무런 교육을 받지 않았습니다. 이 중 구조 전략을 교육받은 A 그룹 참가자들이 중요한 지식을 가장 잘 기억했고, 기억하는 전체 지식의 양도 가장 많았습니다. 게다가 교육을 받은 후 새로운 텍스트를 읽을 때도 이전에 배운 구조 전략을 사용하였습니다.

부진 학생을 대상으로 한 연구에서도 텍스트 구조를 식별하고 사용하도록 가르치는 것이 지식 텍스트에 대한 이해를 향상시킨다는 사실이 밝혀졌습니다. 이 연구에서도 역시 교육 효과는 시간이 지나도 사라지지 않고 유지되었으며 가르치지 않은 새로운 텍스트의 구조를 파악하는 데도 도움이 된다는 사실이 밝혀졌습니다. 수십여 개의 유사한 연구들이 일관적으로 텍스트 구조 교육이 지식책 문해력을 상승시킴을 말하고 있습니다. 텍스트 구조화는 크게 두 가지로 나뉩니다. 바로 책 전체 구조화와 본문 구조화입니다.

:: 책 전체 구조화

우선 책 전체가 어떻게 짜였는지 이해해야 합니다. 그러면 개별 내용을 이해하기가 한결 쉬워지기 때문입니다. 책 전체의 구조는 책의 설계도라 할 수 있는 목차를 통해 파악할 수 있습니다.

① 책의 구조

책은 크게 부, 장, 꼭지로 구성됩니다. 꼭지는 소주제라고도 하며 대개 목차의 가장 작은 단위가 됩니다. 분량은 매우 다양하지만 보통 몇 페이지 내외로 한숨에 읽기 좋은 정도라고 생각하면 됩니다. 꼭지를 여럿 모으면 장이 됩니다. 장은 책의 중심 기둥이 됩니다. 장을 모으면 부가 됩니다. 부는 몇 개의 장끼리 묶을 수 있는 특성이 분명한 경우만 사용되며 없는 경우도 매우 흔합니다. 이 책의 목차를 보겠습니다. 여기서 '지식책, 이렇게 읽어야 합니다'는 부입니다. '지식책으로

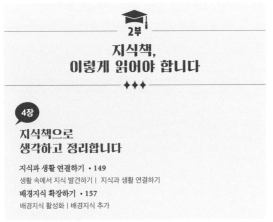

• 이 책의 목차 일부

생각하고 정리합니다'는 장이고 '지식과 생활 연결하기'는 꼭지입니다.

② 책 구조화

목차를 통해 책을 구조화할 때는 앞에서 뒤로 차례대로 읽어나가지 않습니다. 대신 큰 것에서 작은 것으로 가는 탑다운Top-down 방식을 사용합니다. 부, 장처럼 큰 단위를 중심으로 책 전체를 우선 조망한 후 꼭지와 실제 텍스트를 통해 세부적으로 확인하는 겁니다.

• 부와 장 살피기

부가 있다면 가장 먼저 부를 살펴봅니다. 1부와 2부의 제목을 통해 각 부가 각각 무엇을 이야기하는지 살핍니다. 다음으로 장을 살펴봅니다. 각 부 안에서 1장, 2장, 3장이 서로 어떤 내용으로 연결되어 있는지 봅니다. 장은 책의 기둥이기에 표제, 부의 제목과 연결하며 중심 내용이 무엇인지 파악합니다.

• 꼭지와 실제 텍스트 살피기

장 제목을 보면 우선 큰 틀에서 책의 내용은 파악이 됩니다. 게다가 꼭지는 그 개수가 많아서 다 살피기 어려울 수 있습니다. 좀 더 구체적으로 어떤 내용이 담겨 있는지 궁금한 장이 있다면 그 부분만 골라 꼭지를 살펴봅니다. 꼭지를 살펴봤는데 더 알고 싶다면 실제로 해당 페이지를 펼쳐서 텍스트를 살펴보고요.

:: 본문의 구조

구조는 책 전체에도 있지만 본문에도 있습니다. 본문에서 사용되는 구조는 다음과 같습니다.

① 대상과 설명

특정 대상을 설명하는 형식입니다. 예를 들어 라면이 무엇인지 자세히 설명할 수 있습니다. 군침이 넘어가도록 맛있게 끓인 라면의 모습을 그림 그리듯 생생히 묘사할 수도 있고요. 마트에서 판매하는 라면의 다양한 종류를 하나씩 열거할 수도 있습니다. 속성을 설명하든, 외형을 묘사하든, 하위 항목을 열거하든 어떤 대상에 대해 구체적으로 풀어서 설명한다면 모두 대상과 설명 구조입니다.

② 순서와 차례

어떤 일의 과정을 순서대로 설명하는 형식입니다. 어떤 일의 시간적 특성에 초점을 맞춘 특징이 있습니다. 예를 들어 라면 끓이는 법을 설명한다면 순서와 차례의 구조가 됩니다.

③ 비교와 대조

두 가지 이상의 대상을 서로 견주어 살펴보는 형식입니다. 라면과 국수의 제조 방법이나 맛의 차이 등을 견주어 본다면 비교와 대조의 구조입니다. 공통점을 중심으로 비교할 수도 있고 차이점을 중심으로 대조할 수도 있습니다.

④ 원인과 결과

어떤 문제의 원인을 설명하는 형식입니다. 혹은 어떤 원인에 의해서 발생하는 결과를 설명할 수도 있습니다. 식사를 제대로 하지 않고 라면만 섭취할 경우 건강에 어떤 문제가 생길 수 있는지 설명한다면 원인과 결과의 구조입니다. 혹은 라면을 특별하게 좋아하게 된 이유에 대해 설명하는 경우도 원인과 결과의 구조입니다.

⑤ 문제와 해결

어떤 문제를 제시하고 이를 해결하기 위한 방법을 설명하는 형식입니다. 라면을 먹고 자도 얼굴이 붓지 않는 방법을 설명한다면 문제와 해결의 구조입니다. 어떻게 하면 라면을 건강하게 먹을 수 있는지를 묻는 질문에 답하는 경우도 문제와 해결의 일종입니다.

⑥ 사실과 의견

어떤 대상에 대한 사실을 말하고 자신의 의견을 덧붙이는 형식입니다. 라면에 대한 다양한 사실적 정보를 제공한 후 건강을 위해 적당히 먹어야 한다는 의견을 첨부한다면 사실과 의견의 구조입니다.

⑦ 주장과 근거

주장을 한 후 이를 뒷받침할 수 있는 다양한 근거를 제시하는 형식입니다. 라면을 맘껏 먹어도 큰 문제가 없다는 주장을 하고 그에 대한 증거들을 제시한다면 주장과 근거 구조입니다.

:: 텍스트 구조화 실습

숨은 왜 쉴까?

살아가려면 몸의 모든 세포에 산소를 공급해야 해요. 공기가 폐로 들어오면 공기 중의 산소가 피 속으로 들어가요. 피가 흐르면서 각 세포에 산소를 전달해요. 그러면서 필요 없는 이산화탄소를 모아서 다시 폐로 가져가고, 호흡하면서 밖으로 내보내지요. 호흡은 의식하지 않아도 자연스럽게 이루어져요. 사람은 하루에 2만 번, 평생 6억 번쯤 숨을 쉰다고 해요.

『초등 필수 백과』 154쪽

이 글의 구조는 무엇이라고 생각하시나요? 처음에는 파악하기 어려울 수 있습니다. 다음의 질문을 하나씩 해보면서 글을 다시 한번 살펴보세요.

• 글의 구조를 파악하기 위한 질문

1) 대상과 설명 – 어떤 대상에 대해 구체적으로 설명하고 있나요?

2) 순서와 차례 – 어떤 일이 일어나는 순서나 차례를 말하고 있나요?

3) 비교와 대조 – 두 가지 대상을 견주어 살펴보고 있나요?

4) 원인과 결과 – 원인을 제시하고 이로 인한 결과를 말하고 있나요?

5) 문제와 해결 – 어떤 문제가 있고 이를 해결하는 방법을 알려주고 있나요?

6) 사실과 의견 – 사실을 제시하고 이에 대한 작가의 의견을 제시했나요?

7) 주장과 근거 – 주장을 한 후 이에 대한 근거를 들고 있나요?

이 중 무엇에 해당한다고 생각하시나요? 이 글은 숨이라는 대상을 구체적으로 설명하고 있습니다. 숨이라는 대상을 두고 사람은 왜 숨을 쉬는지, 숨은 어떻게 진행되는지, 하루에 얼마나 숨을 쉬는지 등에 대해 설명하고 있습니다. 재미있는 것은 대상과 설명이라는 구조를 사용하지만 숨의 진행 과정을 설명할 때는 순서와 차례의 구조를 사용한다는 겁니다. 그래서 이 글은 다음처럼 정리할 수 있습니다.

1) 살아가려면 몸의 모든 세포에 산소를 공급해야 하기에 숨을 쉼.
2) 숨을 쉬는 과정
   1단계 – 공기가 폐로 들어온다.
   2단계 – 공기 중의 산소가 피 속으로 들어간다.

3단계 - 피가 흐르면서 세포에 산소를 전달한다.

4단계 - 이산화탄소를 모아서 폐로 가져간다.

5단계 - 호흡을 통해 이산화탄소를 내보낸다.

3) 호흡은 저절로 이루어짐.

4) 사람은 하루에 2만 번, 평생 6억 번쯤 숨을 쉼.

어떤가요? 이렇게 구조화하고 나니 글이 훨씬 쉽게 이해되지 않나요? 그런데 글을 읽을 때 매번 이렇게 글을 쓰며 정리하지는 않습니다. 그래서 평소에는 다음처럼 텍스트 분석을 한 후 머릿속으로 정리해야 합니다.

숨은 왜 쉴까?

살아가려면 몸의 모든 세포에 산소를 공급해야 해요. ① 공기가 폐로 들어오면 ② 공기 중의 산소가 피 속으로 들어가요. ③ 피가 흐르면서 각 세포에 산소를 전달해요. 그러면서 ④ 필요 없는 이산화탄소를 모아서 다시 폐로 가져가고, ⑤ 호흡하면서 밖으로 내보내지요. 호흡은 의식하지 않아도 자연스럽게 이루어져요. 사람은 하루에 2만 번, 평생 6억 번쯤 숨을 쉰다고 해요.

이번에는 다른 글로 한 번 더 분석해 보겠습니다. 앞에서 봤던 글의 구조를 파악하기 위한 질문을 기억하시나요? 그 질문을 염두에 두면서 다음 글을 읽어보시기 바랍니다.

쓰나미가 무엇일까?

쓰나미는 바다 밑에서 일어나는 지진 때문에 생긴 해일을 말해요. 바닷속에서 화산 폭발이나 지진이 일어나면 파도가 높아져 해일이 발생하지요. 쓰나미는 속도가 매우 빠르고 힘이 세서 엄청난 높이의 파도를 일으켜 큰 피해를 주기도 해요. 2004년에 동남아시아에서 일어난 쓰나미 때문에 수많은 사람이 죽었어요. 또 2011년에는 이웃 나라 일본에서 발생한 쓰나미로 원자력 발전소가 폭발하는 큰 사고가 있었답니다.

『초등 필수 백과』 69쪽

이 글의 구조는 무엇이라고 생각하나요? 이 글 역시 대상과 설명 구조입니다. 글은 쓰나미라는 대상을 설명하고 있습니다. 그리고 쓰나미가 어떤 문제를 일으키는지 구체적으로 설명하고 있습니다.

그래픽 조직자로 정리하기

지식책을 구조화하기에 좋은 그래픽 조직자에 대해 알아보겠습니다. 그래픽 조직자에서 그래픽Graphic은 시각적 효과를 나타냅니다. 조직자Organizer는 조직Organize을 하는 도구er를 의미하고요. 그래서 그래픽 조직자는 정보를 조직하여 시각적으로 보여주는 도구라는 뜻입니다. 지식책을 읽고 이해하고 정리할 때 매우 효과적입니다. 대부분 이 이름을 처음 들어보시겠지만 사실 이미 많은 사람들이 알고 있는 그래픽 조직자가 하나 있습니다. 바로 마인드맵입니다. 다음의 그림은 마인드맵의 창시자인 토니 부잔Tony Buzan의 저서 『토니 부잔 마인드맵 마스터』에 실린 예시입니다.

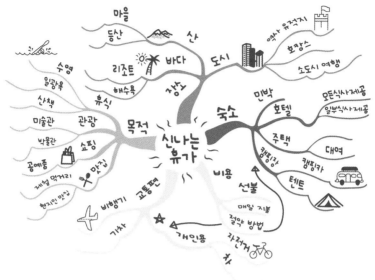

:: 그래픽 조직자의 종류

그래픽 조직자의 종류는 매우 다양합니다. 하지만 그 특징을 중심으로 묶어보자면 크게 흐름형, 확장형, 항목형으로 나눌 수 있습니다.

① 흐름형

흐름형은 정보가 하나에서 다른 것으로 흘러가는 형태입니다. 왼쪽에서 오른쪽으로 가거나 위에서 아래로 이동하는 것이 보통입니다. 사건이나 시간이 차례대로 흘러갈 때 적용하기 적합해 원인과 결과, 순서와 차례 등의 글의 구조에 적용하기 좋습니다. 칸의 개수는 최소 2개

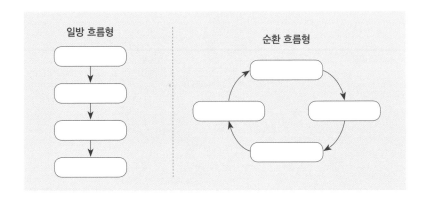

부터 시작하며 5~6개 이상으로도 늘어날 수 있습니다. 다만 요소가 너무 많아지면 그 흐름을 한눈에 이해하기 어려울 수 있습니다. 그런 경우는 몇 가지 요소를 유사점을 기준으로 묶어 줄이는 편이 좋습니다.

흐름형에는 일방 흐름형과 순환 흐름형이 있습니다. 일방 흐름형은 하나에서 다른 하나로 일방향으로 전개됩니다. 예를 들어 태어나서 죽을 때까지 사람의 일생을 정리한다면 일방 흐름형이 적합할 것입니다. 반면 순환 흐름형은 하나에서 다른 하나로 흘러간 정보가 흐르고 흘러 다시 처음으로 돌아오는 형태입니다. 예를 들어 곤충의 한살이, 물의 순환을 표현할 때 사용할 수 있습니다.

② 분화형

분화형은 정보가 하나에서 여럿으로 점차 나뉘어 나가는 형태입니다. 하나의 개념이 하위 요소나 개별적인 요소로 확장되어 가는 경우에 적당합니다. 대상과 설명, 원인과 결과, 문제와 해결 등의 구조에 적

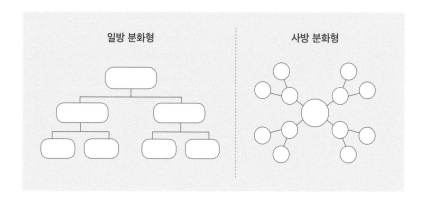

일방 분화형

사방 분화형

용하기 좋습니다.

　분화형은 크게 일방 분화형과 사방 분화형이 있습니다. 일방 분화형은 위에서 아래로 왼쪽에서 오른쪽으로 한 방향으로 계속 뻗어 나갑니다. 하나에서 여럿으로 분화하는 형태가 아닌 반대로 여럿이 하나로 집중되는 형태도 가능합니다. 월드컵 토너먼트 대진표가 바로 그 예입니다. 사방 분화형은 가운데에서 상하좌우로 사방으로 뻗어 나갑니다. 마인드맵이 바로 사방 분화형입니다. 하나의 핵심 개념에서 펼쳐나간다는 점은 같지만 일방 분화형은 상위, 하위를 강조하는 특징이 있고 사방 분화형은 변화와 확산을 강조하는 특징이 있습니다.

③ 항목형

　항목형은 여러 항목을 서로 비교하고 살펴보는 형태입니다. 정보 간의 유사점, 차이점을 비교하는 데 장점이 있습니다. 비교와 대조, 사실과 의견, 주장과 근거 등의 구조에 사용할 수 있습니다.

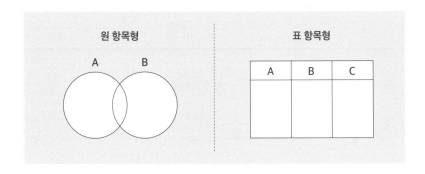

항목형은 크게 원 항목형과 표 항목형이 있습니다. 원 항목형은 하나의 원이 하나의 항목이 되어 항목 간의 비교를 유도합니다. 원이 겹치는 부분은 각 항목의 공통점을, 겹치지 않는 부분에는 개별적 특징을 담게 됩니다. 중학교 수학 시간에 배웠던 벤다이어그램이 대표적인 원 항목형 그래픽 조직자입니다. 표 항목형은 행과 열이 있는 도표에 정보를 담습니다. 표 항목형은 행과 열에서 각각 한 가지씩 총 두 가지 기준을 제시할 수 있어 원 항목형보다 좀 더 자세한 비교가 가능하다는 장점이 있습니다.

:: 그래픽 조직자 활용법

그래픽 조직자를 활용하는 방법은 다양합니다. 학습의 전, 중, 후의 각 단계에서 사용할 수도 있고 설명하거나 수업할 때도 사용 가능합니다.

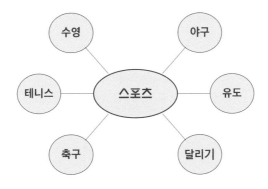

• 내가 알고 있는 스포츠

① 학습 전

본격적인 학습 전에 배경지식을 활성화할 때 사용할 수 있습니다. 사방 확장형 그래픽 조직자에 브레인스토밍 형식으로 자신의 경험이나 지식을 기록해 나갈 수 있습니다. 예를 들어 스포츠에 대한 글을 읽기 전에 내가 알고 있는 다양한 스포츠 경기의 이름을 기록해 보는 겁니다. 쓰는 과정에서 배경지식을 깨울 수 있으며 쓴 기록물은 학습 중에 자료로 활용될 수 있습니다.

② 학습 중

학습하고 있는 내용이 어렵고 복잡해 이해하기 어렵다면 그래픽 조직자에 정리하면 좋습니다. 정보 간의 복잡한 관계가 한눈에 볼 수 있게 정리되어 내용 구조나 지식 구조를 파악하는 데 매우 유용합니다.

③ 학습 후

학습을 마친 후 정리 목적으로 사용할 수도 있습니다. 배운 내용을 그래픽 조직자에 갈무리해 보세요. 시각적으로 단순한 형태로 정리되어 지식을 더 깊게 이해하고 기억하는 데 효과적입니다.

구기	네트	격투	육상
야구	배구	태권도	100m 달리기
축구	테니스	유도	마라톤

• 스포츠의 분류

④ 설명할 때

아이에게 무언가를 설명할 때 그래픽 조직자를 활용해 보세요. 특히 말로만 설명하기 어려울 때 그래픽 조직자를 활용하면 효과가 매우 좋습니다. 좀 더 체계적으로 정리된 정보를 제공해 이해도를 높이기 때문입니다.

⑤ 수업할 때

교사라면 수업 내용을 그래픽 조직자로 만들어 설명할 수 있습니다. 복잡한 학습 내용을 본격적인 내용 학습 전에 미리 그래픽 조직자로 만들어 제시해 보세요. 아이들이 수업의 큰 그림을 머릿속으로 그리는 데 도움을 줍니다. 그러면 세부 사항을 추가하기만 하면 되어서 학습 효율이 올라갑니다. 수업하면서 그래픽 조직자를 만들어 나갈 수도 있습니다. 설명한 후 그래픽 조직자를 만들어 나가거나 그래픽 조직자를 작성하면서 설명을 추가할 수 있습니다. 수업 후에 학습한 내용을 복기하고 정리하면서 그래픽 조직자를 만들 수도 있습니다.

⑥ 아이 스스로 정리할 때

그래픽 조직자는 아이에게 지식을 설명할 때 사용하는 것도 좋지만 아이 스스로 사용할 때 최고의 효과를 얻을 수 있습니다. 다른 사람이 만든 그래픽 조직자를 지식 정리의 결과물로 그냥 볼 때보다 지식 정리 과정의 도구로써 스스로 생각해 만들어 나갈 때 진짜 효과를 발휘한다는 의미입니다. 그래픽 조직자를 어떻게 채워 나갈지 고민하는 과정에서 능동적 이해가 촉진되어 결과적으로 이해하고 기억하는 양이 증가합니다. 나중에는 그래픽 조직자를 채워 넣는 것을 넘어 그래픽 조직자를 선택하고 직접 만드는 것까지 아이 스스로 하는 것이 좋습니다. 적절한 그래픽 조직자를 선택하거나 만드는 일이 능동적 이해에 필요하기 때문입니다. 그래서 다음의 순서로 지도하기를 권합니다.

• 그래픽 조직자를 활용하여 지도하기
- 1단계 : 부모나 교사가 그래픽 조직자를 이용해 설명합니다.
- 2단계 : 적절한 그래픽 조직자를 제공한 후 아이가 채워 나가게 합니다.
- 3단계 : 다양한 그래픽 조직자를 제공한 후 아이가 그중에서 적절

한 것을 선택하게 합니다.

- 4단계 : 아이 스스로 적절한 그래픽 조직자를 떠올려서 사용합니다.

:: 그래픽 조직자의 효과

그래픽 조직자는 크게 세 가지 학습 효과가 있습니다. 학습자의 능동적 이해를 촉진하여 내용을 더 잘 이해하게 하고 결과적으로 내용을 더 오래 기억하게 돕습니다.

① 능동적 이해 촉진

그래픽 조직자는 학습자의 능동적인 이해를 촉진합니다. 능동적 이해란 이해되지 않는 것을 이해하기 위해 전략을 계획하고 실행해 알게 되는 것을 뜻합니다. 대부분의 아이들이 이해를 위해 어떤 노력을 해야 하는지 잘 알지 못합니다. 그래서 저절로 이해가 되길 원하는 수동적 태도에 머물러 있습니다. 그로 인해 문해력과 성적 모두 낮을 수밖에 없고요. 그래픽 조직자를 활용하면 적절한 그래픽 조직자를 선택하고 항목을 채워 넣는 동안 계속해서 능동적으로 이해에 개입하게 됩니다.

② 내용을 더 잘 이해

글은 선형적이라 다면적으로 얽힌 정보 간의 관계를 제대로 표현하지 못합니다. 이를 파악해 정리하는 것은 모두 독자의 몫입니다. 독자가 문해에 능숙하지 못하면 이 작업을 제대로 수행하지 못합니다. 그래픽 조직자는 학습자로 하여금 정보 간의 관계를 생각하도록 만들어 정보 사이의 관계를 깊이 이해하게 돕습니다.

③ 내용을 더 오래 기억

하나의 정보는 다른 정보와 연결되었을 때 기억이 오래갑니다. 정보와 정보가 서로 간에 기억을 지켜주는 역할을 하기 때문입니다. 그래픽 조직자는 이미지를 활용하여 여러 내용을 체계적으로 정리하기 때문에 학습자가 정보를 기억하기에 유리합니다.

5장

지식책으로
묻고 답하고 씁니다

○ 사실 질문하기 ○

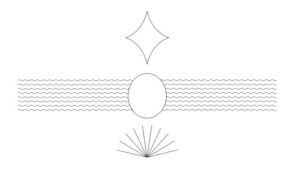

학습 능력은 배워야 할 목표 지식을 효과적으로 자신의 개인 지식으로 만들 수 있음을 의미합니다. 학습 능력은 아이마다 많은 차이를 보입니다. 어떤 아이는 학습 능력이 뛰어나 새로운 것을 빨리 배웁니다. 반면 어떤 아이는 학습 능력이 낮아 새로운 것을 잘 배우지 못합니다. 공부를 잘하기 위해서는 학습 능력을 높이는 것이 관건입니다. 학

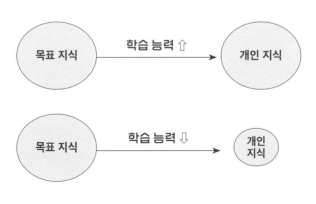

습 능력을 높이면 똑같은 시간을 공부해도 더 많은 것을 배울 수 있으니까요. 그래서 학습에 있어 관건은 목표 지식을 어떻게 효과적으로 개인 지식으로 변환할 수 있느냐입니다.

:: 학습은 연결이다

많은 사람들이 학습 하면 암기를 떠올리는데 잘못된 생각입니다. 암기는 목표 지식을 기계적으로 반복하는 일입니다. 마치 녹음기가 소리를 녹음했다가 다시 재생하는 것처럼요. 녹음기가 아무리 반복 재생을 잘한다 해도 우리는 녹음기가 학습했다고 말하지는 않습니다. 다른 누군가가 말하지 않은 형태, 오직 자신만의 방식으로 말할 수 있을 때 그 지식을 확실히 안다고 할 수 있습니다. 이것을 위해 필요한 것은 바로 연결입니다. 목표 지식과 학습자가 이미 가지고 있는 개인 지식 사이에 연결을 만들어 낼 때 우리는 "아하!" 하며 이해하게 됩니다. 이렇게 이해한 후 반복 연습을 통해 수행력을 높여 숙달되면 학습이 완성되는 것입니다.

우선 목표 지식과 개인 지식 사이에 연결을 만드는 것이 관건입니다. 이런 연결은 한순간 깨달음을 통해 순간적으로 생기기도 하지만 대개는 사려 깊은 질문과 관찰을 통해 생겨납니다. 퍼즐놀이에서 하나의 조각이 들어갈 위치를 찾을 때 우리는 질문합니다. '과연 위는 뾰족하고 아래는 안으로 쏙 들어가고 오른쪽은 동그랗고 왼쪽은 곧은 이

조각이 들어갈 수 있는 위치는 어디일까?' 이런 질문을 머릿속에서 반복하면서 이에 맞는 자리를 찾아갑니다. 학습할 때도 목표 지식이라는 퍼즐이 내 머릿속 딱 맞는 자리를 찾기 위해서 계속해서 질문해야 합니다. 도대체 나의 어떤 지식과 연결되는지를 말입니다. 목표 지식이라는 퍼즐 조각을 나의 개인 지식이라는 퍼즐판에 있는 빈칸의 모양새와 비교하면서 맞는 자리를 찾는 겁니다. 그러다가 적당한 자리를 발견하면 이해하는 것이고 발견하지 못하면 이해하지 못하는 겁니다.

그래서 질문 능력은 학습자의 학습 능력을 크게 좌우합니다. 적절한 질문을 던질 줄 알아야 새로운 내용을 쉽게 배울 수 있습니다. 적절한 질문을 던진다는 것은 목표 지식을 개인적 지식과 연결하는 방법을 안다는 의미니까요. 적절한 질문을 던지지 못하면 연결 고리와 상관없는 곳을 들쑤시게 됩니다. 당연히 제자리를 찾아주지 못하겠죠. 그러니 학습 능력을 길러주기 위해서는 질문하는 능력부터 기르는 것이 중요합니다.

질문은 크게 두 종류로 나뉩니다. 바로 사실 질문과 생각 질문입니다. 이 두 종류의 질문을 지식책을 읽으면서 아이와 연습하시기 바랍니다. 그러면 아이의 학습 능력이 점차 길러질 것입니다.

:: 사실 질문 세 가지

사실 질문은 글에 나온 내용을 있는 그대로 확인하는 질문입니다.

점박이물범에 관한 다음의 글을 읽어보세요.

점박이물범은 바다표범의 일종으로 북반구에 많이 살고 있습니다. 우리나라에서는 천연기념물 제331호로 지정되었습니다. 주식으로 명태나 청어와 같은 물고기, 오징어, 조개를 먹습니다. 천적으로는 백상아리, 청상아리, 뱀상어와 범고래가 있습니다.

이 글을 읽은 후 "물범의 천적이 뭐지?"라고 묻는다면 그것이 바로 사실 질문입니다. 왜냐하면 "천적으로는 백상아리, 청상아리, 뱀상어와 범고래가 있습니다."라고 정확하게 글에 나와 있기 때문입니다. 사실 질문을 묻고 답할 때는 개인적 생각이나 추측을 배제합니다. 어떠한 개인적 의견도 없이 오직 텍스트에서 말한 팩트를 그대로 확인하는 것이 사실 질문의 목적입니다. 사실 질문에는 인식 질문, 회상 질문, 번역 질문이 있습니다.

① 인식 질문 Recognition questions

인식 질문은 텍스트에서 특정 지식의 위치를 찾으라고 요구하는 질문입니다. 질문에 대한 답을 책 속에서 찾아낼 수 있는지 묻는 것입니다. 예를 들어 "물범의 천적에 대한 설명은 어디에 있지?"라고 물을 수 있습니다. 질문을 받은 학습자는 답을 손가락으로 짚을 수 있어야 합니다. 인식 질문은 학습자가 자신에게 필요한 지식을 글에서 빠르게 찾는 능력을 길러줍니다.

② 회상 질문 Recall questions

회상 질문은 지식을 기억해 떠올리도록 요구합니다. 예를 들어 책을 덮은 후 "물범의 천적에는 무엇이 있었지?"라고 묻는 겁니다. 질문을 받은 학습자는 좀 전에 읽은 내용을 기억으로 더듬어 떠올려서 말할 수 있어야 합니다. 정보가 많은 경우 회상 질문에 답하기는 생각보다 어렵습니다. 그래서 회상 질문에 정확히 답하지 못했다고 책을 제대로 읽지 않았다고 할 수는 없습니다. 이런 경우 회상 질문을 할 테니 중요한 부분을 기억하라고 읽기 전에 예고하면 좋습니다. 어떤 질문을 할지 미리 말해줄 수도 있습니다. 질문을 미리 알려준 후 이와 관련된 부분을 특히 신경 써서 읽으라고 알려주는 겁니다. 이렇게 하면 목적을 갖고 책을 읽는 훈련이 됩니다. 다만 미리 질문을 제시할 경우 그 부분만 읽고 다른 부분은 읽지 않을 수도 있습니다. 그래서 다른 질문도 몇 가지 더 할 거라고 말해두는 편이 좋습니다. 또 다른 방법으로는 인식 질문을 통해 답을 찾게 한 후 책을 덮고 말하게 할 수도 있습니다. 이렇게 하면 정보를 기억하는 데 너무 매이지 않고 이해에 더 많은 노력을 기울일 수 있습니다.

③ 번역 질문 Translation questions

번역 질문은 지식을 자신의 언어로 말하기를 요구합니다. 예를 들어 "물범에 대해서 설명해 볼래?"처럼 묻습니다. 그러면 학습자는 자신이 기억하는 부분을 중심으로 요약해서 말합니다. 중요한 것은 책을 보면서 읽지 않고 머릿속으로 생각해서 자기의 표현으로 말하는 겁니다. 책을 보면서 읽으면 그것은 그냥 읽는 것이지 번역 질문에 답하는 것이 아닙니다. 정보를 기억하기 어렵다면 책을 볼 수는 있지만 책의 언어가 아닌 자신의 언어로 변형하여 말해야 합니다.

:: 사실 질문 시 주의점

사실 질문을 할 때 다음의 세 가지 주의점을 잘 지킨다면 질문의 교육적 효과를 훨씬 더 높일 수 있습니다.

① 회상 질문 최소화하기

회상 질문의 사용을 최소화하세요. 한국 교육 문화상 어른의 질문 대부분이 회상 질문입니다. 교육 효과에 비해 너무 자주 사용되고 있습니다. 학습은 선 이해, 후 반복이 기본 원리입니다. 그런데 잦은 회상 질문은 암기를 강조해 이해에 신경을 쓰지 않게 만듭니다. 아이들은 물개의 천적을 기억하지 않아도 됩니다. 물개의 천적을 암기하는 것은 중요하지 않습니다. 이런 지식의 99%는 시간이 지나면 어차피 잊어버리게 됩니다. 여러분이 초·중·고에서 그렇게 열심히 외운 지식들은 지금 다 어디에 있나요? 제대로 기억나는 것은 특별히 없지 않나요?

하지만 우리는 잘 성장했고 우리의 역할을 다하며 살아가고 있습니다. 중요한 것은 글 전체를 이해하는 것입니다. 어차피 잊어버릴 사소한 지식을 외우려고 애쓸 필요는 없습니다. 진짜 필요한 것은 필요한 지식을 그때그때 글에서 찾아 자연스럽게 표현하는 능력입니다. 그러니 회상 질문의 대부분은 인식 질문과 번역 질문으로 대체해야 합니다. 글에서 답을 찾는 것은 인식 질문이, 자신의 언어로 정돈하는 능력은 번역 질문이 길러줍니다. 그러면 공부의 질을 훨씬 높일 수 있습니다.

② 학습자 수준에 맞게 질문하기

지식책 문해력이 낮을 때는 인식 질문의 비중을 높이세요. 인식 질문이 가장 쉽기 때문입니다. 회상 질문을 통해 내용을 기억하거나 번역 질문을 통해 자신의 말로 설명하게 하기 전에 일단 텍스트 어디에 지식이 있는지 찾는 훈련을 시키는 겁니다. 인식 질문에 답하는 속도가 빨라지면 번역 질문의 비중을 올립니다. 점차 단순 반복 재생이 아닌 지식의 자기화를 꾀하는 겁니다. 두 질문을 칼로 자르듯이 나누어 하나씩 연습하라는 뜻은 아닙니다. 모두 사용할 수 있으나 아이의 수준에 따라 사용 빈도를 적절히 조절하도록 합니다.

③ 사실 질문은 짧게 끝내기

사실 질문을 많이 하면 시험 보는 것 같은 기분이 듭니다. 그러면 아이들은 틀리지 않으려고 긴장하게 되고 공부와 독서의 재미가 줄어듭니다. 사실 질문은 기억해 둘 만한 가치가 있는 핵심적인 내용을 중심으로 짧고 간단하게 합니다. 그리고 빠르게 생각 질문으로 넘어가는 편이 좋습니다. 정확하게 기억하지 못한다고 해도 상관없습니다. 생각 질문을 다루다 보면 글의 내용을 다시 읽고 생각하게 되니까요. 불필요하게 자세한 설명이나 지엽적인 사실에 매몰되어 시간을 소비하지 마세요. 학습의 흥미와 효과가 모두 떨어지니까요.

◦ 생각 질문하기 ◦

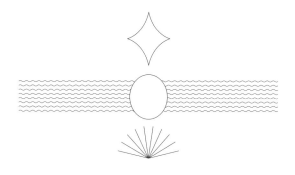

생각 질문은 학습자의 생각을 물어보는 질문입니다. 글에 대한 자신만의 생각을 가지도록 하는 질문입니다. 생각 질문을 하는 방법은 다양하지만 가장 쉽고 간단한 방법을 알려드리겠습니다. 바로 키워드 질문법입니다.

:: 키워드 질문법

키워드 질문법은 글에서 키워드를 뽑아 이와 관련하여 자유롭게 질문하는 방법입니다. 앞에서 읽었던 점박이물범에 대한 글을 바탕으로 키워드 질문법을 살펴보겠습니다.

① 키워드 찾기

글에서 중요 단어를 찾습니다. 점박이물범처럼 핵심 키워드는 물론 바다표범의 일종, 천연기념물, 주식, 천적 등 주변 키워드를 이용할 수도 있습니다.

② 키워드로 연상하기

찾은 키워드를 이용해 자유롭게 연상합니다. 예를 들어 점박이물범이라는 이름에서 점을 떠올리거나 점박이를 떠올리거나 물범을 떠올리는 식으로요.

③ 질문하기

키워드와 연상을 이용해 다양한 질문을 만들어 봅니다. 점박이물범과 천연기념물이라는 키워드 두 개를 연결해서 "천연기념물이 된 점박이물범은 멸종 위기가 어느 정도 심각할까?"처럼 물을 수 있습니다. 키워드 점박이물범과 점이라는 연상을 연결해서 "점이 얼마나 많길래 점박이물범이라고 할까?"처럼 물을 수도 있습니다.

다음은 점박이물범에 관한 글을 이용해 키워드 질문법으로 만든 질문입니다.

• 키워드 1. 점박이물범

- 점이 얼마나 많길래 점박이물범이라고 할까?

- 물범은 어떤 동물일까?

- 점박이물범 외에 어떤 물범이 있을까?

• 키워드 2. 바다표범의 일종

- 바다표범의 일종에는 점박이물범 외에 또 무엇이 있을까?

- 바다표범의 일종은 어떤 공통점을 가지고 있을까?

• 키워드 3. 천연기념물 제331호

- 점박이물범은 왜 천연기념물이 되었을까?

- 점박이물범의 개체수를 늘리려면 어떻게 해야 할까?

- 또 다른 천연기념물에는 무엇이 있을까?

- 천연기념물은 어떤 기준으로 지정될까?

• 키워드 4. 주식

- 점박이물범은 어떻게 사냥할까?

- 점박이물범은 조개를 껍질째 먹을까?

• 키워드 5. 천적

- 점박이물범은 천적으로부터 어떻게 달아날까?

- 백상아리, 청상아리는 어떤 동물일까?

:: 생각 질문 실습하기

어떻습니까? 정말 다양한 질문이 나오지 않나요? 생각 질문에는 한계가 없습니다. 키워드를 이용해 생각을 파생해 나가면 정말 끝도 없을 만큼 다양한 질문을 할 수 있습니다. 그리고 이 생각만큼 학습자의 생각도 커지게 됩니다. 그래서 질문의 한계가 곧 사고의 한계이자 학습자의 한계가 됩니다. 반드시 질문 능력을 길러주어야 하는 이유입니다.

질문에 대한 답을 모두 구할 수는 없습니다. 찾을 시간이 없을 수도 있고 인터넷에도 정보가 없을 수 있습니다. 혹은 아직 인류가 알지 못하는 내용일 수도 있고요. 답을 꼭 찾는 것이 중요한 건 아닙니다. 진짜 중요한 것은 텍스트의 한계를 뛰어넘는 것입니다. 대부분 학습자는 텍스트에 갇혀 있습니다. 텍스트가 설정한 주제와 내용 안에만 머물러 있습니다. 그런 사람은 평소에도 타인이 설정한 한계에서 벗어나기 어렵습니다. 타인이 제시한 것 밖으로 나가는 방법을 모르기 때문입니다. 생각 질문을 하는 사람은 타인이 설정한 한계를 넘어설 수 있습니다. 읽은 것을 바탕으로 한 걸음 더 나아가고 스스로 주제를 찾아 나갈 수 있습니다. 이는 한 개인이 환경의 한계를 초월하는 일입니다. 자신에게 주어진 환경의 제약을 벗어나 자신의 힘과 의지로 더 멀리 나아가는 일입니다. 매우 발전적이고 숭고하며 아름다운 일이지요. 생각 질문을 통해 아이가 정해진 한계를 벗어나 창의적으로 생각하고 독창적으로 움직일 수 있는 자리를 만들어주시기 바랍니다.

한계는 우리 어른들이 가지고 있습니다. 우리가 어렸을 때 생각 질문을 배워보지 못했고 익숙하지 않아 처음에는 어려움을 겪을 수 있습니다. 하지만 익숙하지 않을 뿐 해보면 어려운 것이 아닙니다. 필요한 건 몇 번의 경험입니다. 몇 차례 연습하다 보면 생각보다 어렵지 않다는 것을 알게 될 것입니다.

지금부터는 생각 질문을 실습해 보겠습니다. 키워드는 '중력'입니다. 중력이라는 단어를 통해 다양한 질문을 해보시기 바랍니다. 물론 어렵거나 귀찮을 수 있지만 반드시 실제로 해보시기 바랍니다. 해보지 않으면 절대 늘지 않습니다. 우선 중력을 핵심 키워드로 아래 마인드맵을 채워보세요. 무엇이 떠오르는지 잠시 동안 연상한 후 빈 공간을 채워보세요. 빈칸이 다 차면 연상을 이용해 질문을 해보시기 바랍니다. 질문 예시는 이 꼭지의 맨 마지막에 넣어 두겠습니다.

중력 마인드맵

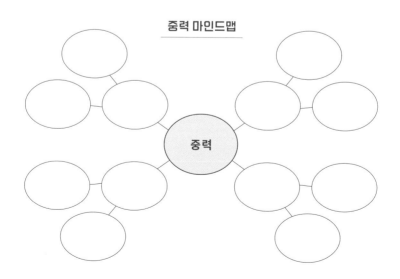

:: 생각 질문 시 주의점

① 연습하기

처음에는 생각 질문을 하기 쉽지 않을 겁니다. 해본 적도 들어본 적도 많지 않기 때문입니다. 그래서 의도적으로 아이와 함께 연습하는 시간이 필요합니다. 계속해서 질문 만들기를 해보세요. 대답할 필요도 없고 상대방의 질문에 대해 비판도 하지 않습니다. 오직 답이 없는 질문을 계속 만들어 내도록 합니다. 브레인스토밍을 하듯 누가 더 많은 생각 질문을 만드는지 내기를 할 수도 있습니다. 더 이상 질문하지 못하는 사람이 지는 거죠. 질문은 좀 엉뚱해도 되고 이상해도 됩니다. 질문을 만들어 본다는 사실 자체가 중요합니다.

② 알아도 질문하기

우리는 모를 때만 질문을 한다고 생각합니다. 하지만 답을 알지만 좀 더 깊이 생각해 보기 위해 질문할 수도 있습니다. 위대한 성취를 이루는 사람들은 모두 이런 질문을 꾸준히 해온 사람들입니다. 한 번 더 생각해 보고 상대방과 논의해 보기 위해서 질문하세요. 모르는 것만 질문해야 한다고 생각하면 할 수 있는 질문이 줄어듭니다. 처음에는 특별한 제한 없이 마구마구 질문을 만들어 낸 후 그중에서 생각해 볼 만한 질문을 추려내면 됩니다.

③ 다양한 방식으로 질문하기

질문은 다양한 방식으로 이루어져야 합니다. 부모가 아이에게 하는 것은 물론 아이가 부모에게 할 수도 있고 혼자서 자기자신에게 할수도 있습니다. 가장 중요한 것은 아이 스스로 하는 질문입니다. 언제까지 부모가 질문해 줄 수는 없습니다. 중학생이 되면 공부와 독서는 오롯이 아이 혼자 해야 합니다. 혼자 하는 공부 시간과 독서 시간에 아이 머리에서 끝없이 질문이 쏟아지게 만들 수 있다면 성공입니다. 아이 스스로 질문을 하면서 자신이 잘 읽었는지 스스로 확인하는 연습을 시키세요. 아이 스스로 새로운 질문을 던지며 다양한 사고를 하도록 격려해 주세요.

④ 질문의 기회 제공하기

이를 연습하기 위해서는 아이가 부모에게 질문할 기회를 자주 주어야 합니다. 부모는 정확한 답을 주어야 한다는 부담감을 내려놓아도 됩니다. 만약 이런 부담감을 가지고 있으면 점점 더 질문을 회피하게 됩니다. 정확한 답을 몰라도 함께 생각하며 이야기를 해보는 것만으로도 충분합니다. 정말 중요한 것은 답을 주는 것이 아니라 함께 생각하는 기회이기 때문입니다. 책을 읽고 질문 만들기 게임을 해봐도 좋습니다. 누가 더 기발한 질문을 만드는지, 누가 더 궁금한 질문을 만드는지, 누가 더 끝없이 질문을 만드는지 다양한 방법으로 내기를 할 수 있습니다.

⑤ 질문에 답하는 방법

질문에 답하는 방식은 질문과 대화를 부모와 함께 하느냐 아니면 혼자 하느냐에 따라 달라집니다. 부모와 함께 한다면 하브루타가 되겠고 혼자 한다면 글쓰기가 될 것입니다. 함께 하는 하브루타와 혼자 하는 글쓰기는 구체적으로 어떻게 하는지 이어서 자세히 알아보도록 하겠습니다.

• 중력에 대한 생각 질문

- 우리 생활에서 중력은 언제 느낄 수 있는가?
- 우리 주변에서 중력을 이용한 것에는 무엇이 있을까?
- 중력은 왜 있을까?
- 중력이 없다면 어떤 일이 벌어질까?
- 중력을 어떻게 이용할 수 있을까?
- 뉴턴 이전에 중력에 대해 생각해 본 사람이 전혀 없었을까?
- 뉴턴이 중력을 발견하지 못했다면 어떻게 되었을까?
- 달에 가면 왜 중력이 줄어들까?
- 중력이 작은 달에서 100m 달리기를 하면 얼마나 더 빠를까?

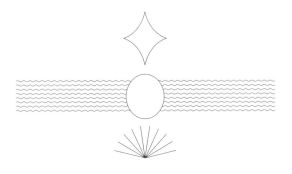

○ 하브루타 하기 ○

포춘Fortune 선정 세계 500대 기업에서 일하는 임원의 41.5%를 차지한 민족. 노벨상 수상자의 30%를 배출한 민족. 알버트 아인슈타인 Albert Einstein, 엘빈 토플러Alvin Toffler, 토머스 에디슨Thomas Alva Edison, 지그문트 프로이트Sigmund Freud, 마크 저커버그Mark Zuckerberg, 스티븐 스필버그Steven Spielberg의 민족. 모두 어느 민족에 대한 설명일까요?

바로 유대인입니다. 유대인은 세계에서 가장 성공한 민족입니다. 미국 인구의 2%에 불과한 유대인이 미국 전체 GDP의 15%를 생산합니다. 인구 비율 대비 7배 이상 높은 수치입니다. 미국 상위 400가구 중 유대인 가구는 23%입니다. 인구 비율 대비 11배 이상 높은 수치입니다. 미국 상위 40가구 중 유대인 가구는 40%입니다. 인구 비율 대비 20배 높은 수치입니다. 다른 민족에 비해 유대인이 이룬 성과가 훨씬

큰 상황입니다. 게다가 더 큰 성공을 이룬 사람일수록 유대인의 비중
은 더 커지고 있습니다. 유대인은 어떻게 해서 이런 압도적인 성공을
거둘 수 있었을까요? 바로 하브루타 덕분입니다.

:: 최고의 독서법, 하브루타

하브루타는 유대인의 전통적인 공부법입니다. 아주 오래전부터 유
대인들은 하브루타라는 이름으로 둘씩 짝을 지어 공부하였습니다. 책
을 읽고 내용에 대해 상대방과 대화를 나누는 것이 주된 방법으로 혼
자서 조용히 공부하는 우리와는 많이 다른 모습입니다.

구체적인 하브루타 방법은 다음과 같습니다. 가장 먼저 책에서 말
한 내용이 무엇이며 글을 어떻게 이해했는지 서로 묻고 답합니다. 선
입견으로 책을 오독하지 않기 위해서입니다. 다음으로 책의 내용을 바
탕으로 각자의 생각과 견해를 주고받습니다. 같은 내용을 읽어도 사람
마다 생각이 다를 수 있기에 이를 나누는 것입니다. 인상 깊었던 부분
을 이야기하고 상대방은 이 부분을 어떻게 받아들이는지 대화합니다.
대화를 통해 생각의 차이를 확인하고 그 차이가 큰 경우 논쟁을 통해
무엇이 더 진실에 가까운지 확인합니다.

하브루타 덕분에 유대인들은 책을 정확히 이해하는 방법과 책을
출발점으로 깊이 생각하는 방법을 익혔습니다. 또 쟁점에 대해 사람들
의 생각이 얼마나 다양할 수 있는지를 알고 그 다양한 생각들에 대해

이해하게 되었습니다. 그 어떤 방법도 하브루타 이상으로 책을 깊게 이해하도록 돕지는 못합니다. 덕분에 유대인은 세상에서 가장 책을 잘 읽는 사람이 되었고요. 유대인의 성공은 바로 이런 깊은 읽기에서 나온 것입니다.

글의 내용에 대한 대화가 학습에 도움이 됨은 연구로도 밝혀졌습니다. 읽은 글의 내용을 더 잘 이해함은 물론이고 일반적인 이해력을 개발하는 효과도 있다고 합니다. 즉 중력에 관한 책을 읽고 하브루타를 하면 중력을 더 잘 이해하게 됨은 물론 아예 전혀 다른 분야의 책을 이해하는 능력도 커진다는 뜻입니다. 독후 대화가 글을 이해하는 방식 자체를 깨닫게 하는 겁니다.

전미교육성취도평가NAEP에서도 읽기 후 대화에 참여할 기회가 많을수록 정보 이해 점수가 높다는 사실이 밝혀졌습니다. 그러니 아이의 지식책 문해력을 키우고 학습 능력을 끌어올리고 싶다면 지식책을 읽고 아이와 하브루타 하세요. 하브루타를 통해 아이는 자신이 책을 제대로 읽었는지 확인하고 더 정확하게 작가의 의도를 파악하는 법을 터득하게 됩니다. 책 내용에 대해 스스로 생각하고 개인적인 견해를 가지는 방법은 물론 생각과 견해가 합당하고 설득력이 있는지 스스로 검증하는 법 역시 알게 될 것입니다.

:: 하브루타의 4단계

세부적으로 보자면 하브루타를 하는 방법은 매우 다양합니다. 여기서는 가정이나 학교에서 누구나 쉽게 따라 할 수 있는 간단한 방법을 알려드리겠습니다. 다음의 4단계를 통해 지금 바로 하브루타를 시작해 보시기 바랍니다.

① 주제 고르기

하나의 지식책 안에도 매우 다양한 주제가 있습니다. 그중에서 하브루타를 할 주제를 하나 선택하는 겁니다. 예를 들어 역사 지식책을 읽었다고 생각해 보죠. 책에는 선사 시대, 삼국 시대, 고려 시대, 조선 시대, 일제 강점기, 현대까지 여섯 시대를 소개하고 있습니다. 이 중 하나를 하브루타 주제로 정할 수 있습니다. 더 깊이 들어가 더 자세한 주제를 선정하여도 좋습니다. 선사 시대에서 뗀석기와 간석기를 주제로 잡을 수도 있고 삼국 시대에서 삼국의 건국 신화를 주제로 잡을 수도 있습니다. 여기서 더 들어갈 수도 있습니다. 주먹도끼 혹은 박혁거세를 주제로 정하는 식으로요. 자연스럽게 관심이 가는 주제를 찾아보세요.

② 사실 질문하기

주제를 정했다면 주제에 대해 책에서 말한 사실들을 우선 확인합니다. 글에 나온 내용을 있는 그대로 확인하는 사실 질문을 하는 겁니다. 앞에서 살펴보았던 인식 질문, 회상 질문, 번역 질문 중 우리 아이 수준에 맞는 질문을 합니다. 예를 들어 "주먹도끼에 대한 설명이 어디 있는지 찾아볼래?"와 같은 인식 질문을 하거나 "찍개가 무엇이었는지 혹시 기억하니?"와 같은 회상 질문을 할 수 있습니다. 아니면 "다양한 뗀석기에 대해 설명해 볼래?"처럼 번역 질문을 할 수도 있겠지요.

아이가 사실 질문에 제대로 답하지 못한다면 체계적으로 훈련시켜야 합니다. 이럴 때는 회상 질문 - 인식 질문 - 번역 질문 순으로 물어보시기 바랍니다. 예를 들어 "찍개가 무엇이었는지 혹시 기억하니?"라고 회상 질문을 먼저 합니다. 석기의 종류가 많다 보니 혼동하거나 기억하지 못할 가능성이 많습니다. 그러면 "찍개에 대한 설명을 책에서 찾아볼까?"라고 인식 질문을 합니다. 해당 내용을 찾으면 소리 내어 읽게 합니다. 이후 "찍개가 무엇인지 안 보고 설명해 볼래?"라고 묻는 거죠. 이런 방식을 꾸준히 사용하면 아이는 책의 내용을 이해하고 기억하는 방법을 터득하게 될 것입니다.

③ 생각 질문하기

사실 질문을 통해 주요 내용을 정리한 후에는 생각 질문을 합니다. 생각 질문은 글에 대한 읽은 이의 생각을 물어보는 질문이지요. 책을 읽다가 자연스럽게 생긴 질문이 있을 수 있습니다. 이런 질문을 우선하되 특별한 질문이 생기지 않았다면 키워드 질문법을 사용합니다. 구석기 시대의 다양한 석기에 대한 글을 읽었다면 다음과 같은 질문을 할 수 있겠습니다.

• 생각 질문 예시

- 구석기는 무엇을 뜻할까?

- 구석기와 신석기의 차이는 무엇일까?

- 뗀석기는 무엇을 뜻할까?

- 뗀석기를 사용한 까닭은 무엇일까?

- 긁개는 언제 사용할까?

- 주먹도끼가 찍개보다 좋은 점은 무엇일까?

- 찍개가 주먹도끼보다 좋은 점은 무엇일까?

- 우리도 찌르개를 만들 수 있을까?

- 요즘에는 찌르개 대신에 무엇을 사용할까?

다양한 질문이 만들어졌다면 여기서 적당한 질문을 골라봅니다. 더 많은 관심이 가거나 실제로 대화를 나누기에 좋은 질문을 찾는 겁니다.

④ 생각 나누기

이제 생각을 나눌 차례입니다. 질문에 대해 한 사람씩 자기 생각을 이야기합니다. 그 후 두 사람의 생각을 이용해 좀 더 깊은 대화를 나눠 봅니다. 유사한 점과 차이점, 어우러질 수 있는 점과 없는 점을 찾아보는 겁니다. 내 생각을 말하는 것뿐 아니라 상대의 의견을 듣는 것도 중요합니다. 나와는 다른 타인의 사고방식과 논리 등을 접할 수 있기 때문입니다. 이를 통해 점점 더 논리적이고 깊은 생각을 할 수 있게 됩니다.

상대 생각을 더 깊게 이해하기 위해서 지지하기와 반대하기를 사용하도록 합니다. 지지하기는 상대방 견해에 대한 동의를 표현하는 것입니다. 단순한 동의보다 추가적인 의견을 제시할 수 있다면 더욱 좋습니다.

- **엄마** : 찌르개는 요즘으로 본다면 무엇에 해당할까?
- **아이** : 가죽에 구멍을 뚫는다고 했으니 송곳과 같다고 볼 수 있을까?
- **엄마** : 그럴 것 같아.
- **아이** : 짐승을 찌를 때도 사용한다고 했으니 화살촉도 될 것 같아.
- **엄마** : 그렇네. 그러면 창 촉이라고도 할 수 있겠다.

여기서 엄마는 지지하기를 반복적으로 사용하고 있습니다. 찌르개가 송곳과 같다는 아이의 말에 "그럴 것 같아"라고 말했는데요. 이는 단순 지지입니다. 찌르개가 화살촉과 같다는 아이의 말에는 그러면 창의 촉도 될 수 있겠다고 말했습니다. 이는 추가적인 증거를 통해 아이의 생각을 도와준 추가 지지입니다. 추가 지지를 하면 생각이 풍요로워져 매우 좋습니다.

반대하기는 상대방 생각에 대해 반대 의견을 말하는 것입니다. 상대방의 견해가 이치에 맞지 않다고 생각될 때 반박하는 겁니다. 추가적인 증거 없이 지지하는 단순 지지는 가능하지만 반대의 증거가 없는 단순 반대는 하면 안 됩니다. 반대할 때는 반드시 근거를 들어서 말해야 합니다. 적절한 근거 없이 하는 반대는 비생산적이기 때문입니다. 물론 처음부터 반대의 근거를 능숙하게 말하기는 쉽지 않습니다. 대화를 해나가면서 근거를 치밀하게 정리해 나가는 것을 배워야 합니다. 이런 경험을 많이 한 아이는 추후 사회와 학교에서 자신의 주장을 더욱 정교하고 세련되게 표현할 수 있게 될 것입니다.

:: 하브루타 시 주의점

더 건강하고 생산적인 하브루타를 위해 주의할 점 몇 가지를 말씀드리겠습니다.

① 아이와 부모가 함께하기

부모는 질문만 하고 아이는 답만 하는 경우가 있습니다. 이렇게 해서는 안 됩니다. 그러면 아이는 점차 하브루타를 싫어하게 될 겁니다. 질문은 누구나 할 수 있고 답도 누구나 할 수 있습니다. 아이가 질문하고 부모가 답하는 것도 좋습니다. 심지어 자기가 물은 답에 자기가 답을 해도 좋습니다.

② 가르치려고 하지 않기

하브루타는 한쪽이 다른 쪽을 가르치는 교육이 아닙니다. 서로 각

자의 생각을 말하면서 진리를 깨달아 가는 교육입니다. 그래서 이런저런 다양한 생각을 나누는 경험이 중요합니다. 물론 이 세상 누가 봐도 답이 다르지 않은 객관적 답이 있다면 알려주어도 좋습니다. 그런 경우가 아닌 개인의 의견, 생각, 가치관을 어른이라고 아이에게 강요해서는 안 됩니다. 명확히 답이 있는 것조차 직접 가르쳐주는 것보다 더 좋은 방법이 있습니다. 이해하고 납득할 수 있도록 질문으로 이끌어 주는 겁니다. 소크라테스가 했던 것처럼 한쪽으로 치우친 상대의 생각을 질문을 통해 스스로 깨달을 수 있도록 하는 거죠.

③ 다양한 내용으로 파생하기

하브루타를 하다 보면 이야기가 점점 엉뚱한 곳으로 새기도 합니다. 이야기를 하다 보면 처음 시작한 주제에서 조금씩 이동하게 되기 때문입니다. 완전히 아무런 관련이 없는 이야기만 아니라면 조금은 초점을 벗어나도 괜찮습니다. 예를 들어 찌르개가 송곳과 유사하다는 이야기를 하다 송곳의 쓰임새와 특징에 대해 이야기할 수 있습니다. 그러다 송곳니에 대해 생각으로 옮겨갈 수도 있고요. 이런 연상들이 사고를 확장하고 기억과 이해를 강화하는 데도 도움을 줍니다.

다만 학습적인 내용이 아닌 일상적인 잡담으로 흘러가는 것은 좋지 않습니다. 예를 들어 송곳니에서 더 나아가 치과 예약과 치과 치료의 무서움에 대한 이야기까지 가서는 안 되겠습니다. 이야기가 좀 새어 나가더라도 그 대화가 아이의 사고와 학습을 자극하고 있는지 확인하세요.

④ 질문 후 충분한 시간 주기

질문을 하자마자 대답하기를 재촉하는 경우가 많습니다. 질문 후 1, 2초 내에 대답하지 않으면 그냥 답을 말해버리는 경우는 학교나 가정에서 모두 흔한 일입니다. 아이들은 컴퓨터가 아닙니다. 하물며 컴퓨터도 정보를 검색하고 찾는 데 시간이 걸립니다. 그러니 생각할 시간을 충분히 주어야 합니다. 재촉하지 않아 편안한 마음으로 생각할 수 있도록요. 질문하고 기다려 주지 않으면 아이는 자신이 무능하다고 생각하게 됩니다. 대답하지 못하는 자신이 어리석게 느껴지는 거죠.

그러니 생각할 시간을 충분히 주세요. 정보를 찾을 시간, 정보를 이해할 시간, 정보에 대해 느끼고 생각할 시간, 그리고 이를 정리해 말로 표현할 시간이 필요합니다. 질문을 하고 기다리는 동안 아이의 머릿속이 돌아가고 있는 것을 마음의 눈으로 봐야 합니다. 그 순간의 의미를 이해하는 부모만이 아이를 더 크게 키울 수 있습니다.

○ 메모하기 ○

"적자생존". 교사로 발령받고 얼마 되지 않았을 때 선배 교사들이 해준 말입니다. 원래 적자생존은 환경에 적응한 생물은 살아남고 그렇지 못한 생물은 도태된다는 뜻입니다. 하지만 선배 교사들이 말한 적자생존은 다른 뜻이었습니다. 바로 '적은 자만 살아남는다'라는 뜻이었습니다.

아직은 조심성이 부족한 아이들이 많은 초등학교의 특성상 크고 작은 사고가 일어나지 않을 수가 없는데요. 평소 안전 교육을 꾸준히 했다는 증거가 없으면 예전에는 무조건 교사에게 책임을 묻곤 했습니다. 개인에게 책임을 떠넘겨 문제를 덮으려는 행정 편의주의 때문이지요. 그래서 평소 교육 내용을 꾸준히 기록한 교사만이 사고가 터져도 살아남을 수 있다 해서 나온 말이었습니다.

이런 의미의 적자생존은 지식책 읽기와 공부에도 그대로 적용됩니다. 기록으로 남긴 지식만이 살아남으니까요. 학습에서 쓰기를 잘 활용하는 초등학생이 중고등학교에 갔을 때 더 우수한 성적을 거둔다는 사실이 연구로 밝혀졌습니다. 연구를 보면 학습한 내용을 쓰기로 정리하는 아이들이 그렇지 않은 아이들에 비해 이해도와 기억도가 모두 더 높았습니다.

쓰는 과정이 아이로 하여금 내용에 더 집중하게 만들고 지식을 정리하는 데 도움을 주었기 때문입니다. 정리가 잘 되어 있으면 학습 후에 다시 볼 수 있다는 점도 작용한 것으로 보입니다. 그러니 지식책을 읽은 후 적극적으로 쓰기를 활용해 보시기 바랍니다.

:: 메모·노트 쓰기·글쓰기의 차이점

읽기와 학습에서 사용할 수 있는 쓰기는 총 세 가지가 있습니다. 바로 메모, 노트 쓰기, 글쓰기입니다. 모두 무언가를 쓴다는 점에서 공통점이 있지만 조금씩 성격이 다릅니다. 사용 방법도 효과도 모두 다르지요. 이들의 차이를 하나씩 살펴보겠습니다.

① 복잡도

중요 키워드 중심으로 기억해 둘 만한 내용을 간단히 남기는 메모가 가장 짧고 단순합니다. 노트 쓰기는 이보다 조금 더 복잡합니다. 순간적인 인상을 빠르게 남기는 메모와 달리 노트 쓰기는 체계를 갖추고 세부 사항들도 기록합니다. 글쓰기는 가장 길고 복잡합니다. 체계화하고 보기 좋게 정리하는 노트 쓰기와 달리 글쓰기는 한 줄로 이어지는 글로 생각을 논리성 있게 풀어내야 합니다.

② 활용 시기

메모는 주로 학습 읽기 중에 사용합니다. 읽으면서 생각난 것이나 기억해 두고 싶은 것을 간단하게 기록합니다. 밑줄을 긋거나 별표를 치는 것도 큰 틀에서 보면 메모의 일종이라고 볼 수 있습니다. 반면 노트 쓰기와 글쓰기는 주로 학습 읽기 후에 하게 됩니다. 학습한 내용을 기억을 더듬어 가며 정리하게 됩니다.

③ 주요 목적

메모의 주요 목적은 순간의 기록에 있습니다. 읽고 있는 바로 그 순간에 발견한 중요한 내용과 생각을 남겨두기 위해 메모합니다. 조금만 지나도 사라져 버리는 순간적인 기억을 저장하는 데 필요하지요.

노트 쓰기의 주요 목적은 정리입니다. 학습한 내용을 체계적으로 정리하여 노트를 쓰면 중요한 내용이 더 잘 이해되고 기억도 더 잘 나게 됩니다. 글쓰기의 주요 목적은 자기 언어화입니다. 타인의 언어로 되어 있는 지식이나 생각을 자기 언어로 바꾸는 것입니다. 이를 통해 목표 지식을 완전히 자기 것으로 만들 수 있습니다.

:: 메모의 효과

메모는 짧고 단순하기에 간과하기 쉽지만 학습 읽기에 매우 효과적인 수단입니다. 메모의 효과는 다음과 같습니다.

① 이해에 도움

메모를 하면 내용을 이해하는 데 많은 도움을 받을 수 있습니다. 중요한 내용을 모아둔 데다 짧게 축약하는 과정이 곧 이해의 과정이기 때문입니다. 내용을 축약하려면 다음의 세 단계 과정을 거치게 됩니다. 이는 고도의 지적 행위로 글의 핵심을 파악하는 역할을 합니다.

• 메모할 때 학습자가 수행하게 되는 행위

1) 많은 내용 중 중요 내용 찾기
2) 중요 내용 중에서 핵심 내용 찾기
3) 핵심 내용을 표현하는 핵심 단어 찾기

② 기억에 유리

메모는 지식을 기억할 때도 유리합니다. 대부분 책은 줄글로 쓰여 있습니다. 자세히 설명해 읽는 이의 오해를 줄이는 데 유리하기 때문입니다.

하지만 일단 독자가 내용을 이해하고 나면 줄글은 그리 필요하지 않습니다. 길고 복잡해 기억에 불리하기 때문입니다. 지식을 기억하기에는 단어나 짧은 구가 더 유리합니다. 그래서 책을 이해한 후 짧은 단어 정도로 메모하면 핵심 내용을 기억하기 훨씬 쉬워집니다.

③ 돌아보기에 용이

메모는 돌아보기에도 용이합니다. 읽는 도중에 밑줄을 그어 두거나 생각을 짧게 기록해 두면 다시 읽을 때, 복습할 때, 노트나 글을 쓸 때 모두 도움이 됩니다. 중요 정보를 빠르게 찾을 수 있고 메모하던 순간의 생각을 되살릴 수 있게 됩니다. 만약 메모가 없다면 다시 읽을 때 읽어야 할 양이 많아집니다. 그러면 많은 시간과 에너지가 소모되겠죠. 효과도 적고 힘이 들어 잘 하지 않게 됩니다.

:: 메모의 방법

메모를 잘하려면 어떻게 해야 할까요? 지금부터는 메모를 잘하는 방법에 대해 알아보겠습니다.

① 준비물

메모하려면 우선 펜이 필요합니다. 책을 읽을 때 항상 펜을 준비하는 습관을 들이면 좋습니다. 형광펜과 포스트잇도 있다면 좀 더 다양한 방법으로 메모할 수 있어 좋습니다.

② 표시하기

메모는 밑줄이나 별표 등 기호로 표시하는 것으로 시작합니다. 기호를 이용해 중요한 부분을 눈에 잘 띄게 합니다. 자세한 방법은 앞의 4장의 '텍스트 분석하기'를 참고하시기 바랍니다.

③ 짧게 쓰기

메모는 길게 쓰지 않는 것이 원칙입니다. 읽기의 흐름을 끊어서는 안 되기 때문입니다. 책에 나오는 표현은 굳이 다시 쓰지 않고 밑줄 등 표시로 대체하고 책에 나오지 않는 표현이 필요하다면 문장보다는 단어나 구로 최대한 짧게 씁니다.

④ 빈 공간 활용

메모는 주로 페이지 양쪽 빈 공간을 활용합니다. 정리하고 싶은 내용이 있는 곳과 최대한 가까운 곳에 쓰는 겁니다. 공간이 부족하다면 포스트잇에 쓴 후 위에 붙입니다. 포스트잇은 추후 노트 쓰기에 다시 활용될 수 있습니다.

⑤ 메모 활용

책을 다 읽은 후 메모만 다시 한번 확인합니다. 책을 읽은 후 좋았던 느낌과 기억은 크지만 자세한 내용은 기억나지 않는 경우가 적지 않습니다. 이럴 때 책을 넘기며 메모만 확인해도 다시 떠올릴 수 있는 내용이 크게 증가합니다. 책을 다 읽은 후 책을 앞에서부터 뒤로 차례대로 넘기면서 메모만 모두 읽습니다. 그리고 그 내용에 대해 그 순간에 어떤 생각을 했는지 떠올립니다. 노트 쓰기와 글쓰기로 연결하면 효과는 더욱 좋습니다.

○ 노트 쓰기 ○

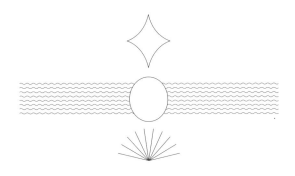

노트 쓰기는 공책에 내용을 정리하는 행위입니다. 메모가 주로 핵심 내용만 기록하는 반면, 노트 쓰기는 중요 내용에 세부 사항을 함께 정리합니다. 당연히 노트의 내용이 더 자세하겠지요. 노트 쓰기가 글쓰기와 다른 점은 줄글이 아닌 개조식으로 주로 쓴다는 점입니다. 알아보기 좋게 하기 위해서입니다.

:: 서울대생이 노트를 쓰는 이유

노트 쓰기에 대해 서울대생은 어떻게 생각할까요? 『서울대 합격생 100인의 노트 정리법』에 나온 서울대생들의 생각을 살펴보겠습니다. 서울대생 103인을 대상으로 한 설문 조사에서 노트 정리를 하는 사람은 약 97%였습니다. 서울대생 대부분이 노트를 쓴다는 의미입니다. 노트 활용의 빈도를 묻는 질문에는 "자주" 40%, "보통" 25%, "항상" 20%, "가끔" 10%, "아주 가끔" 5%로 답하였습니다. 적극적으로 노트를 활용하는 서울대생은 85%에 달했습니다. 노트 정리 이유를 묻는 질문에는 1) "원리를 이해하는 데 효과적이어서", 2) "적으면서 정리할 때 집중이 잘 되어서", 3) "암기에 도움이 되어서", 4) "나만의 방식으로 정리할 필요가 있어서"라고 응답하였습니다. 어떤 마음가짐으로 노트를 정리하느냐는 질문에는 1) "쓰면서 정리하고 다시 보기 쉽게 하자", 2) "그대로 옮겨 쓰지 말고 나만의 말로 풀어서 정리하자", 3) "중요한 것 위주로 확실히 챙기자" 등의 의견이 있었습니다. 대한민국에서 가장 공부를 잘하는 서울대생의 대부분이 노트 쓰기를 하고 있었고 그 효과를 충분히 느끼고 있었습니다.

노트 쓰기의 효과를 높이기 위해서는 노트를 보기 좋게 써야 합니다. 노트가 보기 좋으면 계속 작성하고 싶고 다시 보고 싶습니다. 복습할 때 용이하기도 하고 기억에도 오래 남지요. 보기 좋다는 것이 미적으로 아름답다는 의미는 아닙니다. 미적으로 아름답기보다 실용적이어야 합니다. 디자인적으로 신경 쓴 노트는 아름답지만 공부에는 오히려 방해가 될 수 있습니다. 단순하지만 질서정연하고 깔끔한 것이 중요합니다. 좋은 노트 쓰기의 핵심 원리는 크게 세 가지입니다. 1) '구분하기 쉽게', 2) '체계적으로', 3) '내용 파악이 쉽게'입니다. 지금부터 이에 대한 구체적인 방법을 알아보겠습니다.

:: 구분하기 쉽게 쓰기

노트는 우선 구분하기 쉽게 써야 합니다. 구분하기 쉽다는 것은 하나의 내용이 다른 내용과 쉽게 분리된다는 뜻입니다. 이 내용과 저 내용이 서로 다른 내용이라는 것이 한눈에 들어와야 합니다. 한눈에 봤을 때 딱 구분이 되도록 형식적으로 일단 분리되어 있어야 학습자가 빠르게 전체를 인식할 수 있습니다.

① 새 페이지에서 시작하기

날짜, 주제가 바뀌는 경우 새 페이지에서 시작합니다. 그렇게 하면 하나의 주제는 늘 새로운 페이지에서 시작하게 되어 내용 간의 구분이 쉬워집니다. 아이들 중에는 노트를 아낀다고 중간부터 시작하는 경우가 종종 있는데요. 그럴 경우 하나의 내용이 다른 내용과 섞여 구분이 어려워지게 됩니다. 원하는 내용을 찾기도 어렵고 눈에 잘 들어오지도 않습니다. 이러면 복습에 불리합니다.

물론 정리하는 내용의 분량이 얼마 되지 않아 매번 새 페이지에서 시작하기 적당하지 않은 경우도 있습니다. 매일 4~5줄만 쓴다면 노트 20줄 중 15줄 정도가 매일 버려지니 분명 낭비라고 볼 수 있습니다. 이런 경우는 같은 페이지에 작성하되 하루 내용이 끝나면 2~3줄 정도를 비워줍니다. 주제가 바뀌었음을 직관적으로 알 수 있도록 빈 공간을 크게 잡아주는 겁니다.

② 날짜와 주제를 기록하기

노트를 쓰는 날짜와 주제를 노트 최상단에 기록합니다. 이는 전체 내용을 하나의 덩어리로 묶어주는 효과가 있습니다. 내용을 찾을 때 날짜와 주제를 통해 쉽게 찾을 수 있게 됩니다.

③ 글씨 바르게 쓰기

글씨는 알아보기 좋도록 바르게 씁니다. 너무 날려서 글씨를 쓰거나 삐뚤어지게 쓰면 알아보기 어렵습니다. 지저분한 글씨는 노트를 다시 펼쳐서 보고 싶은 마음도 떨어뜨립니다. 하지만 글씨 연습을 하는 것이 아니므로 예쁜 글씨에 너무 집착할 필요는 없습니다. 깔끔해서 알아보기 어렵지 않은 정도이면 충분합니다.

④ 여백 충분히 남기기

노트를 처음 작성하는 아이들은 여백을 잘 남기지 않습니다. 상하좌우로 모든 공간을 가득가득 쓰는 경우가 많지요. 이렇게 하면 내용이 눈에 잘 들어오지 않습니다. 줄 바꿈과 한 줄 비우기 등을 적극적으로 사용해 노트가 여유로워 보여야 합니다. 그랬을 때 우리 뇌가 좀 더 편안하게 내용에 집중할 수 있게 됩니다.

:: 체계적으로 쓰기

노트를 체계적으로 쓴다는 말은 일정한 원리에 따라 내용 전체를 짜임새 있게 쓴다는 말입니다. 구분하기 쉽게 쓴다는 것이 형식적인 측면에서 한눈에 알아보기 쉽게 쓰는 것이라면, 체계적으로 쓴다는 것은 내용적인 측면에서 한눈에 알아보기 쉽게 쓰는 것입니다. 학습자가 지식을 얼마나 잘 학습했는지는 노트가 얼마나 체계적으로 정리되었는지 보면 알 수 있습니다. 노트에 지식이 체계적으로 정리되어 있으면 학습 읽기가 잘 된 것이고 그렇지 않다면 아직 이해가 부족하다고 볼 수 있습니다.

① 핵심을 중심으로

내용은 항상 핵심을 중심으로 써야 합니다. 그러면 내용은 매우 간결해집니다. 심지어 한 권의 책이 한 문장으로 요약될 수도 있습니다. 이런 핵심 내용을 바탕으로 노트를 써야 내용에 체계가 잡힙니다.

② 질서를 부여하기

세부적 내용들은 핵심 지식을 중심으로 질서 있게 뻗어 나가야 합니다. 개별 지식들이 중구난방으로 여기저기 나열되지 않고 상호 관련성에 따라 질서를 갖추어야 합니다. 지식에 부여할 수 있는 관계는 크게 상하, 동등, 차례 세 가지입니다. 지식 사이에 관계를 살펴보고 이를 공간과 번호를 이용하여 표현하도록 합니다.

상하 관계는 하나의 지식이 다른 지식을 포함하는 형태입니다. 예를 들어 6대륙이라는 개념 안에는 아시아, 유럽, 아프리카, 북아메리카, 남아메리카, 오세아니아가 있습니다. 6대륙이 상위 개념이고 대륙의 이름이 하위 개념이 되겠지요. 상하 관계를 표현하는 방법은 크게 두 가지입니다. 첫 번째는 위아래로 표현하는 방법으로 상위 개념을 위에, 하위 개념을 아래에 나타냅니다. 두 번째는 들여쓰기와 내어쓰기로 상위 개념은 내어 쓰고, 하위 개념은 들여 씁니다.

동등 관계는 하나의 지식과 다른 지식이 수평적으로 이웃하는 형태입니다. 아시아, 유럽, 아프리카, 북아메리카, 남아메리카, 오세아니아는 서로 수평 관계의 개념입니다. 동등 관계를 표현하는 방법은 세 가지입니다.

첫 번째는 좌우로 표현하는 방법입니다. 하나의 개념을 쓰고 바로 옆에 다른 개념을 이어서 쓰면 동등한 관계임을 나타냅니다.

두 번째는 들여쓰기에서 같은 선상에 표현하는 방법입니다. 설명을 붙인다든지 하는 여러 이유로 옆으로 쓰지 못하는 경우 줄을 바꾸되 들여쓰기의 정도를 같게 합니다. 하나의 상위 개념에서 한 칸 안으로 들어온 후 거기에 여러 개념이 같은 선상에 있으면 동등한 레벨임을 의미합니다.

세 번째는 번호를 붙이는 방법입니다. ①아시아, ②유럽, ③아프리카, ④북아메리카, ⑤남아메리카, ⑥오세아니아처럼 표현합니다. 다음은 상하와 동등 관계를 이용해 6대륙을 설명한 예시입니다.

- **6대륙**

  ① 아시아

  ② 유럽

  ③ 아프리카

  ④ 북아메리카

  ⑤ 남아메리카

  ⑥ 오세아니아

차례 관계는 순서가 있는 경우입니다. 차례를 표현할 때는 우선 화살표를 이용할 수 있습니다. 한쪽에서 다른 쪽으로 가는 화살표는 일이 한 쪽에서 다른 쪽으로 진행됨을 표현하지요. 예를 들어 고조선→삼국 시대→고려→조선→대한제국→일제강점기→대한민국처럼 표현할 수 있습니다. 번호 역시 사용할 수 있습니다. 먼저 오는 일은 1, 2와 같이 더 작은 번호로 표현하고 뒤에 오는 일은 3, 4와 같이 더 큰 번호로 표현합니다. 번호와 화살표를 동시에 사용할 수도 있습니다.

물론 정보 간에 서로 관계가 없는 경우도 있습니다. 이런 경우는 한 줄을 비워둠으로써 이를 표현합니다. 양이 많은 경우는 주제부터 아예 새롭게 쓰기도 합니다.

:: 내용 파악이 쉽게 쓰기

내용 파악이 쉽게 쓴다는 말은 무엇을 썼는지, 어떤 내용인지 쉽게 알 수 있게 쓴다는 의미입니다.

① 내용 선별하기

배운 내용 모두를 노트로 쓸 수는 없습니다. 모든 내용을 쓰려면 너무 많은 노력과 에너지가 들어가게 됩니다. 그래서 노트를 쓸 때는 가장 중요한 내용이 무엇인지 늘 생각해야 합니다. 물론 내신 시험이 코앞인 중고등학생이라면 세부적인 내용도 놓치지 않기 위해 거의 모든 것을 기록할 수 있습니다. 하지만 초등학생이라면 작은 것은 두고 중요한 내용을 중심으로 선택해야 합니다.

② 나의 언어로 쓰기

내용은 자신의 언어로 풀어서 써야 합니다. 사람은 자신에게 친숙한 언어를 더 쉽게 받아들입니다. 그래서 자신의 언어로 정리해야 자기의 것이 됩니다. 책에 적힌 표현을 그대로 똑같이 쓰는 것은 지양해야 합니다. 물론 그 표현이 아주 독특하고 독창적이라면 그대로 써도 좋지만 특별하지 않은 평이한 진술이라면 반드시 나의 표현으로 바꾸도록 합니다.

③ 축약해 쓰기

문장을 축약하는 것도 중요합니다. 노트 역시 되도록 짧게 간단하게 쓰는 것이 좋습니다. 그래야 더 빨리 내용을 파악할 수 있으니까요. 개조식으로 작성하여 문장을 최대한 간결하게 씁니다. 개조식은 요즘 인터넷에서는 음슴체라고도 하는데 '~하였음', '~했음'처럼 조사를 생략하는 서술 방식입니다.

④ 시각적 도구 활용하기

시각적 도구를 사용해 이해가 쉽도록 도와야 합니다. 우선 색을 사용할 수 있습니다. 노트를 쓰면서 바로바로 색을 바꿀 수 있도록 3색 펜을 사용하면 좋습니다. 형광펜으로 중요한 부분을 강조할 수도 있습니다. 1, 2, 3, 가, 나, 다, ○, ☆, ▶, -, ^, ~와 같은 숫자, 문자, 기호, 선 등을 적극적으로 활용합니다. 밑줄, 동그라미 등을 사용할 수도 있고요. 그래픽 조직자나 불릿을 사용하는 것도 좋습니다.

○ 글쓰기 ○

사람의 생각은 복잡한 3차원인 반면, 글은 직선으로 구성된 1차원입니다. 그런 점에서 작가는 자기의 3차원 생각을 1차원으로 풀어내는 사람입니다. 반면 독자는 1차원의 글을 다시 3차원의 생각으로 복원하는 사람입니다. 이 복원을 잘한다면 문해력이 뛰어난 사람이고 복원을 잘못한다면 문해력이 낮은 사람입니다. 그래픽 조직자, 텍스트 분석과 구조화, 노트 쓰기 등은 모두 1차원의 글을 3차원으로 복원하는 데 도움을 주는 도구들이고요.

우리가 글을 이해하는 것은 태블릿이 넷플릭스의 영상을 재생하는 것과 유사한 점이 있습니다. 영화감독은 빛을 이용해 연출한 장면을 카메라에 담습니다. 이때 빛으로 이루어진 실제 장면은 0과 1로 이루어진 디지털 정보로 변환됩니다. 0과 1로 이루어진 이 숫자들은 태블

릿에서 다시 빛으로 전환합니다. 덕분에 우리는 화면에서 디지털 숫자 대신 생생한 장면을 볼 수 있게 되지요. 그런 점에서 이런 변환은 생각을 글로 담고 글을 다시 생각으로 바꾸는 독서와 매우 유사합니다.

영상 시청과 독서는 누가 변환하느냐에서 차이를 보입니다. 영상은 태블릿이 변환 작업을 하기에 우리는 그냥 편히 볼 수 있습니다. 반면 독서는 독자가 스스로 변환해야 해서 능동적인 문해 작업이 필요합니다. 그래서 독서가 영상 시청보다 더 번거롭고 어렵지만 덕분에 우리 뇌가 성장할 수 있기도 합니다.

:: 글쓰기는 질서다

1차원의 글을 3차원의 생각으로 복원하는 과정이 문해라면 글쓰기는 무엇일까요? 글쓰기는 3차원으로 만들어진 이해를 다시 1차원으로 변형하는 겁니다. 어렵게 만든 3차원의 이해를 왜 다시 1차원으로 변환하는 걸까요? 그 이유는 바로 생각에 질서를 부여하기 위해서입니다.

3차원의 생각은 여러 요소들 사이의 관계가 보이지만 그만큼 복잡합니다. 앞과 뒤가 불분명할 수 있고 뒤죽박죽일 수 있습니다. 책을 읽고 난 독자의 머릿속은 여러 가지 생각들로 복잡합니다. 작가가 쥐여준 아이디어는 물론, 읽으면서 갖게 된 독자 자신의 생각도 있죠. 독서 후에는 이런 생각들이 마구 뒤섞이게 됩니다. 이는 아무리 문해력이 좋고 책을 잘 읽어도 거의 피할 수 없는 현상입니다. 책을 읽으면 엄청난 수의 정보와 지식, 깨달음들이 순간순간 계속 일어나기 때문입니다. 문제는 이 많은 정보와 지식이 제대로 정리되지 않은 상태라는 겁니다. 많은 것을 알게 되었지만 그것들이 뒤죽박죽이라 손에 쉽사리 잡히지 않습니다. 무언가 알게 된 느낌만 남기 쉽습니다. 그래서 정리해야 합니다. 구슬이 서 말이라도 꿰어야 보배라는 속담도 있듯이 이들을 정리해야 진짜 지식, 지혜가 되는 겁니다.

글쓰기는 생각에 질서를 부여하는 일입니다. 복잡하게 엉켜 있는 생각들의 전후 관계를 명확히 만들어 줍니다. 지식과 지혜들은 글의 진행에 따라 순서를 부여받고 질서정연하게 줄을 서게 됩니다. 지식이 앞과 뒤가 분명한 질서를 갖게 되면 드디어 완전한 자신의 지혜가 됩니다. 지식이 체계화되어 매우 깊게 알게 되니까요. 쓰기는 학습에도 긍정적인 영향을 미친다는 사실이 연구로 입증되었습니다. 학습 후 글을 쓴 아이들의 대수적 사고* 발달이 글을 쓰지 않은 아이들에 비해 더 뛰어나다는 사실이 밝혀졌습니다. 마찬가지로 글로 써 정리한 아이들이 에너지 보존 법칙 역시 더 잘 이해한다는 사실도 밝혀졌고요.

---

* 수 대신에 문자를 사용하여 수학 법칙을 간단히 표현하는 수학을 대수학Algebra이라고 합니다. 대수적 사고Algebraic thinking는 그래서 패턴과 관계를 인식, 분석할 수 있는 사고를 뜻합니다.

:: 배우기 위한 글쓰기, 학습 쓰기

학습을 한 후 글쓰기는 어떻게 해야 할까요? 우선 아이들의 글쓰기를 크게 두 가지로 나누어 생각해야 합니다. 하나는 쓰기 학습Learn to write이고 다른 하나는 학습 쓰기Write to learn 입니다. 쓰기 학습은 글을 잘 쓰는 방법을 배우는 일입니다. 어떻게 하면 상대에게 내 생각을 명료하고 정확하게 정리해서 보여줄 수 있는지 그 방법을 배우는 거지요. 주로 국어 교과에서 배우는 내용이라고 볼 수 있습니다. 반면 학습 쓰기는 지식을 잘 배우기 위해 쓰기를 활용하는 일입니다. 다른 이에게 보여주기 위한 글이 아니라 자기자신의 배움을 위한 글이지요. 이는 국어뿐 아니라 모든 교과 학습에서 사용할 수 있는 방법입니다.

여기서 살펴보려고 하는 것은 바로 학습 쓰기입니다. 글 잘 쓰는 법을 배우려는 것이 아니라 학습하는 데 도움받기 위해 글을 쓰는 것입니다. 글쓰기는 목적이 아닌 수단이 됩니다. 학습 읽기 후 더 많은 지식을 더 잘 배우기 위한 수단으로 쓰려고 하는 거죠. 물론 학습 쓰기를 하다 보면 쓰기 학습도 어느 정도 저절로 될 겁니다. 하지만 이는 학습 쓰기의 과정에서 자연스레 얻게 되는 부산물이지 목적은 아닙니다. 지식을 잘 소화하기를 바라기에 쓰기를 활용한다는 사실을 잊지 마세요.

:: 학습 쓰기의 방법

학습 쓰기의 방법은 단순합니다. 다음의 두 단계를 차례대로 따라

하면 됩니다.

① 알게 된 것 쓰기

학습 쓰기는 알게 된 것을 글로 표현하면 됩니다. 누군가에게 설명한다는 생각으로 말하듯이 쓰면 좋습니다. 글이라는 형식을 너무 의식하지 말고 그냥 말한다고 생각하면서 말이죠. 그러면 훨씬 수월하게 글을 쓸 수 있고 결과물도 더욱 자연스럽습니다. 메모나 노트를 썼다면 이를 참고하여도 좋습니다. 처음에는 어떻게 쓰나 막막할 수 있지만 일단 한두 문장만 써보면 별것 아니라는 것을 알게 됩니다. 그럼 학생이 실제로 쓴 글을 확인해 보겠습니다. 다음은 초등 6학년 학생이 사회 수업 후 쓴 글입니다.

기업이 합리적 의사 결정을 해야 하는 이유는 무엇일까? 바로 이윤을 극대화하고 경쟁에서 밀리지 않기 위해서이다. 예를 들어 필통회사는 더 좋은 필통을 만들려고 노력한다. 또 적정한 가격을 매겨 판매량을 늘리려고 한다.

학습 쓰기를 할 때는 주제, 내용, 예시를 담으면 좋습니다. 위 글에도 이 요소가 들어 있습니다. 한번 찾아볼까요?

- 기업이 합리적 의사 결정을 해야 하는 이유는 무엇일까요? (주제)
- 바로 이윤을 극대화하고 경쟁에서 밀리지 않기 위해서입니다. (내용)
- 예를 들어 필통 회사는 더 좋은 필통을 만들려고 노력합니다. (예)
- 또 적정한 가격을 매겨 판매량을 늘리려고 합니다. (예)

② 내 생각 추가하기

꾸준히 쓰다 보면 큰 고민을 하지 않아도 학습한 내용들을 쉽게 글로 쓸 수 있는 순간이 옵니다. 그때가 되면 내용에 하나를 추가합니다. 바로 자신의 생각입니다. 학습한 내용에 대해 무엇을 느꼈고 어떻게 생각하는지 자신의 의견을 추가하는 겁니다. 이는 학습을 수동적 주입의 형태에서 능동적 생성의 관점으로 전환하는 겁니다. 이를 통해 아이는 좀 더 주체적인 생각을 가진 사람으로 성장할 수 있을 겁니다. 위 글에 다음처럼 생각을 추가할 수 있습니다.

기업이 합리적 의사 결정을 해야 하는 이유는 무엇일까? 바로 이윤을 극대화하고 경쟁에서 밀리지 않기 위해서이다. 예를 들어 필통 회사는 더 좋은 필통을 만들려고 노력한다. 또 적정한 가격을 매겨 판매량을 늘리려고 한다. 회사는 그냥 물건을 만들면 팔린다고 생각했었는데 이런 노력을 한다는 점이 놀랍다.

초등학생 아이들도 얼마든지 쓸 수 있는 글입니다. 처음부터 잘 쓰기는 어렵지만 몇 번만 써봐도 모든 아이들이 금세 써내곤 합니다. 꾸준히 지도하다 보면 점점 글의 양과 질이 늘어나는 것을 볼 수 있습니다. 그만큼 학습을 잘하는 모습도 당연히 볼 수 있게 되고요.

:: 학습 쓰기 시 주의점

학습 쓰기의 효과를 극대화하기 위해서는 다음에 주의해야 합니다.

① 두괄식으로 쓰기

글을 쓰는 방식에는 두괄식과 미괄식이 있습니다. 두괄식은 결론을 초반에 제시하는 방식이고 미괄식은 후반에 제시하는 방식입니다. 학습 쓰기는 두괄식으로 쓰는 것이 좋습니다. 주제, 핵심, 결론을 초반에 제시하는 편이 글 전체를 이해하는 데 유리하기 때문입니다. 미괄식은 독자의 호기심을 자극하거나 시선을 끄는 장점이 있습니다. 하지만 학습 쓰기는 다른 이의 관심을 끌기 위한 쓰기가 아니므로 미괄식은 지양하고 두괄식으로 쓰도록 합니다.

② 글 쓰는 시간은 짧게

글 한 편을 쓰는 데 적정 시간은 1분에서 10분 사이입니다. 대략 4~5분 정도를 기준으로 생각하고 여기에 적당히 가감한다고 생각하시기 바랍니다. 학습 쓰기가 10분 이상 소요되면 오히려 학습 효과가 떨어진다는 연구 결과가 있습니다. 학습 쓰기는 '길고 자세하게'가 아닌 '짧게 핵심을 간추려서'가 되어야 합니다. 그래야 학습 효과가 높아집니다.

③ 글 내용에 집중하기

학습 쓰기 시에는 내용을 배우는 데 초점을 맞추어야 합니다. 서론, 본론, 결론, 맞춤법, 띄어쓰기, 표현, 문단과 같은 글의 형식적 측면에 너무 많은 관심을 가지지 않도록 합니다. 형식적 측면에 대해서는 거의 언급하지 않도록 하며 혹 언급하더라도 가볍게 하고 넘어가야 합니다. 지적이 많아지거나 심해지면 학습 쓰기가 잘 진행되지 않기 때문입니다. 물론 형식을 잡아주면 더 좋은 글이 나오는 것은 사실입니다. 그러니 필요하면 지도하되 본질을 잊고 형식에 너무 집착하거나 잔소리 시간으로 변질되지 않도록 주의하시기 바랍니다. 빈대 잡으려다 초가삼간 태워서는 안 되니까요.

④ 고칠 점은 찾되 고쳐 쓰지 않기

글의 수준은 꾸준한 글쓰기와 적절한 조언을 통해 올라갑니다. 하지만 쓴 글에 대한 조언이 고쳐 쓰기로 이어지는 것은 바람직하지 않습니다. 다 쓴 글을 다시 쓸 때 아이들은 상당히 귀찮아하며 많은 스트레스를 받게 됩니다. 이는 학습 쓰기를 싫어하게 되는 중요한 원인이 되기도 합니다. 오늘 쓴 글은 어떤 점이 아쉽고 어떻게 바꾸면 좋겠다는 대화를 나누는 것은 좋지만 실제로 고쳐 쓰지는 않습니다. 필요한 조언은 하되 다음에 쓰는 글에 적용하라고 알려주세요. 이렇게 할 때 아이들이 부담 없이 조언을 듣게 됩니다.

⑤ 꾸준히 쓰기

연구 결과를 보면 학습 쓰기를 통해 성적이 오르려면 다음의 두 가지 조건을 충족해야 한다고 합니다. 우선 주 2~4회 정도는 해야 합니다. 주 1회 혹은 그 이하로 해서는 성적이 오르기 어렵습니다. 또 한 학기 이상 지속해야 합니다. 한 학기 이전에 학습 쓰기를 멈추면 역시 성적에 영향을 끼치지 않았습니다. 정리하자면 주 2회, 한 학기 이상 학습 쓰기를 할 때 성적이 오른다는 말입니다. 이 정도 횟수와 기간으로 학습 쓰기를 실천하면 아이들은 지식책을 어떻게 읽고 어떻게 정리해서 배울 수 있는지를 알아가게 됩니다.

6장

지식책으로
제대로 공부합니다

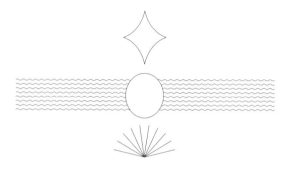

지식그림책 공부하기

이번 장에서는 지식책을 실제로 읽고 학습하는 방법에 대해 알아보겠습니다. 우선 그림책부터 살펴보겠습니다. 다음의 방법을 참고하여 그림책을 읽어주세요. 그다음에는 아이 스스로 읽을 때도 이런 방법으로 읽을 수 있도록 유도합니다. 읽어주면서 다음의 방법을 꾸준히 사용하다 보면 혼자 읽을 때 스스로 적용할 수 있게 될 겁니다.

읽기는 크게 읽기 전, 읽기 중, 읽기 후의 3단계로 이루어집니다. 각 단계에서 무엇을 어떻게 하는지 살펴보겠습니다. 이번에 읽을 책은 『배추흰나비 알 100개는 어디로 갔을까?』입니다.

• 『배추흰나비 알 100개는 어디로 갔을까?』
권혁도 글, 그림 | 길벗어린이

∷ 읽기 전

읽기 전 단계에서는 책의 본문을 읽기 전에 앞뒤 표지를 보면서 읽을 준비를 합니다. 표지의 제목과 그림을 통해 배경지식을 확장하고 어휘로 관심을 끌어옵니다. 또 글의 내용을 예측하거나 기대를 갖도록 하기도 하고요. 다음 질문을 적절히 변형하여 사용하시기 바랍니다.

① 시각 자료 살펴보기

그림부터 먼저 살펴봅니다. 그림이 글자보다 아이들의 시선을 먼저 잡아끌기 때문입니다. 다음의 질문으로 아이가 표지 그림을 더 자세히 살펴보도록 이끌어 주세요.

- 표지에서 무엇을 볼 수 있니?
- 거미가 무엇을 하는 것 같니?
- 여기 이 노란 것은 무엇인 것 같니?

② 제목 살펴보기

제목을 읽어보고 제목에 대해 생각합니다. 제목과 관련한 경험을 꺼낼 수 있게 질문하세요. 중요한 어휘가 있다면 어휘에 대해 생각도 해보고요. 또 아이가 모를 만한 부분이 있다면 설명해 주어도 좋습니다.

- 제목을 읽어볼까?
- 배추흰나비라는 이름을 통해 볼 때 이 나비는 어떤 특징이 있는 것 같아?
- 나비를 본 적 있니?
- 나비가 어떻게 날았니?
- 나비는 무엇을 먹고살까?
- 어떤 동물이 또 알을 낳을까?
- 나비는 태어날 때부터 나비의 모양이 아니라고 해. 나비가 무엇으로 태어나는 줄 아니? 나비는 알로 태어나. 그리고 애벌레가 되고 번데기가 된 후 나중에 나비가 되지. 이 책에서는 그 자세한 내용들을 알 수 있을 거야.

:: 읽기 중

읽기 중 단계에서는 책의 본문을 읽으면서 내용을 잘 이해할 수 있도록 돕습니다. 어휘에 집중하고 질문을 통해 내용 파악을 돕습니다. 다만 텍스트 분석과 구조화는 그림책에서는 많이 사용하지 않습니다.

글이 짧고 쉽기도 하고 그림책을 읽는 아이들의 발달 단계상 어려울
수 있기 때문입니다.

① 시각 자료 살펴보기

그림책인 만큼 그림을 우선 살펴봅니다. 아이가 충분히 그림을 보
고 느끼고 생각할 시간을 주어야 합니다.

- 이 그림을 먼저 자세히 살펴볼까?
- 책을 덮고 그림에 대해 서로 질문해 볼까?

② 어휘 확장하기

그림책을 읽는 초2 이하의 아이에게는 어휘력이 무엇보다 중요합
니다. 어른에게 상식인 어휘는 물론 일상에서 자주 사용하는 어휘조차
모르는 경우가 매우 많습니다. 그림을 보고 나면 글자에 손가락을 짚
어 관심을 글자로 가져옵니다. 그리고 그림과 맥락으로 단어의 의미를
생각해 보게 합니다. 또 어휘를 다양하게 사용하도록 도와야 합니다.

- 엄마가 읽어줄 때 모르는 단어가 나오면 말해줄래?
- '배추흰나비 애벌레가 허물을 벗었어'라는 문장에서 허물이 무엇
  을 뜻할까? 그림을 한번 살펴보면서 생각해 보자.

③ 사실 질문하기

사실 질문을 통해 내용을 잘 이해했는지 확인합니다. 처음에는 중간중간 하도록 하고 아이의 이해력이 커지면 다 읽은 후에 하도록 합니다. 아이가 사실 질문에 잘 답하지 못하면 그 부분을 찾아 다시 읽어도 좋습니다. 회상 질문뿐 아니라 인식 질문과 번역 질문을 통해 답을 찾고 자기의 말로 설명하는 기회를 주세요.

- 다리무늬침노린재가 애벌레에게 어떻게 했지?
- 배추흰나비가 어떤 순서로 변했는지 기억할 수 있니?
- 기억나지 않으면 직접 찾아볼까?
- 배추흰나비는 어떤 이유로 죽었는지 설명해 볼래?

④ 생각 질문하기

책에서 출발하지만 책 밖으로 나갈 수 있는 질문이 필요합니다. 창의적인 질문을 하기 어렵다면 그냥 아이에게 기회를 주세요. 오히려 아이들이 이런 질문을 더 잘하기도 하니까요. 어이없는 질문이라고 무시하지 말고 카페에서 친구와 수다 떤다고 생각하고 즐겁게 받아주고 떠들어 보세요.

- 배추흰나비 말고 배추노랑나비나 배추검은나비도 있을까?
- 배추흰나비처럼 성장하는 다른 곤충에는 무엇이 있을까?
- 배추흰나비를 보호하려면 어떻게 해야 할까?

:: 읽기 후

읽기 후 단계에서는 읽은 내용을 정리합니다. 글을 쓸 수 있고 스스로 쓰고자 하는 아이라면 글을 써도 좋습니다. 하지만 대개는 글을 잘 쓰지 못하거나 쓰고 싶어 하지 않습니다. 그래서 일단 말로 표현하는 게 필요합니다. 말로 표현하고 나면 글을 쓰는 것이 한결 쉬워집니다. 우선 하브루타를 하고 이후에 그래픽 조직자로 정리해 봅니다.

① 하브루타 하기

하브루타를 하기 위해서는 우선 질문이 필요합니다. 읽기 중에 자연스럽게 나온 질문 중에서 고르도록 합니다. 다음 대화를 보면 아이가 배추흰나비가 불쌍하다고 합니다. 이 말에서 힌트를 얻어 엄마는 배추흰나비를 보호하는 방법에 관해 물었습니다. 물론 5장의 '생각 질문하기'에서 알아보았던 키워드 질문법을 사용해도 좋습니다.

- **아이** : 배추흰나비가 불쌍해요.
- **엄마** : 그럼 배추흰나비를 보호하려면 어떻게 해야 할까?
- **아이** : 배추흰나비를 잡아먹는 다른 동물들을 모두 죽여요.
- **엄마** : 어떻게?
- **아이** : 농약을 뿌려서요.
- **엄마** : 농약을 뿌리면 배추흰나비도 같이 죽지 않을까?
- **아이** : 그럼 손으로 잡아요.
- **엄마** : 사람이 이렇게 많은 거미와 노린재와 벌들을 하나하나 다

잡을 수 있을까?

- **아이** : 음…, 그럼 어떻게 해야 할까요?
- **엄마** : 엄마는 질문을 바꿔보고 싶어. 과연 배추흰나비를 살리기 위해 다른 곤충을 죽이는 것이 옳을까?
- **아이** : 옳죠. 배추흰나비가 살아야 하니까.
- **엄마** : 거미나 노린재도 모두 똑같은 생명인데 배추흰나비만 소중한 걸까?

② 그래픽 조직자

이 그림책에서는 크게 두 종류의 지식을 배울 수 있습니다. 하나는 배추흰나비의 성장이고 다른 하나는 배추흰나비가 죽었던 이유입니다. 이 둘을 조합한다면 다음과 같이 정리할 수 있습니다.

단계	배추흰나비가 죽은 이유
알	• 알벌이 알을 낳음
애벌레	• 빗방울에 빠짐 • 흰눈썹깡충거미가 잡아먹음 • 배추나비고치벌이 알을 낳음 • 다리무늬침노린재가 침을 꽂음 • 별쌍살벌이 깨물음
번데기	• 배추나비고치벌 애벌레들이 몸에서 나옴 • 배추벌레살이금좀벌들이 알을 낳음 • 참새가 잡아먹음 • 배추벌레살이금좀벌들이 몸에서 나옴
나비	• 사마귀가 잡아먹음

○ 학습만화 공부하기 ○

학습만화는 아이들이 좋아하는 만화에 학습 요소를 넣은 책입니다. 재미있게 읽으면서 공부도 할 수 있어 부모와 아이들에게 많은 사랑을 받고 있습니다. 다만 아이들이 만화만 보고 학습은 하지 않는 경우가 많다는 게 문제입니다. 재미있고 웃긴 부분은 반복해서 읽지만 정작 학습 부분은 제대로 읽지 않는 것이죠. 학습만화를 제대로 활용하기 위해서는 이 문제가 해결되어야 합니다.

학습만화를 부모님이 읽어주는 경우는 거의 없습니다. 그래서 다음에서 살펴볼 방법은 아이 스스로 해야 합니다. 다만 처음 몇 번은 부모가 가이드해 줄 필요가 있습니다. 처음부터 혼자서 하라고 하면 잘할 수 있는 아이는 많지 않습니다. 처음 몇 번을 함께한 후 스스로 할 수 있도록 이끌어 주세요. 함께 할 때는 대화로 하고 혼자 할 때는 노트 쓰기로 합니다.

이번에 볼 책은 『Why? 와이 미생물』입니다. 그중에서도 74~79쪽의 '내 피부에도 미생물이 바글바글'을 읽어보도록 하겠습니다.

:: 읽기 전

① 표제 살펴보기

우선 표제를 살펴봅니다. 'Why?'는 시리즈의 제목이고 이 책의 제목은 '미생물'입니다. 다음과 같은 질문을 할 수 있습니다.

 – 미생물이 무엇일까?
 – 미생물은 생물과 무엇이 다를까?

• 『Why? 와이 미생물』
허순봉 글 | 이근 만화 | 예림당

② 표지 그림 살펴보기

이번에는 표지 그림을 자세히 살펴보겠습니다. 다양한 것이 보이는데요. 현미경, 세포, 곤충 혹은 벌레, 된장 항아리도 보이네요. 다음과 같은 질문을 하고 생각해 봅니다.

 – 이 책은 세균과 벌레에 관한 것일까?
 – 우리가 먹는 간장, 된장이 미생물과 무슨

관련이 있을까?

:: 읽기 중

① 메모하기

아이와 함께 책을 읽으면서 나오는 중요한 내용에 표시를 해봅니다. 저는 다음처럼 표시하였습니다.

② 시각 자료 살펴보기

이번에는 시각 자료를 자세히 관찰해 보겠습니다. 피부와 모낭에 관한 다음의 자료를 살펴봅니다. 책을 보면서 다음과 같은 질문으로 내용을 파악하게 합니다.

- 우리 피부에는 어떤 기관들이 있나요?
- 우리 피부를 이루는 3개 층에는 무엇이 있나요?
- 털뿌리를 다른 이름으로 무엇이라고 하나요?
- 털뿌리가 들어 있는 곳을 무엇이라고 하나요?
- 땀구멍 밑에는 무엇이 있나요?

③ 텍스트 분석하기

텍스트를 읽고 분석해 봅니다. 아이와 함께 중요한 단어를 찾아 네모나 동그라미로 표시하고 그에 대한 설명에는 밑줄을 그어보세요.

모낭은 털이 피부에 박힌 부분인 모근을 싸고 털의 영양을 맡아 보는 주머니이다. 모낭은 땀샘과 가까운데, 사람의 땀에는 세균에게 영양분이 되는 수분, 아미노산, 염분, 젖산, 지방이 풍부하게 들어 있다. 따라서 땀을 분비하는 기관 주변에 위치한 모낭 역시 세균이 살기 좋은 환경이 되는 것이다.

:: **읽기 후**

① 텍스트 구조화하기

위 텍스트는 어떤 구조로 쓰였다고 생각하나요? 아이와 함께 다음 질문을 읽고 이 글의 구조를 가장 잘 설명한 것을 골라봅니다.

1) 대상과 설명 - 어떤 대상에 대해 구체적으로 설명하고 있나요?
2) 순서와 차례 - 어떤 일이 일어나는 순서나 차례를 말하고 있나요?
3) 비교와 대조 - 두 가지 대상을 견주어 살펴보고 있나요?
4) 원인과 결과 - 원인을 제시하고 이로 인한 결과를 말하고 있나요?
5) 문제와 해결 - 어떤 문제가 있고 이를 해결하는 방법을 알려주고 있나요?
6) 사실과 의견 - 사실을 제시하고 이에 대한 작가의 의견을 제시했나요?

7) 주장과 근거 – 주장을 한 후 이에 대한 근거를 들고 있나요?

이 글에 사용된 구조를 찾으셨나요? 이 글은 모닝이라는 대상에 대해 설명하는 글입니다.

② 노트 쓰기

이번 장을 통해 알게 된 것을 다음처럼 노트로 정리해 봅니다.

우리 피부의 미생물

1) 우리 몸속 미생물
- 보통 우리 몸무게 중 약 1kg은 미생물의 무게
- 씻는다고 미생물이 사라지지는 않음

2) 정상세균총
- 이로운 미생물
- 병균들이 병을 일으키지 못하게 막음
- 항생제를 너무 많이 먹는 등 정상세균총이 약해지면 병균이
  강해져 병에 걸리기 쉬움

3) 기회감염
- 항생제를 많이 복용하거나 면역력이 떨어진 환자에게 발생하는
  질병
- 병균들이 기회를 엿보다 만든 감염

4) 세균

- 수분을 좋아해서 땀샘과 그 주변에 많음
- 겨드랑이와 성기 주변
- 따뜻하고 땀샘이 있어 축축하기 때문

5) 미생물이 살기 좋은 모낭

- 털이 피부에 박힌 부분
- 세균에게 영양분이 되는 물질이 많은 땀샘과 가까움
- 그래서 세균이 살기 좋은 환경이 됨

국어 시험 지문 공부하기

국어 시험 지문은 일반적인 지식책을 읽을 때와는 다른 방식으로 읽어야 합니다. 국어 시험에는 시간제한이 있기 때문입니다. 일반적인 학습 읽기 상황에서는 시간제한이 없기에 깊이 읽는 것이 가장 중요하다면 국어 시험에서는 제한된 시간 안에 정확하게 읽는 것이 중요합니다. 그래서 읽기의 스킬이 더욱 중요해집니다.

지금부터는 국어 시험 지문을 읽을 때 어떤 스킬을 사용해야 하는지 알아보도록 하겠습니다. 이번에 볼 국어 시험 지문은 2010학년도 중학교 1학년 전국연합학력평가입니다.

:: 읽기 전

국어 시험을 볼 때는 지문을 읽기 전에 문제를 먼저 확인하는 것이 좋습니다. 정해진 시간 안에 지문을 독해하고 문제를 풀기 위해서는 문제가 무엇인지 미리 확인하면 유리합니다. 문제를 알고 지문을 읽을 때 좀 더 목적적으로 읽을 수 있기 때문입니다. 지문을 읽기 전 문제를 확인할 때는 최대한 빠르고 간단히 합니다. 지문을 모르는 상태라 문제를 자세히 이해하기 어렵기 때문에 큰 틀에서 어떤 것을 묻는지 정도만 알면 됩니다. 다음처럼 총 두 문제가 제시되어 있습니다.

• 문제 24. ㉠~㉤ 중 다음 내용이 들어갈 알맞은 위치는?

그런데 이로 인해 여러 가지 부작용이 생겨나고 있다.

① ㉠　　② ㉡　　③ ㉢　　④ ㉣　　⑤ ㉤

• 문제 25. 위 글의 내용과 일치하는 것은?

① 콜탄을 정제하여 나오는 탄탈룸은 고온에 약하다.

② 콜탄 가격이 오르면서 광산 인부들의 작업 환경이 나아졌다.

③ 사람들이 새 핸드폰을 구입하는 이유는 통신비를 아끼기 위해서이다.

④ 핸드폰을 오랫동안 사용하면 물자를 절약하고 소중한 생명을 보호할 수 있다.

⑤ 핸드폰을 자주 바꿀수록 국립 공원에 사는 고릴라의 수는 더욱 늘어날 것이다.

먼저 24번을 보겠습니다. 24번 문제는 ㉠~㉤ 중 '그런데 이로 인해 여러 가지 부작용이 생겨나고 있다.'는 문장이 들어가기에 알맞은 위치를 찾으라는 요구입니다. 여기서 힌트가 될 수 있는 단어는 '그런데'와 '부작용'입니다. 이 두 개에 동그라미를 칩니다. 좋은 점, 밝은 면이 나오다가 나쁜 점, 어두운 면으로 전환되는 지점을 찾아야겠습니다.

25번은 지문 내용과 일치하는 설명 찾기입니다. '일치'에 동그라미를 칩니다. 보기는 읽지 않습니다. 보기를 읽고 기억했다가 지문에서 이를 찾기는 힘듭니다. 지문 내용도 모른 채 보기를 읽으면 머리에 남지 않기 때문입니다. 이보다는 지문을 읽고 이해한 후 보기와 대조하는 것이 더 효율적입니다.

∷ 읽기 중

이제 지문을 읽을 차례입니다. 국어 시험 지문을 읽을 때는 텍스트 분석하기가 필수입니다. 짧은 시간에 모든 내용을 이해하고 기억할 수 없기 때문입니다. 최대한 빨리 찾고 이해하기 위해서는 연필로 표시해 중요 내용을 부각시켜야 합니다. 연필을 들고 분석하면서 텍스트를 읽어보시기 바랍니다.

(가) 콜탄을 정제*하여 나오는 금속 분말 '탄탈룸(Tantalum)'은 고온에 잘 견디는 성질이 있다. (㉠)이 성질 때문에 탄탈룸이 핸드

폰과 노트북, 제트 엔진 등의 원료로 널리 쓰이게 되면서 콜탄은 귀하신 몸이 되었다. 전 세계 첨단 제품 시장에서 탄탈룸의 수요가 갑자기 늘어나자, 불과 몇 달 만에 1kg당 2만 5000원이던 콜탄 가격이 50만 원으로 급격히 오르는 일이 벌어지기도 했다.

(㉡) 우선 콜탄 광산에서 일하는 인부들이 혹사(酷使)**당하고 있다. 이들에게 주어지는 장비는 삽 한 자루뿐이다. 그밖에 사고를 예방할 아무런 장비도 갖추어져 있지 않다.

(중략)

그러나 아무리 뼈 빠지게 일해도 그들에게 돌아가는 몫은 쥐꼬리만 한 일당뿐이다. (㉢) 힘 있는 중개상들이 막대한 이윤을 고스란히 가로채고 있기 때문이다.

(나) 그런데 국립 공원에 엄청난 양의 콜탄이 묻혀 있다는 소식을 듣고 몰려든 수만 명의 사람들은 먹을 것을 구하기 위해 산속에 있는 야생동물들을 마구잡이로 사냥했다. 350마리나 되던 코끼리는 2000년에 단 두 마리만이 살아남았다. 해발 2000~2500미터에 살고 있던 고릴라의 수도 점점 줄어들었다. (㉣)

(다) 카메라 기능과 MP3 기능이 욕심나서 우리가 최신형 핸드폰을 기웃거리는 동안, 아프리카에서는 고릴라가 보금자리를 잃고 멸종되고 있다. 그리고 순박한 원주민들은 혹사당하며 살고 있다. (㉤) 우리가 핸드폰을 오랫동안 소중하게 쓰는 일은 단지 통신비를 아끼

고 물자를 절약하는 차원에서 그치는 것이 아니다. 지구 반대편의 소중한 생명들을 보호하는 거룩한 일이다.

＊정제: 원료를 가공하여 한층 더 순수한 것으로 만듦
＊＊혹사: 혹독하게 일을 시킴

① 텍스트 분석하기

첫 문장 시작부터 낯선 어휘가 나오면 그 단어에 주목해야 합니다. 핵심 개념일 가능성이 높기 때문입니다. 콜탄에 네모로 표시합니다. 탄탈룸도 낯선 어휘이니 마찬가지로 네모로 표시합니다. 콜탄을 정제하면 탄탈룸이 나온다고 하니 화살표로 연결합니다. 탄탈룸이 고온에 잘 견디는 성질을 있다고 합니다. 고온에 잘 견디는 성질은 개념이 아니라 탄탈룸의 성질이니 밑줄로 긋고 탄탈룸과 화살표로 연결합니다.

(가) 콜탄을 정제＊하여 나오는 금속 분말 '탄탈룸(Tantalum)'은 고온에 잘 견디는 성질이 있다. (㉠)이 성질 때문에 탄탈룸이 핸드폰과 노트북, 제트 엔진 등의 원료로 널리 쓰이게 되면서 콜탄은 귀하신 몸이 되었다. 전 세계 첨단 제품 시장에서 탄탈룸의 수요가 갑자기 늘어나자, 불과 몇 달 만에 1kg당 2만 5000원이던 콜탄 가격이 50만 원으로 급격히 오르는 일이 벌어지기도 했다.

이런 성질로 인해 핸드폰, 노트북, 제트 엔진 등의 원료로 쓰인다고 합니다. 마찬가지로 밑줄로 긋고 화살표로 연결합니다. 가격이 급격히 올랐다는 내용에 역시 밑줄 긋고 화살표로 연결합니다.

ⓛ 다음의 문장은 '우선 콜탄 광산에서 일하는 인부들이 혹사당하고 있다.'입니다. 우선이라고 한 것을 보니 다음도 있는가 봅니다. ①을 표시합니다. 앞에서는 콜탄의 우수한 기능에 대한 설명이었는데 바로 다음은 인부들이 혹사당하고 있다는 부정적인 내용입니다. 긍정적인 내용에서 갑자기 부정적인 내용으로 전환되었는데요. 바로 콜탄의 부작용입니다. 그래서 24번의 정답은 ⓛ으로 보입니다. 하지만 성급하게 답으로 쓰지는 않고 체크만 해둡니다. 결론은 마지막에 내리는 것이 안전하니까요.

ⓛ으로 시작하는 문단의 나머지 내용은 자세히 읽지 않고 눈으로 빠르게 살펴만 봅니다. 한 문단 안에서 완전히 새로운 이야기는 잘 나

(ⓛ) 우선 콜탄 광산에서 일하는 인부들이 혹사(酷使)** 당하고 있다. 이들에게 주어지는 장비는 삽 한 자루뿐이다. 그밖에 사고를 예방할 아무런 장비도 갖추어져 있지 않다.

(중략)

그러나 아무리 뼈 빠지게 일해도 그들에게 돌아가는 몫은 쥐꼬리만 한 일당뿐이다. (ⓒ) 힘 있는 중재상들이 막대한 이윤을 고스란히 가로채고 있기 때문이다.

> (나) 그런데 국립 공원에 엄청난 양의 콜탄이 묻혀 있다는 소식을 듣고 몰려든 수만 명의 사람들은 먹을 것을 구하기 위해 ②산속에 있는 야생 동물들을 마구잡이로 사냥했다. 350마리나 되던 코끼리는 2000년에 단 두 마리만이 살아남았다. 해발 2000~2500미터에 살고 있던 고릴라의 수도 점점 줄어들었다. (②)

오지 않습니다. 인부들의 혹사에 관한 이야기를 할 것입니다. 글 전체를 이해하는 데 있어서는 해당 부작용에 자세한 설명보다 다른 부작용이 무엇인지 찾는 것이 더 중요합니다. 왜냐하면 그렇게 했을 때 글 전체의 구조가 한눈에 보이기 때문입니다.

자세한 내용은 전체 구조를 파악한 후 읽거나 시간이 부족하다면 25번 문제와 함께 풀어나가면 됩니다. 빠르게 살피니 삽 한 자루, 장비, 쥐꼬리만 한 일당, 중개상 등의 단어가 보이네요. 여기에 간단히 ∨ 체크한 후 넘어갑니다.

다음 문단에서 다음 부작용을 찾습니다. '콜탄을 구하러 온 사람들이 먹을 것을 구하기 위해 야생 동물을 마구잡이로 사냥했다.'가 되네요. 여기에 ②를 표시합니다. 이 문단 역시 남은 내용은 간략히 살피고 넘어갑니다. 350마리, 코끼리, 두 마리, 고릴라에 ∨ 체크합니다.

> (다) 카메라 기능과 MP3 기능이 욕심나서 우리가 최신형 핸드폰을 기웃거리는 동안, 아프리카에서는 고릴라가 보금자리를 잃고 멸종되고 있다. 그리고 순박한 원주민들은 혹사당하며 살고 있다. (ㅁ) 우리가 핸드폰을 오랫동안 소중하게 쓰는 일은 단지 통신비를 아끼고 물자를 절약하는 차원에서 그치는 것이 아니다. 지구 반대편의 소중한 생명들을 보호하는 거룩한 일이다.

(다) 문단에는 세 번째 부작용이 있을까요? 첫 번째 문장이 '카메라 기능과 MP3 기능이 욕심나서 우리가 최신형 핸드폰을 기웃거리는 동안, 아프리카에서는 고릴라가 보금자리를 잃고 멸종되고 있다.'입니다. 고릴라가 보금자리를 잃는 것은 앞의 문단에서 야생동물이 피해를 입는 것과 같은 맥락입니다. 부작용에 대한 설명이 끝났을 가능성이 높습니다. 하지만 확실히 하기 위해 한 문장 더 읽어봅니다. '그리고 순박한 원주민들은 혹사당하며 살고 있다.'이네요. 이는 첫 번째 부작용입니다. 이로써 확실해졌습니다. 부작용은 두 가지입니다.

다음 문장부터는 간단히 살펴봅니다. 핸드폰, 통신비, 생명 보호 등의 단어가 눈에 들어오네요. 체크하고 넘어갑니다. 대략 어떤 이야기인지 확인했다면 25번 문제로 갑니다. 아직 지문을 완전히 다 읽지 않았지만 이제 문제를 확인하러 갑니다. 왜냐하면 내용과 일치하는 것을 찾는 문제이므로 보기와 맞춰 보면서 지문을 다시 읽는 것이 유리합니다.

② 텍스트 구조화하기

이 지문의 구조는 무엇이라고 생각하시나요? 바로 원인과 결과입니다. 콜탄의 가격 상승이라는 원인에 따른 두 가지 부작용을 설명하고 있습니다. 하지만 실제 시험을 치를 때는 지문 구조화에 별도의 시간을 들이지 않습니다. 시험을 볼 때 텍스트 구조는 시간을 들이고 노력해서 파악하는 것이 아니라 분석의 결과로 저절로 파악되어야 합니다. 평소에 구조화 연습이 많이 된 아이는 글을 읽으면 구조가 저절로 파악됩니다. 텍스트 구조화는 평소에 연습을 해야 합니다. 평소 글을 읽을 때 늘 글의 구조를 파악하는 습관을 들이도록 하세요. 그러면 시험 볼 때 자동으로 할 수 있게 됩니다. 시간제한이 없는 평소 독서 시간에 연습해서 시험 치를 때는 저절로 나오게 하는 것입니다.

:: 읽기 후

이제 문제를 풀 차례입니다. 24번은 지문을 읽는 동안 확인하였습니다. 긍정적인 내용에서 부정적인 내용으로 바뀐 곳은 처음 발견한 ⓒ밖에 없습니다. 답을 체크하고 25번으로 넘어갑니다. 25번 문제의 보기를 차례대로 살펴보겠습니다.

① 콜탄을 정제하여 나오는 탄탈룸은 고온에 약하다.

앞에서 고온에 잘 견디는 성질에 밑줄을 그었지요? 그래도 기억이

맞는지 지문에 표시한 부분을 다시 한번 확인합니다. 틀렸으니 옆에
×를 표시해 줍니다.

② 콜탄 가격이 오르면서 광산 인부들의 작업 환경이 나아졌다.

인부들이 혹사하고 있다고 했으니 이것 역시 틀렸습니다. 역시 ×
를 표시합니다.

③ 사람들이 새 핸드폰을 구입하는 이유는 통신비를 아끼기 위해서
   이다.

이 부분은 처음 읽을 때 건너뛰어서 지문으로 다시 돌아가 확인해
야 합니다. 문단 (다)에서 핸드폰에 대한 내용이 있었습니다. 문단 (다)
로 갑니다. '카메라 기능과 MP3 기능이 욕심나서 우리가 최신형 핸드
폰을 기웃거리는 동안'이라고 했습니다. 아니니 ×를 표시해 줍니다.

④ 핸드폰을 오랫동안 사용하면 물자를 절약하고 소중한 생명을 보
   호할 수 있다.

역시 핸드폰에 관한 내용이니 문단 (다)로 갑니다. '우리가 핸드폰
을 오랫동안 소중하게 쓰는 일은 단지 통신비를 아끼고 물자를 절약하
는 차원에서 그치는 것이 아니다. 지구 반대편의 소중한 생명들을 보
호하는 거룩한 일이다.'라는 문장이 있네요. 물자를 보호하고 지구 반
대편의 생명을 보호할 수 있다는 내용이 맞으니 ○를 표시합니다. 하

지만 확실히 하기 위해 보기 ⑤도 마저 확인합니다.

⑤ 핸드폰을 자주 바꿀수록 국립 공원에 사는 고릴라의 수는 더욱 늘어날 것이다.

핸드폰 때문에 고릴라의 수가 점점 줄어든다고 했으니 이것 역시 ×입니다.

수학 교과서 공부하기

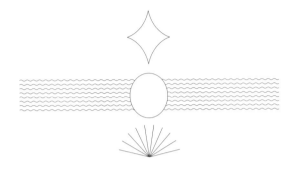

　이번에는 교과서를 공부하는 방법을 알아보겠습니다. 과목은 수학입니다. 수학에서는 개념을 정확하게 이해하는 것이 중요합니다. 개념을 정확히 이해할 때 문제를 올바르게 풀 수 있기 때문입니다. 하지만 대부분 아이들은 개념을 제대로 이해하지 못합니다. 이해하려고 하지도 않는 경우도 많습니다. 개념을 이해하지 못한 채 그냥 문제만 풀려고 하지요. 여러 이유가 있겠지만 중요한 원인 중 하나는 개념에 대한 설명을 읽어도 이해하지 못하기 때문입니다. 어차피 읽어도 이해가 되지 않으니 읽지도 않고 그냥 문제만 푸는 겁니다. 그러니 개념을 읽고 이해하는 방법을 알려주어야 합니다. 개념 설명만 잘 이해할 수 있어도 성적은 급상승할 수 있습니다.

　이번에 읽을 글은 초등 4학년 2학기에 배우는 수학 교과의 내용입니다. 이 설명을 어떻게 이해할 수 있을까요? 설명글이 길지 않으므로 읽기 전 활동 없이 바로 읽기 시작합니다.

한 직선에 수직인 두 직선을 그었을 때, 그 두 직선은 서로 만나지 않습니다. 이와 같이 서로 만나지 않는 두 직선을 평행하다고 합니다. 이때 평행한 두 직선을 평행선이라고 합니다.

• 평행선

:: 읽기 중

우선 글 전체를 읽습니다. 개념에 대한 설명은 한 번에 깊이 이해하기 어렵기 때문에 처음에는 편안하게 그냥 읽어봅니다. 다 읽었다면 이번에는 첫 번째 문장만 천천히 읽어봅니다. '한 직선에 수직인 두 직선을 그었을 때, 그 두 직선은 서로 만나지 않습니다.' 첫 번째 문장에서 어려운 개념어는 직선과 수직 총 두 개입니다. 이 두 개념에 동그라미를 칩니다. 직선과 수직은 이전 시간에 배운 개념입니다. 수학 공부를 잘 해왔다면 당연히 알아야 하는 개념입니다. 직선은 많은 아이들이 알지만 수직은 다릅니다. 바로 앞 시간에 배웠지만 제대로 모르고 있을 가능성이 더 높습니다. 교과서를 한 장만 앞으로 넘겨서 살펴봅니다.

두 직선이 만나서 이루는 각이 직각일 때, 두 직선은 서로 수직이라고 합니다.

수직이 무엇이라고 했나요? 읽고 바로 설명하기 어렵다면 다음처럼 텍스트를 분석해 보아야 합니다.

두 직선이 만나서 이루는 각이 직각일 때, 두 직선은 서로 수직이라고 합니다.

이를 통해 볼 때 수직은 '두 직선이 만나서 이루는 각이 직각인 것'을 말하네요. 그럼 다시 처음으로 돌아와서 첫 번째 문장을 이미지화해 봅니다.

글	한 직선에	수직인 두 직선을 그었을 때	서로 만나지 않음
이미지			

이렇게 이미지화하니 정말 이해가 쉬워지지 않나요? 언어를 언어

그대로 이해하려고 하면 어렵습니다. 그럴 때는 이렇게 이미지로 떠올려 이해하도록 합니다. 다음 문장도 읽고 이미지화하겠습니다.

이와 같이 서로 만나지 않는 두 직선을 평행하다고 합니다.	이때 평행한 두 직선을 평행선이라고 합니다.
평행	평행선

:: 읽기 후

글을 꼼꼼히 분석해 봄으로써 개념을 이해했습니다. 그럼 이제 개념을 완전히 내 것으로 만들 차례입니다.

① 한자어 분석하기

개념을 제대로 이해하기 위해서 개념을 구성하고 있는 한자를 살펴봅니다. 한자 사전에서 평행을 찾아봅니다. 인터넷 사전을 사용해도 좋습니다. 평행은 평평할 평平, 갈 행行입니다. 평평하게 간다는 뜻이군요. 서로 만나지 않는 두 직선이라는 개념과 어떻게 연결되는지 생각해 봅니다. 둘이 서로 평평하게 계속 가니 만날 일이 없군요. 개념의 뜻과 한자의 구성이 연결되어 이해됩니다.

그렇다면 평행선은 어떻게 이루어져 있을까요? 평행선은 평행平行,

줄 선線입니다. 그렇다면 평행과 평행선의 차이는 무엇일까요? 평행은 서로 만나지 않는 두 직선의 상태입니다. 두 직선 사이의 관계를 뜻합니다. 그리고 평행선은 그 상태에 있는 직선을 말하고요. 앞에서 이미 지화한 개념과 일치하네요.

② 안 보고 설명하기

이해했다면 보지 않고 설명할 수 있어야 합니다. 책을 덮고 연필을 들고 노트를 펼칩니다. 그림을 그리면서 방금 학습한 내용을 말로 설명합니다. 처음에는 더듬거리고 쉽지 않을 수 있습니다. 쉽지 않아도 최대한 보지 않고 설명합니다. 완전히 막혀서 설명하기 어렵다면 책을 펼쳐 다시 공부합니다. 막힌 부분을 중심으로 살펴보고 어떻게 설명하면 될지 연습합니다. 연습이 끝나면 책을 덮고 다시 설명합니다. 책을 덮고 개념을 그리면서 설명할 수 있다면 그 개념은 충분히 이해되었다고 볼 수 있습니다.

사회, 과학 지식책 공부하기

이번에는 사회, 과학 지식책으로 공부하는 방법을 알아보겠습니다. 초등학생 때 배경지식을 쌓는 것은 중요합니다. 이때 쌓아둔 배경지식이 중고등학교에서 공부할 때 다양한 측면에서 도움이 되기 때문입니다. 특히 수능 국어 영역의 비문학 난이도가 상당히 높기 때문에 초등학교 때 사회, 과학 지식책을 다양하게 읽어두는 것은 중요합니다.

이번에 살펴볼 책은 앞에서도 추천했던 『초등 필수 백과』입니다. 이 책을 읽고 쓰면서 정리하는 방법에 대해 함께 알아보겠습니다.

• 『초등 필수 백과』
제인 파커 레스닉, 레베카 L. 그램보 글 | 토니 탈라리코 그림 |
곽정아 옮김 | 삼성출판사

:: 읽기 전

① 시각 자료 살펴보기

『초등 필수 백과』의 본문 89페이지를 살펴볼까요? 큼지막한 공룡 그림이 먼저 눈에 들어옵니다. 우선 그림부터 살펴봅니다. 몸집 큰 공룡이 작은 꽃을 보고 눈물 흘리며 "엄마, 보고 싶어요."라고 말합니다. 부모가 아이에게 다음과 같은 질문을 시범 보임으로써 아이 혼자 학습 읽기를 할 때도 스스로 질문할 수 있도록 유도합니다.

- 어떤 공룡인 것 같아?
- 이 공룡에게는 어떤 특징이 있니?
- 지금 무슨 상황인 것 같니?

② 제목 살펴보기

다음으로 제목을 살펴봅니다. 제목이 '공룡은 왜 멸종되었을까?'입니다. 이 글에서 가장 핵심적인 단어는 바로 '멸종'입니다. 멸종의 뜻을 아는지 물어봅니다. 모른다면 본문에서 찾아보자고 제안하고, 뜻을 알고 있다면 공룡이 멸종된 이유에 대해 묻거나 혹은 아이 자신만의 상상을 이야기해 볼 수도 있습니다.

- 멸종이 무슨 뜻인지 아니?
- 공룡이 왜 멸종되었다고 생각하니?

∷ 읽기 중

① 어휘 습득하기

멸종의 뜻을 모른다면 우선 그 뜻을 짐작해 보아야 합니다. 글의 첫 문장은 "16억 년이나 살아온 공룡이 왜 멸종되었는지 과학자들도 확실히 알 수 없대요."입니다. 16억 년이나 살았다는 말과 현재는 공룡을 볼 수 없다는 사실에서 '멸종'이 사라졌다는 말과 비슷한 표현임을 알 수 있습니다. 바로 이어서 나오는 내용을 보더라도 공룡이 사라지는 것과 관련 있음을 알 수 있습니다.

이번에는 한자로 분석해 봅니다. 멸종을 사전에서 찾아보면 꺼질 멸滅, 씨 종種입니다. 대를 잇는 데 필수적인 씨가 없어져 완전히 사라져 버렸다는 뜻입니다. 꺼질 멸이 들어간 단어를 찾아봅니다. 소멸, 멸망, 박멸, 궤멸 등이 있네요. 씨 종이 들어간 단어도 찾아봅니다. 종자, 파종, 별종, 모종 등이 있습니다. 이 중에서 몇 단어를 골라 어떤 의미로 어떻게 사용되는지 좀 더 자세히 살펴보면 좋습니다.

② 텍스트 분석하기

이번에는 텍스트를 분석해 보겠습니다. 이 글은 공룡 멸종의 원인에 대한 여러 가지 의견이 나열되어 있습니다. 따라서 여러 의견에 ①, ②, ③처럼 번호를 붙이도록 합니다.

16억 년이나 살아온 공룡이 왜 멸종되었는지 과학자들도 확실히 알 수 없대요. 이에 대해 여러 가지 의견이 있어요. ①기후가 변하면서 식물과 동물이 살기에 너무 더워졌다는 의견, ②운석이 충돌하면서 생긴 먼지가 태양을 가로막아 극심한 추위가 왔다는 의견, ③화산이 폭발하면서 강한 방사선이 퍼졌다는 의견 등이 있지요. 그 밖에 ④질병, ⑤해수면 높이의 변화, ⑥대륙 분열, ⑦포유류가 공룡의 알을 먹어버렸기 때문이라는 말도 있어요. 무엇이 정답인지는 아마 알아내기 어려울 거예요.

③ 질문하고 하브루타 하기

이제 이 글을 더 깊게 이해하기 위해 하브루타를 해보겠습니다. 먼저 다음과 같은 질문을 만들어 본 후 이 중 마음에 드는 것을 골라 하브루타 합니다.

- **질문 예시**
  - 공룡이 멸종된 이유로 추측되는 것에는 무엇이 있었지?
  - 너는 그중에서 무엇이 가장 가능성이 높다고 생각하니?
  - 그렇게 생각하는 이유는 무엇이니?
  - 공룡이 멸종한 이유를 알아내기 어려운 이유는 무엇일까?

• **하브루타 예시**

엄마 : 공룡이 멸종된 이유로 추측되는 것에는 무엇이 있었지? 엄마와 함께 하나씩 말해보자.

아이 : 기후가 변해서 살기 더워졌다.

엄마 : 운석이 충돌해 먼지가 태양을 가로막아 극심한 추위가 왔다.

아이 : 화산이 폭발하면서 강한 방사선이 퍼졌다.

엄마 : 질병 때문에.

아이 : 해수면 높이가 변해서.

엄마 : 대륙이 분열되어서.

아이 : 포유류가 공룡의 알을 먹어버려서.

엄마 : 너는 그중에서 무엇이 가장 가능성이 높다고 생각하니?

아이 : 포유류가 공룡의 알을 먹어버려서인 것 같아요.

엄마 : 그렇게 생각하는 이유는 무엇이니?

아이 : 너무 더워졌거나 너무 추워져서라면 공룡뿐 아니라 모든 동식물이 다 죽었어야 할 것 같아요. 다른 동식물은 그대로 있는데 공룡만 사라진 것을 보면 그럴 것 같아요.

:: 읽기 후

① 텍스트 구조화하기

이 텍스트의 구조에 대해 생각해 봅니다. 이 텍스트는 어떤 구조인 것 같나요? 바로 생각이 나지 않는다면 앞에서 제시한 질문을 보면서 생각해 봅니다. 이 글의 구조는 바로 원인과 결과입니다. 공룡 멸종이라는 결과를 일으켰을 법한 다양한 원인을 찾아보는 것이지요.

② 그래픽 조직자로 정리하기

이번에는 이 글을 그래픽 조직자로 정리해 보겠습니다. 이 글의 내용은 다음의 그래픽 조직자 중 어디에 정리하면 가장 좋을까요?

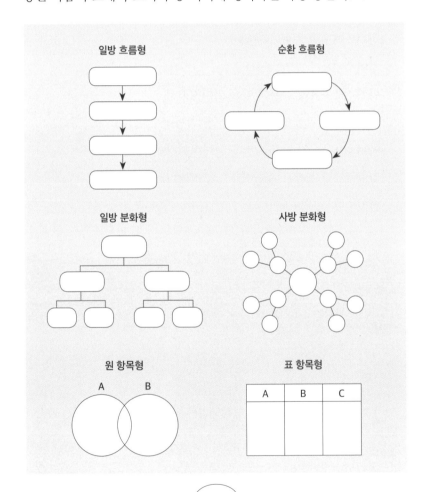

이 글은 공룡의 멸종이라는 한 개의 결과에 대한 다양한 원인을 찾는 글이므로 다음처럼 일방 분화형 그래픽 조직자로 정리하면 좋을 것입니다.

• 권혁도 글·그림, 『배추흰나비 알 100개는 어디로 갔을까?』, 길벗어린이, 2015

• 김명남 역, 『인체 완전판』, 사이언스북스, 2017

• 김윤경 외 글, 이진아 외 그림, 『생각이 크는 인문학』, 을파소(21세기북스), 2013

• 김훈 저, 『칼의 노래』, 문학동네, 2012

• 내셔널지오그래픽 키즈 글, 이한음·김아림 역, 『사이언스 2023』, 비룡소, 2022

• 너새니얼 브랜든 저, 김세진 역, 『자존감의 여섯 기둥』, 교양인, 2015

• 데일 카네기 저, 임상훈 역, 『데일 카네기 인간관계론』, 현대지성, 2019

• 로렌 리디 저, 『곱셈놀이』, 미래아이(미래M&B), 2003

• 로버트 기요사키 저, 안진환 역, 『부자 아빠 가난한 아빠』, 민음인, 2018

• 루이스 암스트롱 글, 빌 바소 그림, 장미란 역, 『레몬으로 돈 버는 법 1, 2』, 비룡소, 2002

• 리처드 도킨스 저, 홍영남·이상임 역, 『이기적 유전자』, 을유문화사, 2018

• 마르가리타 앵글 글, 줄리 패치키스 그림, 엄혜숙 역, 『곤충화가 마리아 메리안』, 담푸스, 2011

• 박은봉 저, 『한국사 편지』, 책과함께어린이, 2009

• 박주헌 외 저, 『경제학자가 들려주는 경제 이야기』, 자음과모음, 2022

• 박현정 저, 정혜경 그림, 『누나는 수다쟁이 수학자』, 뜨인돌어린이, 2012

• 배정진·유재원 글, 최현묵 그림, 『어린이 로스쿨』, 아울북, 2014

• 보도 섀퍼 글, 원유미 그림, 『열두 살에 부자가 된 키라』, 을파소(21세기북스), 2014

• 브렌다 기버슨 글, 『선인장 호텔』, 마루벌, 1995

• 브리태니커 북스 글, 크리스토퍼 로이드 편, 한국백과사전연구소 역, 『ALL NEW 브리태니커 지식 백과』, 한솔수북, 2022

• 비르지니 모르간 글·그림, 장미란 역, 『어른들은 하루 종일 어떤 일을 할까?』, 주니어RHK, 2021

• 사회평론 과학교육연구소 외 저, 『용선생의 과학교실』, 사회평론, 2019

• 서정욱 저, 『만화 서양철학사』, 자음과모음, 2003

• 서지원 글, 조에스더 그림, 『어린이 돈 스터디』, 한솔수북, 2022

• 아드리안 쿠퍼 외 저, 『세상에 대하여 더 잘 알아야 할 교양』, 내인생의책, 2013

• 안세영, 조정래 공저, 『몸, 한의학으로 다시 태어나다』, 와이겔리, 2020

• 알렉스 프리스·루이 스토웰·로지 호어 글, 켈런 스토버 그림, 신인수 역, 『초등학생이 알아야 할 참 쉬운 정치』, 어스본코리아, 2018

- 애니타 개너리·클라이브 기포드·마이크 골드스미스·앤 루니 외 저, 『초등학생을 위한 지식습관』, 아울북, 2022
- 양현·김영조·최우정 저, 『서울대 합격생 100인의 노트 정리법』, 다산에듀, 2020
- 에밀리 브론테 저, 『폭풍의 언덕』, 민음사, 2005
- 엘레오노레 슈미트 저, 『물의 여행』, 비룡소, 1997
- 엘리즈 그라벨 글·그림, 정미애 역, 『또 마트에 간 게 실수야!』, 토토북, 2013
- 올드스테어즈 편집부 저, 『세계지도 인문학』, 올드스테어즈, 2021
- 요슈타인 가아더 저, 『소피의 세계』, 현암사, 2015
- 요코쓰카 마코토 글, 고향옥 역, 『코끼리와 숲과 감자칩』, 도토리나무, 2014
- 유발 하라리 저, 조현욱 역, 『사피엔스』, 김영사, 2015
- 이광웅 글, 송회석 그림, 맹성렬 감수, 『Why? 와이 외계인과 UFO』, 2019
- 이수종 외 글, 김중석 외 그림, 『손에 잡히는 사회 교과서』, 길벗스쿨, 2011
- 이어령 저, 『이어령의 교과서 넘나들기』, 살림출판사, 2013
- 이은재 저, 김지안 그림, 『어린이를 위한 정치란 무엇인가?』, 주니어김영사, 2012
- 임병희 글, 김수현 그림, 『침 뱉으며 인사하는 나라는?』, 웅진주니어, 2011
- 장석주 글, 『대추 한 알』, 이야기꽃, 2015
- 장영복 글, 이혜리 그림, 『호랑나비와 달님』, 보림, 2015
- 전병규 글, 이예숙 그림, 『문해력이 자라는 아이들』, 한국경제신문사(한경비피), 2022
- 전병규 저, 『문해력 수업』, 알에이치코리아, 2021
- 전병규 저, 『우리 아이 문해력 독서법』, 시공주니어, 2022
- 전병규 저, 『질문이 살아나는 학습대화』, 교육과학사, 2016
- 전병규 저, 『질문이 살아나는 학습대화 활용편』, 교육과학사, 2018
- 전병규 저, 『콩나물쌤의 문해력 꽉 잡는 한자어 수업』, 그린애플, 2022
- 전지은 글, 이혜조 그림, 『 Why? 와이 사춘기와 성』, 예림당, 2019
- 정완상 저, 『과학자가 들려주는 과학 이야기』, 자음과모음, 2010
- 정윤선 글, 김제도 그림, 정주현 감수, 『초등학생을 위한 개념 과학 150』, 바이킹, 2018
- 제인 파커 레스닉·레베카 L. 그램보 글, 토니 탈라리코 그림, 곽정아 옮김, 『초등 필수 백과』, 삼성출판사, 2022
- 조애너 콜 글, 브루스 디건 그림, 이강환 역, 서울초등기초과학연구회 감수, 『신기한 스쿨버스 8. 꿀벌이 되다』, 비룡소, 2018

- 조지욱 글, 김무연 그림, 『우리는 아시아에 살아요』, 웅진주니어, 2011
- 최재천·이은희·오세정·이희주 외 글, 김소희 외 그림, 『어린이 대학』, 창비, 2017
- 최종순·황은희·유재광·이동철 글, 이경석 외 그림, 『그림으로 보는 한국사』, 계림북스, 2022
- 칼 에드워드 세이건 저, 홍승수 역, 『코스모스』, 사이언스북스, 2006
- 토니 부잔 저, 서현정 역, 『토니 부잔 마인드맵 마스터』, 미래의창, 2018
- 파트리크 쥐스킨트 저, 장자크 상페 그림, 유혜자 역, 『좀머 씨 이야기』, 열린책들, 2020
- 한봉지 글, 『오리 형제가 습지로 간 비밀』, 리젬, 2014
- 한스 마그누스 엔첸스베르거 저, 로트라우트 수잔네 베르너 그림, 고영아 역, 『수학 귀신』, 비룡소, 2019
- 행복한 공부연구소 글, 박향미 그림, 『영재발견 사고력 수학사전』, 플러스예감, 2019
- 허순봉 글, 이근 만화, 윤철종 감수, 『 Why? 와이 미생물』, 예림당, 2019
- 홍명희 저, 『임꺽정』, 사계절, 2008
- Gakken Plus 글, 이보형·김종완·이현종 역, 백준수 감수, 『초등과학백과』, 동아시아 사이언스, 2021

초4, 지식책 읽기를 시작해야 합니다

초판 1쇄 발행 2023년 6월 21일
초판 2쇄 발행 2023년 7월 4일

지은이 전병규
펴낸이 김선식, 이주화

기획편집 최혜진
콘텐츠 개발팀 장지윤, 김찬양
디자인 날마다작업실

펴낸곳 ㈜클랩북스 **출판등록** 2022년 5월 12일 제2022-000129호
주소 서울시 마포구 어울마당로3길 5, 201호
전화 02-332-5246 **팩스** 0504-255-5246
이메일 clab22@clabbooks.com
인스타그램 instagram.com/clabbooks
페이스북 facebook.com/clabbooks

ISBN 979-11-980605-7-0 (03370)

㈜클랩북스는 독자 여러분의 책에 관한 아이디어와 원고 투고를 기다리고 있습니다.
책 출간을 원하시는 분은 이메일 clab22@clabbooks.com으로 간단한 개요와 취지, 연락처 등을 보내주세요.
'지혜가 되는 이야기의 시작, 클랩북스'와 함께 꿈을 이루세요.